I0150605

The Black Legacy Learning Series

Seek and Learn: Journeys in Black Legacy

By: Leticia A. Fitts

Sankofa Educational Experience, LLC.
www.sankofaee.com

Copyright ©2015 by Leticia A. Fitts. All rights reserved. No part of this book may be reproduced, scanned, or distributed in any printed or electronic form without permission. Please do not participate in or encourage piracy of copyrighted materials in violation of the author's rights. Purchase only authorized editions. Although every precaution has been taken in the preparation of this book, the publisher and author assume no responsibility for errors of omissions. Neither is any liability assumed for damages resulting from the use of the information contained herein.

Library of Congress Cataloging-in-Publication Data

Seek and Learn: Journeys in Black Legacy/Leticia A. Fitts

Dedication

This book is dedicated in memory of my brother, Dietrich E. Fitts. Sending out love and gratitude to my parents, Alice and Leroy Fitts, my daughter, Briana L. King, my brother, Timothy L. Fitts, my sister, Angelique Fitts-Taylor, and my entire family. Special thanks to Jodie P. McFadden for his support and encouragement. Much appreciation is given to Marilyn Carr and Jan McGhee for their time and commitment in helping me with editing.

Jarena Lee

First Woman Authorized to Preach

Birthdate:
February 1783

Birthplace:
Cape May, New Jersey

Key Facts:
➤ She received a call to preach while she was in her twenties.
➤ She preached in various locations including Philadelphia, Canada, and Ohio.
➤ She wrote and published an autobiography.

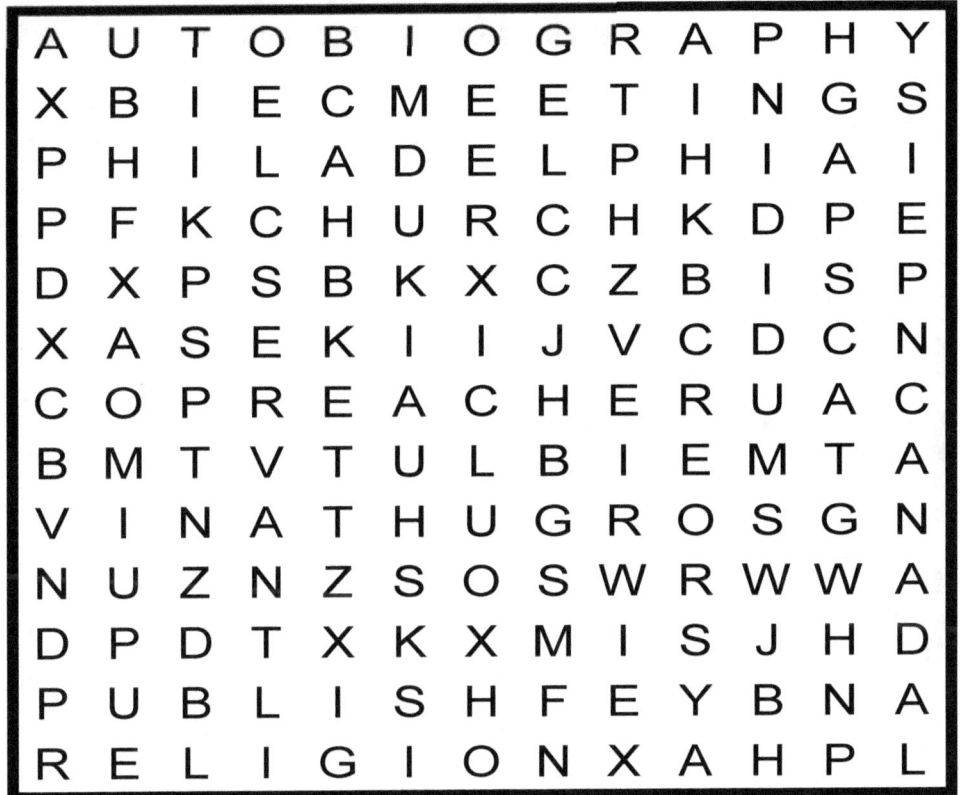

```
A U T O B I O G R A P H Y
X B I E C M E E T I N G S
P H I L A D E L P H I A I
P F K C H U R C H K D P E
D X P S B K X C Z B I S P
X A S E K I I J V C D C N
C O P R E A C H E R U A C
B M T V T U L B I E M T A
V I N A T H U G R O S G N
N U Z N Z S O S W R W W A
D P D T X K X M I S J H D
P U B L I S H F E Y B N A
R E L I G I O N X A H P L
```

Word Bank:

Autobiography

Canada

Church

First

Home

Meeting

Philadelphia

Preacher

Publish

Religion

Servant

Woman

Richard Allen

Founder of the African Methodist Episcopal Church

Birthdate:
February 14, 1760

Birthplace:
Philadelphia, Pennsylvania

Key Facts:
- ➤ He purchased his freedom from slavery.
- ➤ He was an educator, minister, and writer.
- ➤ He opened a school for African American children.

```
D L H Q N B Y K H M V J L N Y
T X R D D O M T A V O K M G K
E A J S M U H G X Z C N U Z M
F P C O N G R E G A T I O N M
J S I Z U H Q U C L T E A C H
E C J S R T G L T P M N J J X
D I H B C R O S P O K U Z S R
U J Q U O O I Z D I D Z R E R
C W U Z R D P E Q N V E I Z T
A R P Y O C E A L E T Z P C H
T O Z H O R H O L S V Y R T E
O P T D F G O C I Z U B E V S
R E C L M H J N H P X I A M I
M E W Q C P I D S Y C L C F N
N G Y S L M E H P A S S H T B
```

Word Bank:

Bought	Methodist
Church	Minister
Congregation	Preach
Educator	School
Episcopal	Slave
Freedom	Teach

Eliza Healy

First Noted African American Mother Superior of a Catholic Covenant

```
C A T H O L I C O H Z W E D W U A
R E L I G I O N Y E C M O T H E R
I R B N L N L C W A Q G H H Y S C
P K V Y S H B S B D Y N S W W R O
T S V N Z Q O T S M U X S F H C N
F G G G O V N F D I R B A T B P G
Q Z J L O A M H D S C S L X X R R
W Q Q E N J H G H T C N W L L L E
E L Q E T S J X R R A O K W A I G
D O V X V V E O P E S D N W P C A
U O U T X M I M E S S D O H G U T
C P J G M R K A V S C Y X A R S I
A W D B E T L C L T H W T F D K O
T C D P D Q G Z D W O I Z I H C N
O L U V X K M L R J O X P R I M O
R S N U T A U G H T L S I S T E R
J X P M O U K L G C S E Y T U L P
```

Birthdate:
December 23, 1846

Birthplace:
Near Macon, Georgia

Key Facts:
➢ She was an educator.
➢ She entered the novitiate of congregation for Notre Dame of Montreal.
➢ She served as a Superior of a covenant and headmistress.

Word Bank:

Catholic

Congregation

Covenant

Educator

First

Headmistress

Mother

Religion

School

Sister

Superior

Taught

Usman dan Fodio

Early Islamic Preacher

Birthdate:
December 1754

Birthplace:
In the area now known as Nigeria

Key Facts:
- ➢ He was the founder of Sokoto Caliphate, a powerful Islamic state.
- ➢ He was also a writer.
- ➢ He helped promote Islam.

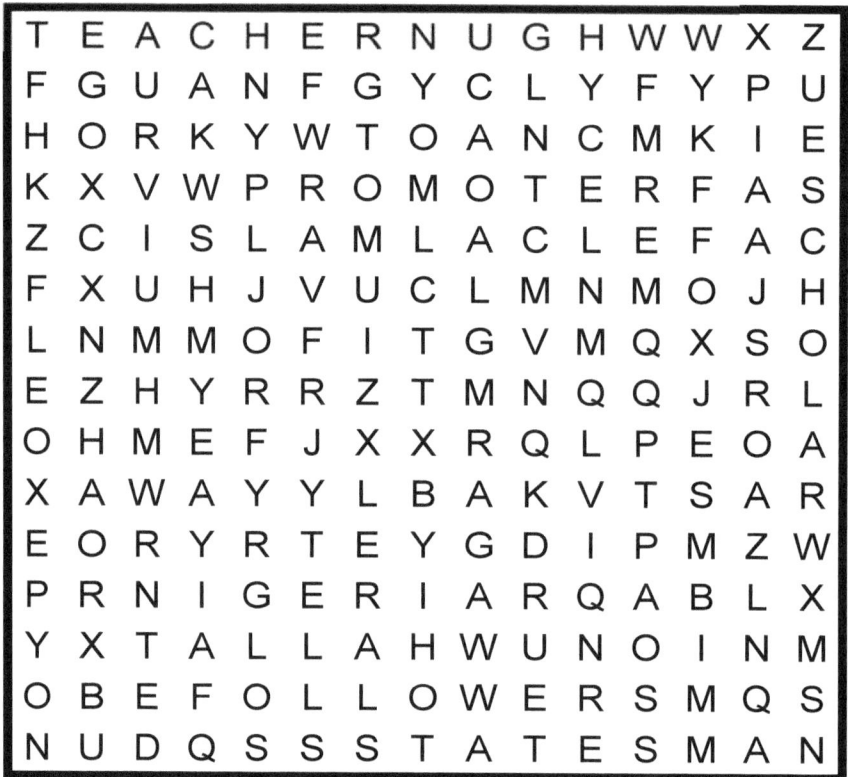

```
T E A C H E R N U G H W W X Z
F G U A N F G Y C L Y F Y P U
H O R K Y W T O A N C M K I E
K X V W P R O M O T E R F A S
Z C I S L A M L A C L E F A C
F X U H J V U C L M N M O J H
L N M M O F I T G V M Q X S O
E Z H Y R R Z T M N Q Q J R L
O H M E F J X X R Q L P E O A
X A W A Y Y L B A K V T S A R
E O R Y R T E Y G D I P M Z W
P R N I G E R I A R Q A B L X
Y X T A L L A H W U N O I N M
O B E F O L L O W E R S M Q S
N U D Q S S S T A T E S M A N
```

Word Bank:

Africa	Promoter
Allah	Scholar
Followers	Statesman
Islam	Teacher
Nigeria	Writer
Powerful	

Absalom Jones

Co-Founder of the
African Masonic Lodge

```
A V H Z K S L B D B Z S G P Z H D
P B M D A W G L C T S F I Y C L M
F Z P P M F A F H O R D A I N E D
O Z E T E E R G U X F U N R N E N
U B T U G V W I R B S O E W J P U
N X X J A C D N C R S F B O P R J
D A S K E W B J H A Y K R Y R A E
E R G T P U W P M O N F T E I E F
R L R F I I P O Y J O E S C E K V
C L I F S D W F F W I M D V S D S
V N A M C R U J D C U Q R U T N L
T V J G O T B V O F Z E M B J F A
U N C H P E Q S O V S X K Y J L V
P C P C A O P S V Z N R E Y R O E
L J U G L W E O I C Q I T A X D R
D F O E M M M Q F C V R I K W G Y
F B I Z O I H C W H R L B S C E E
```

Birthdate:
November 6, 1746

Birthplace:
Sussex, Delaware

Key Facts:
➢ He was one of the founders of the African Masonic Lodge.
➢ He was the first ordained priest in the Episcopal Church in the United States.
➢ He was also an abolitionist.

Word Bank:

African	Masonic
Church	Lodge
Episcopal	Ordained
Founder	Priest
Free	Serve
Slavery	Society

Alexander Crummell

Founder of the American Negro Academy

```
H U K X S N F Z Z J H B V P I B A
Z C J Q C A B L Z L O Q N T Z I N
W Y N K J H I D M P W C H U R C H
I T Z H G V M V C Q A A L E H H Y
A K S B A A E I Q S R H B Y F H Y
Q P I I N C I B S Y D I O Z E Q G
M A F X U U M L M S L J E J A L E
R Q Q R D O Q E Q H I R P W Y W V
D E R I N K D O U V O O Z C P D M
F Y L D A A L E C S H O N T I V I
L O G I C U T B S C H O L A R X N
Y M U A G A G E I F Q W H U R F I
A L C N C I F M B L E J D G B Y S
L H H O D O O C Y U W R E H K I T
L Z V D R E V N A V X B Y T K G E
M D W P C K R R W E F V F X V M R
A C K L C H Q T S B C T B A S K D
```

Birthdate:
March 8, 1819

Birthplace:
Red Bank, New Jersey

Key Facts:
- He promoted African American self-help.
- He served as a minister, scholar, and professor.
- He also served as a missionary in Liberia for 20 years.

Word Bank:

Academy	Minister
Advocate	Missionary
Church	Professor
Founder	Religion
Howard	Liberia
Scholar	Taught

Leontine T.C. Kelly

First African American
Woman Bishop

Birthdate:

March 5, 1920

Birthplace:

Washington, D.C.

Key Facts:

➢ She served as a teacher.
➢ She also served as an activist.
➢ She was the President of the Western Jurisdiction College of Bishops.

```
B  I  S  H  O  P  Q  A  X  Z  Z  I  K  V  A  W  S  W  L
Q  H  G  E  I  S  G  D  G  L  L  K  L  V  E  K  U  K  Z
L  Y  I  O  W  F  P  E  Y  X  W  H  I  R  R  M  J  M  J
L  I  L  X  G  U  R  N  O  Z  A  H  O  K  H  N  J  C  O
V  R  G  E  F  B  E  O  R  V  T  Y  C  N  N  L  Z  Y  K
M  J  C  L  Q  T  S  M  P  K  W  C  H  U  R  C  H  S  S
L  K  A  E  G  F  I  I  P  W  C  D  L  R  Z  P  W  E  U
Z  Y  N  C  S  K  D  N  B  U  Q  M  X  M  Q  S  M  R  A
J  G  E  T  P  N  E  A  V  N  P  J  M  N  Y  N  X  V  T
G  X  D  E  X  L  N  T  I  O  S  B  A  V  O  A  V  E  K
U  E  R  D  V  Z  T  I  I  G  M  R  N  I  M  C  M  D  G
H  C  H  J  V  U  T  O  W  D  L  F  G  E  I  T  R  W  L
F  N  T  Y  A  W  A  N  U  K  Z  I  K  I  I  I  M  D  B
O  G  Z  A  V  S  M  G  Z  S  L  O  M  N  P  V  A  E  N
W  K  Q  G  G  G  L  H  A  E  P  U  F  A  F  I  J  A  K
C  A  T  E  A  C  H  E  R  S  H  H  F  I  S  S  O  U  I
X  F  N  X  L  L  K  Q  O  N  D  X  I  N  R  T  R  N  D
S  U  Q  J  W  H  P  Q  L  Z  Q  Y  S  S  U  S  A  U  P
V  N  U  I  N  D  Y  P  U  X  D  R  S  X  I  W  T  M  W
```

Word Bank:

Activist	First
Bishop	Major
Church	President
Denomination	Religion
Elected	Served
Spoke	

Desmond Tutu

First Black Appointed to Anglican Dean of Johannesburg

F	O	U	G	H	T	A	C	T	I	V	I	S	T	C
R	E	L	I	G	I	O	N	Q	T	F	E	B	K	W
H	A	R	U	Q	N	G	Z	E	M	C	Q	F	T	V
M	H	N	Y	L	K	M	H	N	A	N	I	H	L	A
X	Q	A	G	J	X	N	R	E	R	D	G	E	C	K
A	K	R	D	L	E	W	P	H	S	N	O	I	U	O
P	U	Z	H	U	I	D	P	T	V	T	R	U	P	V
P	Z	B	Y	V	K	C	E	Q	A	F	S	T	P	B
P	I	D	M	K	I	H	A	B	A	O	B	F	R	I
O	R	O	W	N	C	S	I	N	H	Q	L	O	I	N
I	H	H	X	R	E	C	A	A	P	R	A	T	Z	Q
N	A	A	U	F	M	E	V	K	F	N	C	U	E	K
T	E	H	W	R	Q	U	U	W	E	D	K	Q	Y	U
E	C	Z	J	U	H	J	V	X	S	W	G	D	Q	S
D	U	U	E	B	S	N	F	J	S	H	J	L	S	G

Birthdate:
October 7, 1931

Birthplace:
Klerksdorp, South Africa

Key Facts:
➤ He is a well-known activist who fought against apartheid.
➤ He served as the Archbishop of Capetown, the highest position in the South African Anglican Church.
➤ He received the Nobel Peace Prize.

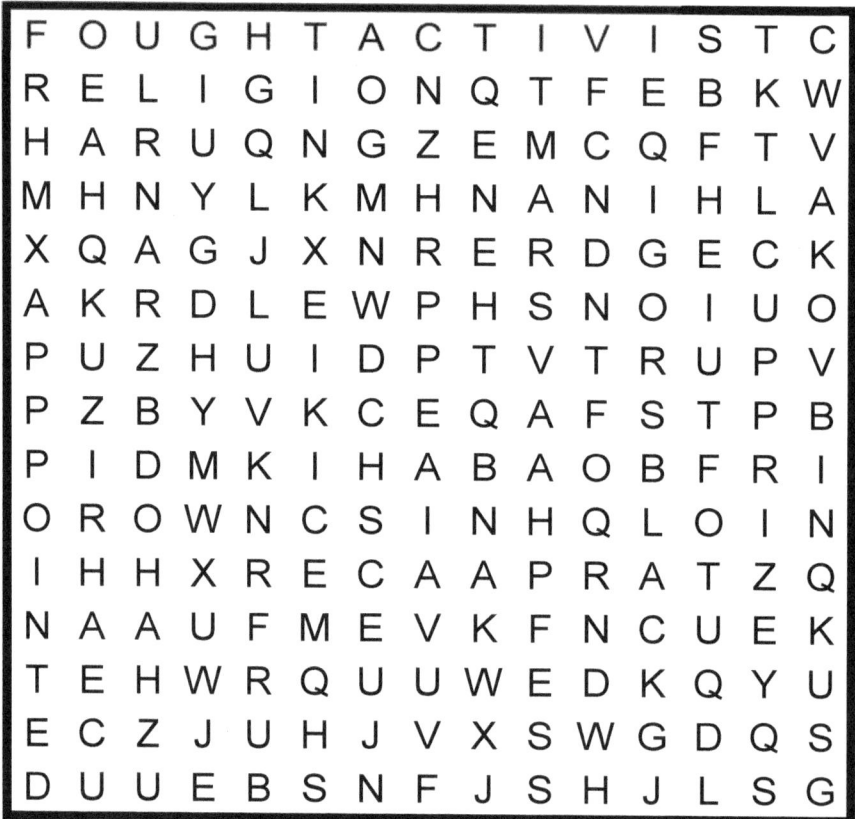

Word Bank:

Activist	Black
Africa	Church
Anglican	Fought
Apartheid	Highest
Appointed	Peace
Religion	Prize

Akhenaton

Ancient Egyptian Pharaoh who Established a Religious Belief in One God

Birthdate:
Around 1352 B.C.

Birthplace:
Egypt

Key Facts:
- He was an Egyptian Pharaoh of the 18th Dynasty.
- He ruled for 17 years.
- His wife was Queen Nefertiti.

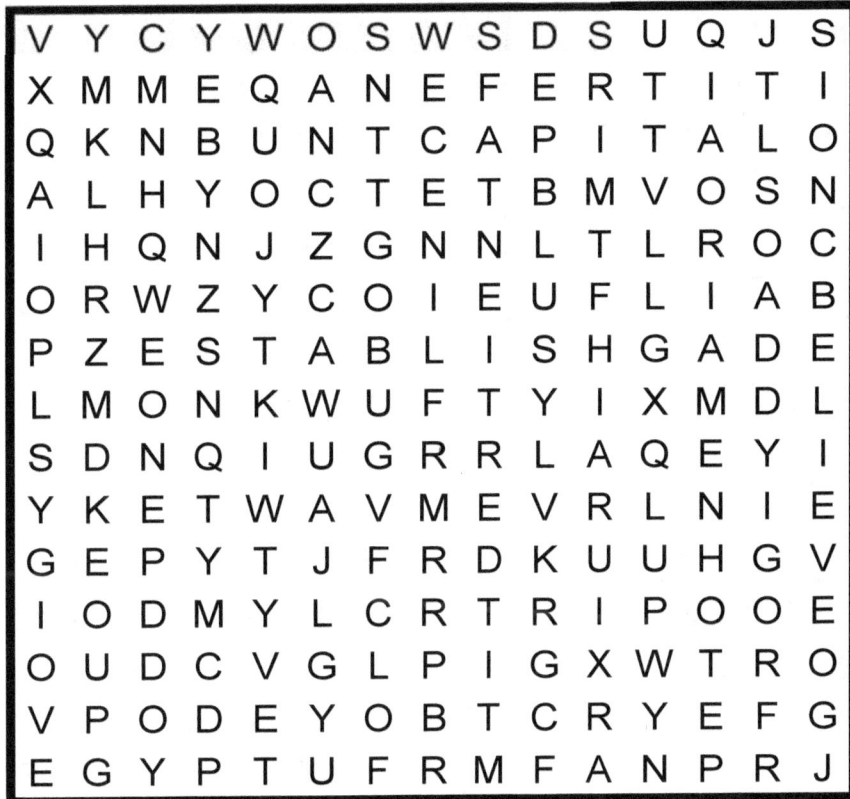

```
V Y C Y W O S W S D S U Q J S
X M M E Q A N E F E R T I T I
Q K N B U N T C A P I T A L O
A L H Y O C T E T B M V O S N
I H Q N J Z G N N L T L R O C
O R W Z Y C O I E U F L I A B
P Z E S T A B L I S H G A D E
L M O N K W U F T Y I X M D L
S D N Q I U G R R L A Q E Y I
Y K E T W A V M E V R L N I E
G E P Y T J F R D K U U H G V
I O D M Y L C R T R I P O O E
O U D C V G L P I G X W T R O
V P O D E Y O B T C R Y E F G
E G Y P T U F R M F A N P R J
```

Word Bank:

Africa	Establish
Amenhotep	Egypt
Aten	God
Believe	Nefertiti
One	New
Capital	

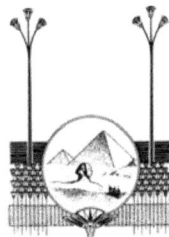

Charles O. Boothe

Author of *The Cyclopedia of the Colored Baptists of Alabama: Their Leaders and Their Work*

A	U	T	H	O	R	R	M	Z	K	O	Y	V	H	F
I	D	B	J	D	V	O	L	I	B	C	L	Q	C	X
B	C	V	B	Q	X	Q	X	A	N	N	D	N	C	J
J	P	L	O	V	C	Q	Q	O	M	I	K	N	T	B
P	K	Q	F	C	F	U	I	P	T	A	S	Y	T	J
Q	V	D	J	U	A	T	O	U	A	S	T	T	M	I
O	L	K	E	D	N	T	B	C	L	I	Z	K	E	J
D	A	Y	Q	E	D	W	E	F	S	X	A	T	F	R
Y	C	Z	V	D	C	R	R	R	H	M	B	E	I	L
A	Z	N	D	H	E	H	E	T	L	S	A	A	I	G
D	O	I	T	D	S	V	U	E	N	I	P	C	B	R
C	R	I	N	R	I	B	S	R	F	G	T	H	O	Z
Z	A	U	X	N	S	W	O	Y	C	O	I	E	O	S
F	O	A	U	N	K	E	V	U	B	H	S	R	K	Q
F	C	I	X	M	Z	J	T	F	O	J	T	B	S	Q

Birthdate:
June 13, 1805

Birthplace:
Mobile County, Alabama

Key Facts:
➢ He was an author, minister, and teacher.
➢ He helped found the Dexter Avenue-King Memorial Baptist Church and Selma University.

Word Bank:

Advocate

Author

Baptist

Book

Church

Teacher

Faith

Convention

Minister

Founder

Selma

University

Albert Cleage, Jr.

Founder of the Shrine of the Black Madonna Church and Cultural Centers

```
M A D O N N A D L S H R I N E
W W T N J C I A O S O J L J D
Q E X A M E H F B H U S G X S
X U H N V O S U T B L A C K V
A N T H B O O U R Y V T P N B
D A O C D H A B S C L R U A H
V L N L E A D E R R H V P T W
O Q H G W L E H K O P F S I C
C T I X H J K Z C V Q O J O V
A P A S Q H J F U F P U C N B
T I D Q G S X H Y T V N H A L
E K E Q Z N I U F D C D Q L A
T D R C C P J I P Q V E R I C
X Z D C Y Q H Q W G N R V S H
S N Q X A Y E P R E A C H T F
```

Birthdate:
June 13, 1911

Birthplace:
Indianapolis, Indiana

Key Facts:
➤ He was a Black Nationalist and Civil Rights Activist.
➤ He wrote the book, *The Black Messiah*.
➤ As a minister, he preached about the importance of self-sufficiency within the black community.

Word Bank:

Advocate   Jesus

Author   Leader

Black   Madonna

Church   Nationalist

Founder   Preach

Shrine

Peter Spencer

Founder of the first Independent Black Church in the U.S., the A.M.U.P.

Birthdate:
In 1782

Birthplace:
Kent County, Maryland

Key Facts:
➢ He became known as "The Father of the Independent Black Church Movement."
➢ He founded 31 churches.
➢ He was born a slave.

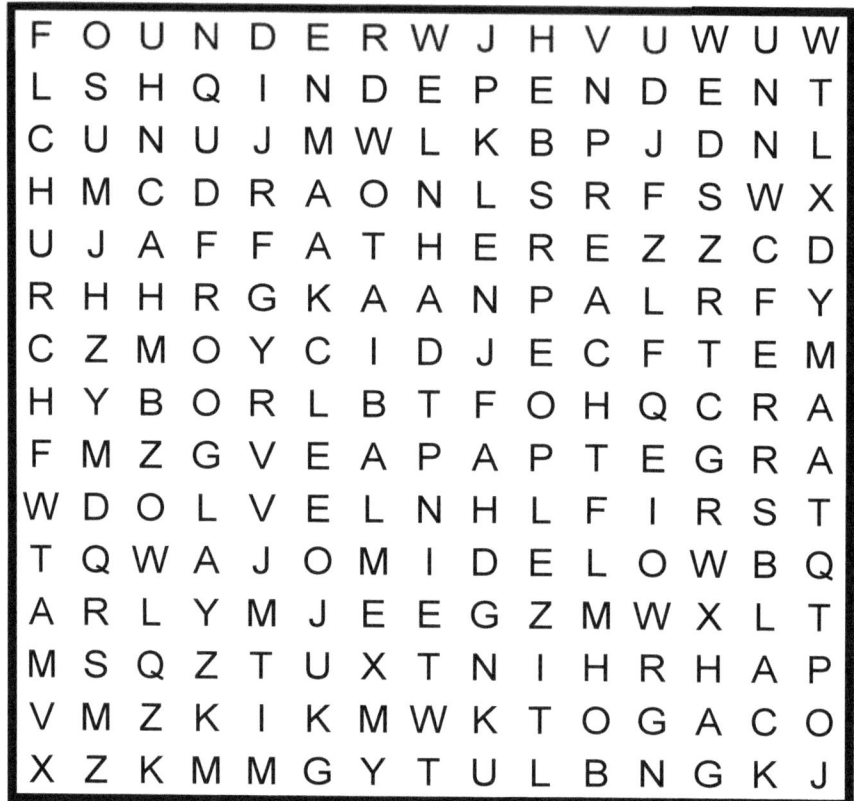

```
F O U N D E R W J H V U W U W
L S H Q I N D E P E N D E N T
C U N U J M W L K B P J D N L
H M C D R A O N L S R F S W X
U J A F F A T H E R E Z Z C D
R H H R G K A A N P A L R F Y
C Z M O Y C I D J E C F T E M
H Y B O R L B T F O H Q C R A
F M Z G V E A P A P T E G R A
W D O L V E L N H L F I R S T
T Q W A J O M I D E L O W B Q
A R L Y M J E E G Z M W X L T
M S Q Z T U X T N I H R H A P
V M Z K I K M W K T O G A C O
X Z K M M G Y T U L B N G K J
```

Word Bank:

Black

Church

Father

First

Founder

Religion

Maryland

Independent

People

Movement

Preach

Slave

Rebecca C. Jackson

An Early Black Woman Preacher

```
A A G F E H E P Y M E R P P Y
L G R R L C A K L Q N O B U L
G M N D D O R C S K O U L B O
M B J D R M J Y N W J X P L Z
A L S V E M W T B Q X T Y I C
C E N G S U D O T B R B P S Z
T C O W S N R E M E E P R H X
I B Z R J I E E D A C J E C E
V L K O C T T A L B N B A M R
I A S T A Y E U F I X O C A I
S C A E A L U D K H G L H U F
T K Q U A K E R I D A I Q V V
Q U K P W Z L E S J B Z O P D
A U T O B I O G R A P H Y N C
K M A S I Z G Y M T C V P X A
```

Birthdate:
February 15, 1785

Birthplace:
Hornstown, Philadelphia

Key Facts:
➤ She founded a Shaker Community in Philadelphia.
➤ She was an eldress in the Shaker religion.
➤ She wrote an autobiography of her life.

Word Bank:

Activist	Leader
Autobiography	Preach
Black	Publish
Community	Quaker
Eldress	Religion
Wrote	Woman

Catherine Ferguson

Founded the First Sunday School Movement in New York City

```
I Y J N B V A G R R Y Q U H C
T P T Y O R F E G K C I C X N
O H A W I U T U C F R Q E L S
Q I U J F S Y A Q Q A G T M C
F L G L O S L P I W G I U J R
A O H F X B E D T D A I A B I
N H T A B R K N K K R U D Y P
I C A R E D O S U N D A Y A T
C U H S C I V F L T T O L D U
E J B W G S K O J X X O K E R
X J T I E O O Q T L O V E E E
I D L M B H W L A H U R O J W
P E O R C L U I S K X V W S Z
R H N S K V E I K M Y I U V Y
Y W D F Q I Z C H I L D R E N
```

Birthdate:
In 1779

Birthplace:
Exact Location Unknown

Key Facts:
- She was a social worker and educator.
- She took care of the poor black and white children in her neighborhood.
- She taught Bible Study.

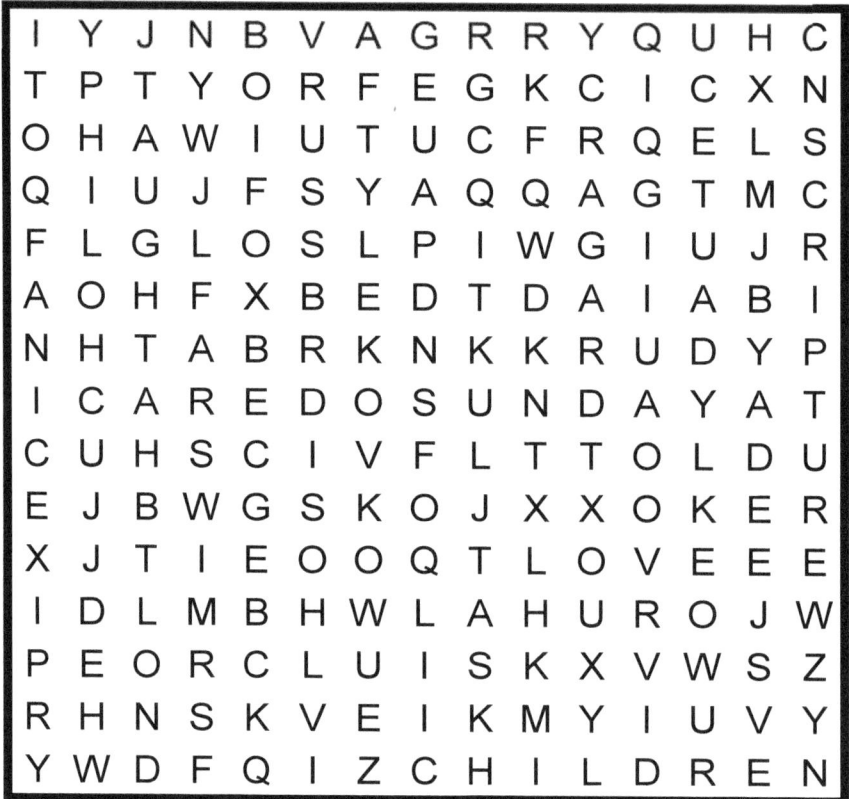

Word Bank:

Bible	Homes
Black	Love
Cared	School
Children	Religion
Foster	Scripture
Sunday	Taught

Vernon Johns

One of the Fathers of the Civil Rights Movement

Birthdate:
April 22, 1892

Birthplace:
Darlington Heights, Virginia

Key Facts:
- He was a pastor at the Dexter Avenue Baptist Church.
- He was the first African American to be included in the publication, *the Best Sermons of the Year.*

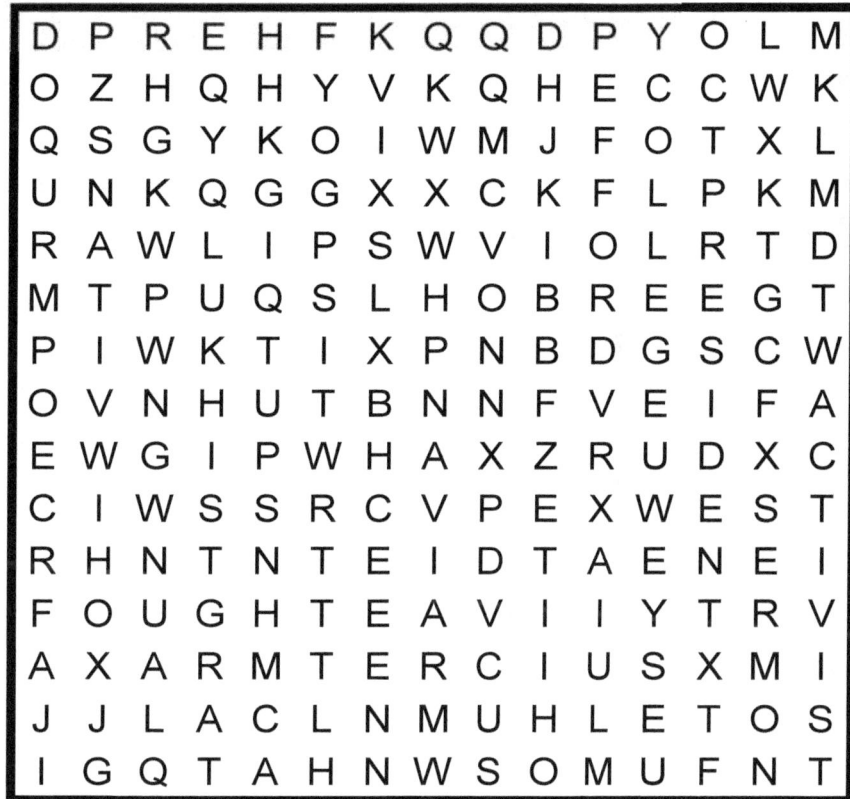

```
D P R E H F K Q Q D P Y O L M
O Z H Q H Y V K Q H E C C W K
Q S G Y K O I W M J F O T X L
U N K Q G G X X C K F L P K M
R A W L I P S W V I O L R T D
M T P U Q S L H O B R E E G T
P I W K T I X P N B D G S C W
O V N H U T B N N F V E I F A
E W G I P W H A X Z R U D X C
C I W S S R C V P E X W E S T
R H N T N T E I D T A E N E I
F O U G H T E A V I I Y T R V
A X A R M T E R C I U S X M I
J J L A C L N M U H L E T O S
I G Q T A H N W S O M U F N T
```

Word Bank:

Activist	Fought
Baptist	College
Church	Leader
Civil	Minister
Preach	President
Rights	Sermon

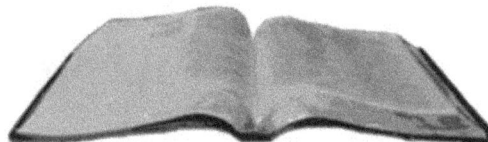

Robert Bogle

Pioneer in the Catering Business

Birthdate:
In 1774

Birthplace:
Philadelphia, Pennsylvania

Key Facts:
- He started his catering business in Philadelphia.
- He introduced the use of a catering contract to Philadelphia.
- He also owned the once popular, Blue Bell Tavern.

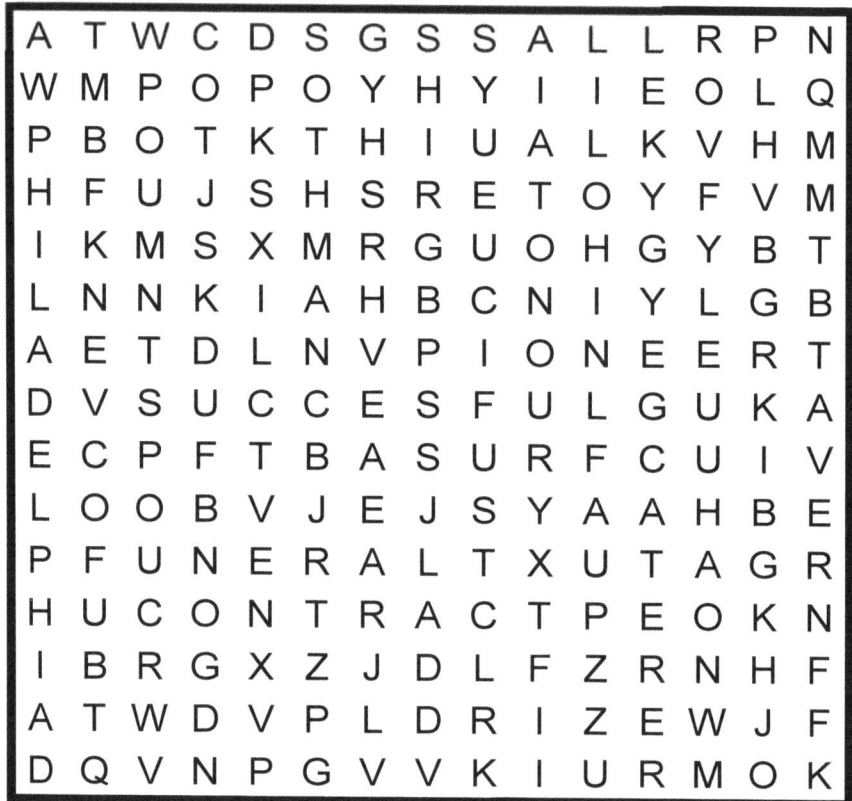

A	T	W	C	D	S	G	S	S	A	L	L	R	P	N
W	M	P	O	P	O	Y	H	Y	I	I	E	O	L	Q
P	B	O	T	K	T	H	I	U	A	L	K	V	H	M
H	F	U	J	S	H	S	R	E	T	O	Y	F	V	M
I	K	M	S	X	M	R	G	U	O	H	G	Y	B	T
L	N	N	K	I	A	H	B	C	N	I	Y	L	G	B
A	E	T	D	L	N	V	P	I	O	N	E	E	R	T
D	V	S	U	C	C	E	S	F	U	L	G	U	K	A
E	C	P	F	T	B	A	S	U	R	F	C	U	I	V
L	O	O	B	V	J	E	J	S	Y	A	A	H	B	E
P	F	U	N	E	R	A	L	T	X	U	T	A	G	R
H	U	C	O	N	T	R	A	C	T	P	E	O	K	N
I	B	R	G	X	Z	J	D	L	F	Z	R	N	H	F
A	T	W	D	V	P	L	D	R	I	Z	E	W	J	F
D	Q	V	N	P	G	V	V	K	I	U	R	M	O	K

Word Bank:

Business

Butler

Caterer

Contract

Cook

Tavern

Funeral

Food

Philadelphia

Pioneer

Popular

Thomas Day

```
M E Z E R W J N M A K E R Z F
Z A V M G Z C I N W J X G Q U
H Z K U P U O B G Z D Q K S R
B V U I M T A U U S D X Q U N
K R O A N T B O U G C R W C I
K Y E J P G G O Q F U O P C T
E A E D L X M Y C Z J I V E U
D O R E O A C N A X U L R S R
J X A T F W F J B P B W X S E
Q G V A I V E J I I X O G F Y
A J P I E S E Z N J C O C U K
Z Q Q L C A A K E O K Q N L B
M E S T A T E N T X W I E Z L
D E S I G N I F S U H N N Z B
Q U A L I T Y L A R G E S T Y
```

Most Respected Artisan
in the South

Birthdate:
1801

Birthplace:
Dinwiddie, Virginia

Key Facts:
➤ He was a successful furniture designer and cabinet maker.
➤ He developed one of the largest furniture making businesses in North Carolina.
➤ He also owned significant real estate.

Word Bank:

Artisans	Furniture
Cabinet	Famous
Design	Estate
Detail	Largest
Maker	Making
Quality	Successful

William Whipper

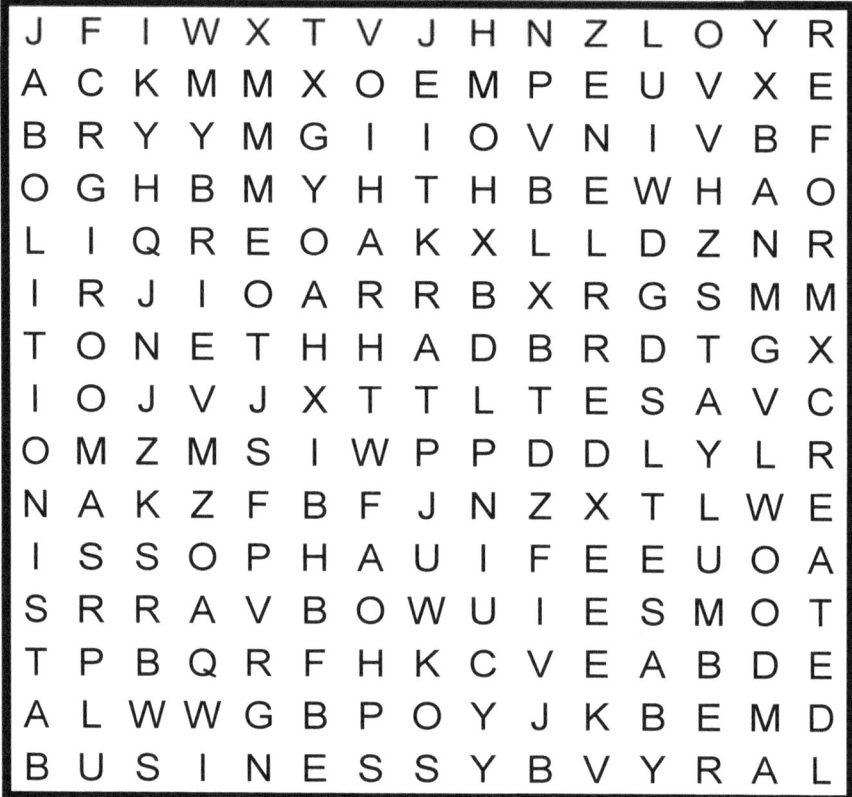

J	F	I	W	X	T	V	J	H	N	Z	L	O	Y	R
A	C	K	M	M	X	O	E	M	P	E	U	V	X	E
B	R	Y	Y	M	G	I	I	O	V	N	I	V	B	F
O	G	H	B	M	Y	H	T	H	B	E	W	H	A	O
L	I	Q	R	E	O	A	K	X	L	L	D	Z	N	R
I	R	J	I	O	A	R	R	B	X	R	G	S	M	M
T	O	N	E	T	H	H	A	D	B	R	D	T	G	X
I	O	J	V	J	X	T	T	L	T	E	S	A	V	C
O	M	Z	M	S	I	W	P	P	D	D	L	Y	L	R
N	A	K	Z	F	B	F	J	N	Z	X	T	L	W	E
I	S	S	O	P	H	A	U	I	F	E	E	U	O	A
S	R	R	A	V	B	O	W	U	I	E	S	M	O	T
T	P	B	Q	R	F	H	K	C	V	E	A	B	D	E
A	L	W	W	G	B	P	O	Y	J	K	B	E	M	D
B	U	S	I	N	E	S	S	Y	B	V	Y	R	A	L

Successful Businessman and Influential Abolitionist

Birthdate:
February 22, 1804

Birthplace:
Lancaster, Pennsylvania

Key Facts:
➤ He developed one of the top lumberyards in Pennsylvania with his business partner.
➤ He helped establish the abolitionist organization called the American Reform Society.

Word Bank:

Abolitionist   Moral

Business   Profitable

Created   Reform

Founded   Society

Lumber   Top

Wood   Yard

Paul Cuffee

Maritime Enterprise Owner

```
B O U G H T E E O C Y D G
W H A L E R M N M B K G D
C D E Y N V A T O U J L L
S E Q B S Y R E V S N R S
T T X I P V I R E I P B H
L A A O I N T P M N D B I
W B S T J D I R E E N U P
X G B P N V M I N S O I C
P V C P K P E S T S S L D
A G J S R R H E V X C D B
T R A N S P O R T L S P A
A F R I C A C A Z B K X C
A B O L I T I O N I S T K
```

Birthdate:
January 17, 1759

Birthplace:
Chuttyhunk Island, Massachusetts

Key Facts:
- ➤ He started his business endeavors as a whaler.
- ➤ He then began to buy and build ships.
- ➤ He led the first Back to Africa movement transporting 38 African Americans to Sierra Leone.

Word Bank:

Abolitionist	Business
Africa	Enterprise
Back	Maritime
Bought	Movement
Build	Ship
Transport	Whaler

Elizabeth Keckley

Dressmaker for the Washington Elite

Birthdate:
In February 1818

Birthplace:
Dinwiddie County, VA

Key Facts:
➢ She established a very successful dressmaking business.
➢ She was also the confidante of first lady, Mary Todd Lincoln.
➢ She published her autobiography, which was very successful and well-read.

```
R L Q U E S E O S G B E J P B
U M W Z M M Z S P U B L I S H
O D S E W Y G J T X A S R I T
R N L J L X Q G F A S K W H L
B U S I N E S S S E B Q I P E
X G H N Q U D B R P D L X R A
C F C E D E N T Y R C V I O I
V C U G A U S D I O D R E S S
B J R B Q M A F X T L B N P H
T H X T A L A H G Y Z P A E O
N E W E P E Q Z Z R L T O R C
A X S M A L Z B R Q C I O O B
A U T O B I O G R A P H Y U N
T L L W T T P I P Y T C W S E
N V L K V E A C T I V I S T R
```

Word Bank:

Activist

Autobiography

Business

Dress

Elite

Seamstress

Lady

Establish

Prosperous

Publish

Sew

Madame C. J. Walker

First Self-made African American Woman Millionaire

Birthdate:
December 23, 1867

Birthplace:
Delta, Louisiana

Key Facts:
➢ She established a very successful hair product line.
➢ She utilized sales agents and mail ordering to expand her business.
➢ She traveled the country to give demonstrations and lectures.

```
A  J  D  J  R  B  K  F  N  Y  V  S  X  B  E
W  Q  N  Z  D  E  M  O  N  S  T  R  A  T  E
M  N  P  D  B  P  L  D  M  A  O  L  P  A  K
I  R  C  C  N  R  Z  R  L  L  G  E  R  Y  X
L  T  G  B  R  K  E  S  J  E  Z  C  O  B  Q
L  B  R  K  J  D  A  P  K  S  E  T  D  C  N
I  K  L  A  R  F  R  U  Z  V  R  U  U  R  X
O  W  H  O  V  M  O  B  B  W  U  R  C  L  D
N  W  X  V  U  E  Z  A  U  C  Y  E  T  O  S
A  O  L  A  B  P  L  E  G  S  N  A  P  K  A
I  L  N  O  V  V  X  P  U  E  M  N  O  D  L
R  I  L  M  B  Y  J  V  O  G  N  H  T  L  O
E  N  J  H  E  Y  M  A  I  L  O  T  A  G  N
K  E  J  T  V  Z  M  L  V  Y  N  I  S  I  T
I  Y  X  W  N  O  J  O  E  U  N  P  D  M  R
```

Word Bank:

Agents   Mail

Demonstrate   Line

Hair   Order

Lecture   Product

Millionaire   Salon

Sales   Travel

Rose Morgan

Founder of One of the First Black Owned Make-up Lines

H	T	T	E	O	O	D	L	A	R	G	E	S	T	E
Z	F	Y	T	R	E	S	F	S	J	F	M	F	R	I
E	M	A	O	N	I	B	C	Q	J	R	P	I	O	J
K	D	M	I	T	F	I	K	Z	K	G	I	A	W	C
Z	Q	A	H	E	T	U	Y	G	Y	C	R	V	G	Q
Q	R	T	M	E	M	T	X	B	D	W	E	G	G	O
T	W	F	M	H	A	C	J	L	G	B	S	W	X	W
Y	I	S	Y	E	H	F	W	B	B	A	N	K	F	N
C	O	S	M	E	T	O	L	O	G	Y	Y	H	U	E
C	B	E	A	U	T	Y	D	S	V	N	K	U	S	R
Q	G	W	T	O	U	E	B	Y	W	U	K	J	T	M
L	N	C	I	V	F	V	R	S	L	Y	S	R	Y	V
Z	O	H	D	C	S	K	G	W	H	X	I	D	L	D
L	C	Y	R	V	Q	S	N	I	E	A	V	L	E	R
B	U	S	I	N	E	S	S	G	H	S	A	L	O	N

Birthdate:
In 1912

Birthplace:
Shelby, Mississippi

Key Facts:
➤ During the 1950's and 60's, she owned the largest African American beauty salon in the United States.
➤ She developed a successful wig product line.
➤ She trained over 3,000 people in cosmetology.

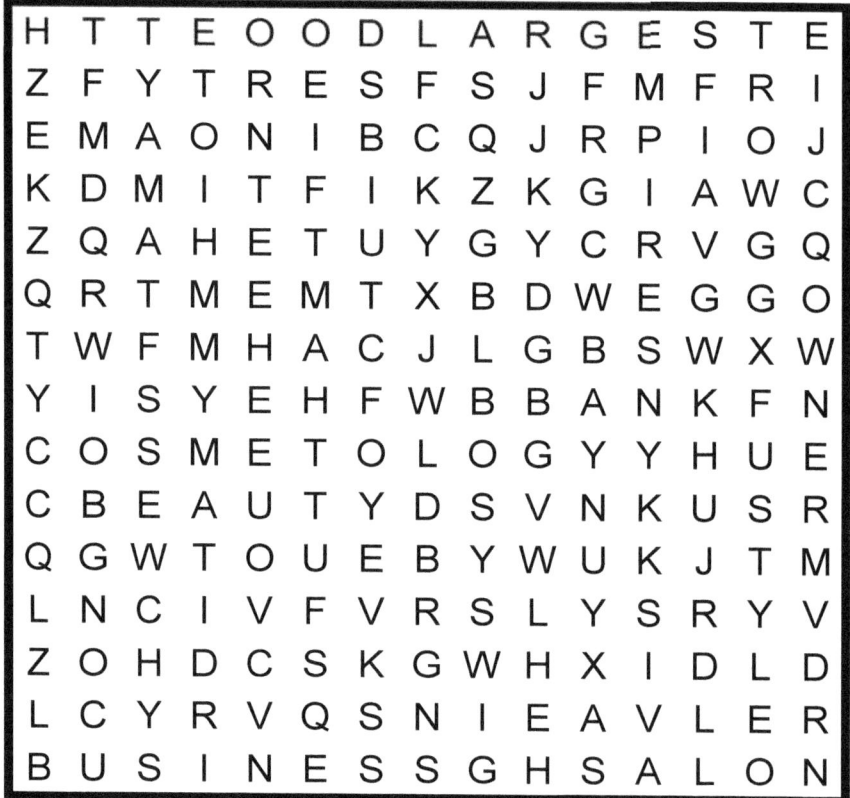

Word Bank:

Bank	Hair
Beauty	Empire
Business	Largest
Cosmetics	Owner
Cosmetology	Salon
Style	Trained

Bridget Biddy Mason

One of the First African American Women to Buy Land

Birthdate:
In 1818

Birthplace:
Mississippi

Key Facts:
- She worked as a nurse and midwife.
- She built a commercial building and rented out space.
- She helped found the first A.M.E. church.

```
U W J L K S O C Y T Z I A M F
E H P D V T P T W E M A X I O
K B M R L S R J X R A V L D O
R V Z K L E H L B E P A W W L
W V W Y P C C H A R I T Y I O
S D U O R O B E O C S P T F G
U B R U Q P X H R N Z H V E M
C P H I Q K L E E A G G W D B
C C C K B X M F A U K J O B U
E U R H Y M L P O B M S X E I
S D Z K O I A B P U N G S W L
S Y U C Q O N K T L N R Q Q D
F O O R J X D F U U U D M C I
U O G H Y P F R E N T W E W N
L B C G J Q G U I A J A V R G
```

Word Bank:

Bought	Land
Building	Founder
Charity	Midwife
Church	Nurse
Commercial	Property
Rent	Successful

A.G. Gaston

An Innovator in the Funeral Business

Birthdate:
In 1892

Birthplace:
Demopolis, Alabama

Key Facts:
➤ He set up the Booker T. Washington Burial Society, in which he opened a cemetery, sold caskets, and offered burial insurance.
➤ He also opened a motel.

Word Bank:

Burial

Business

Caskets

Civil

Funeral

Wealthy

Motel

Insurance

Radio

Rights

Services

Jehu Jones, Sr.

Early African-American Elite Hotel Owner

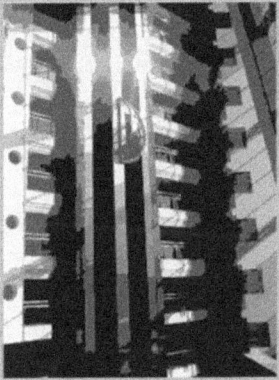

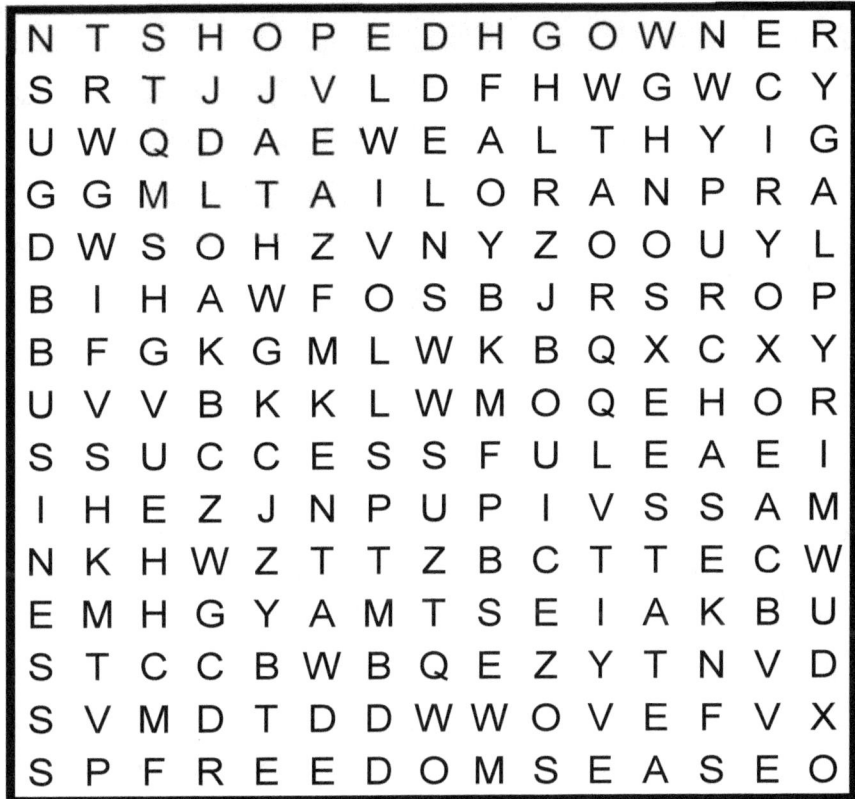

N	T	S	H	O	P	E	D	H	G	O	W	N	E	R
S	R	T	J	J	V	L	D	F	H	W	G	W	C	Y
U	W	Q	D	A	E	W	E	A	L	T	H	Y	I	G
G	G	M	L	T	A	I	L	O	R	A	N	P	R	A
D	W	S	O	H	Z	V	N	Y	Z	O	O	U	Y	L
B	I	H	A	W	F	O	S	B	J	R	S	R	O	P
B	F	G	K	G	M	L	W	K	B	Q	X	C	X	Y
U	V	V	B	K	K	L	W	M	O	Q	E	H	O	R
S	S	U	C	C	E	S	S	F	U	L	E	A	E	I
I	H	E	Z	J	N	P	U	P	I	V	S	S	A	M
N	K	H	W	Z	T	T	Z	B	C	T	T	E	C	W
E	M	H	G	Y	A	M	T	S	E	I	A	K	B	U
S	T	C	C	B	W	B	Q	E	Z	Y	T	N	V	D
S	V	M	D	T	D	D	W	W	O	V	E	F	V	X
S	P	F	R	E	E	D	O	M	S	E	A	S	E	O

Word Bank:

Business

Estate

Freedom

Hotel

Owner

Successful

Sew

Purchase

Shop

Slave

Tailor

Wealthy

Birthdate:
In 1769

Birthplace:
Charleston, South Carolina

Key Facts:
- He set up a tailoring shop after being freed from slavery.
- He also purchased real estate.
- He set up an exclusive hotel that catered to the elite.

Charles Douglass

Founded the First Major African American Resort Town

D	D	L	V	L	O	T	G	L	R	E	S	O	R	T
I	G	H	S	Y	I	S	K	Q	O	Q	U	S	Y	Z
S	W	D	H	R	P	W	L	F	I	R	S	T	J	B
C	O	R	I	P	I	W	Q	P	U	E	J	H	W	E
R	Q	E	G	L	U	B	H	R	N	T	B	L	B	A
I	S	G	H	J	H	W	O	I	K	T	L	E	L	C
M	V	I	L	T	S	J	S	U	X	I	G	N	A	H
I	Z	M	A	X	A	U	K	G	Y	H	T	F	C	P
N	N	E	N	M	B	W	Y	S	L	H	E	O	K	L
A	P	N	D	V	L	U	F	T	F	K	T	U	F	H
T	I	T	Q	I	Q	J	S	Y	Q	B	P	N	M	X
I	W	N	Y	X	D	G	P	N	X	H	M	D	A	P
O	G	A	P	R	O	P	E	R	T	Y	T	E	X	O
N	S	U	R	K	Y	K	X	U	Y	B	R	R	T	U
M	U	E	V	V	G	I	R	E	K	U	Z	U	W	C

Birthdate:
October 21, 1844

Birthplace:
Lynn, Massachusetts

Key Facts:
➤ His resort included the beach that he established called the Highland Beach.
➤ He was the son of Frederick Douglass.
➤ He joined the 54th Massachusetts Regiment.

Word Bank:

Beach	Founder
Black	Highland
Business	Major
Discrimination	Property
First	Resort
Regiment	War

William Henry Brown

Started First Black Theater Company

```
E O M K B P O R A Z J H C P G
Z Z D U D W V Q N O W A W F W
F K J R D C U Y C O M P A N Y
K W P G W F H F J R B R A G P
E C P M L F V T H E A T E R N
O C K V T U I X C V Y P O O C
O V S U S D T R A P Y E L V L
H V E C O N E Q S I U R G E W
N U A N I M D N T T C F L S P
M K T B S E O P S Q S O E V V
G F C S N R T J L U M R S B T
A F R I C A N U U A P M H K T
X L C P W Q I F U E Y M D K K
O R R B J R V D C W K M M M X
E N T E R T A I N B L A C K Q
```

Birthdate:
Unknown

Birthplace:
West Indies

Key Facts:
➤ His theater company was called the African Grove Theater.
➤ His theater offered 300 seats.
➤ He was also a playwright.

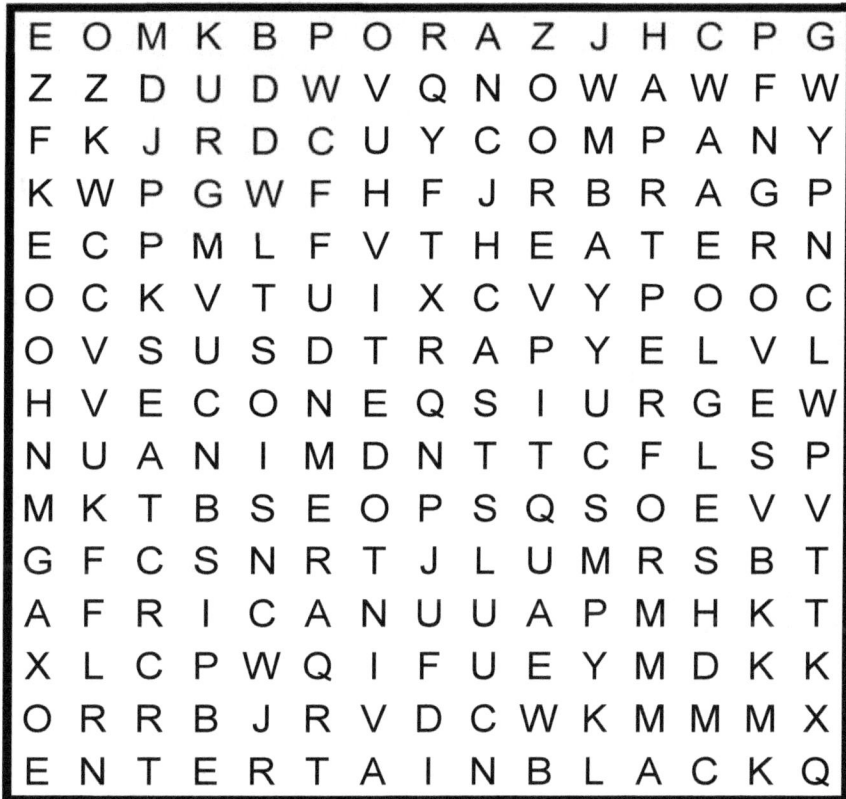

Word Bank:

African	First
Black	Grove
Casts	Perform
Company	Play
Entertain	Seat
Theater	

Walter "Wiley" Jones

A Leading Businessman in the South

Birthdate:
July 14, 1848

Birthplace:
Madison County, Georgia

Key Facts:
➤ He started off purchasing real estate.
➤ He opened several successful businesses, which included a horse racing park and saloon.
➤ He established the Wiley Jones Street Car Line, one of the first African American franchise companies.

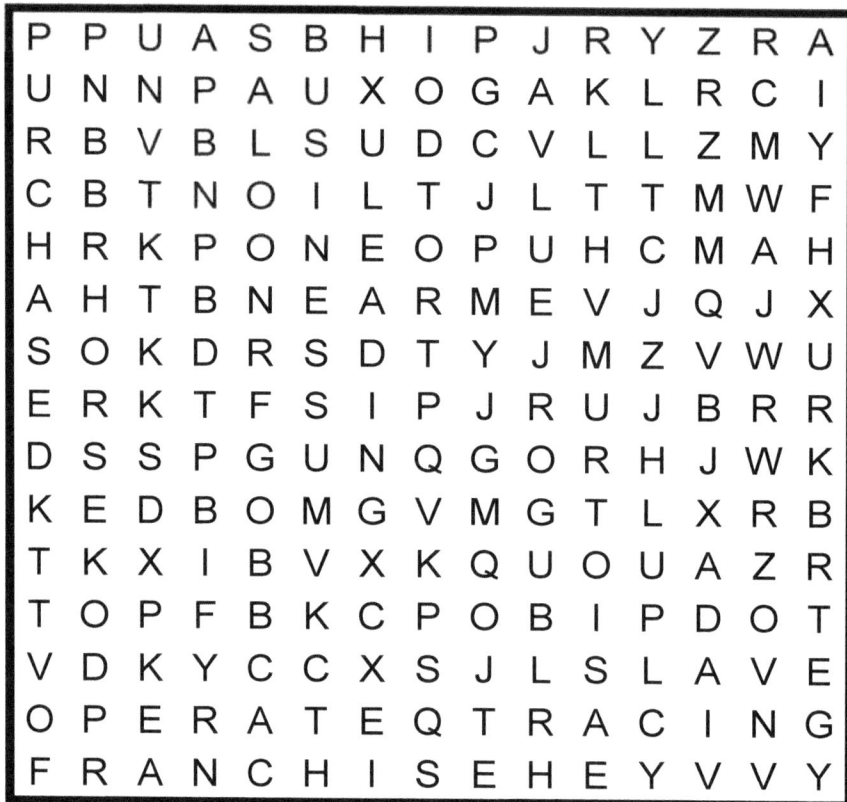

```
P P U A S B H I P J R Y Z R A
U N N P A U X O G A K L R C I
R B V B L S U D C V L L Z M Y
C B T N O I L T J L T T M W F
H R K P O N E O P U H C M A H
A H T B N E A R M E V J Q J X
S O K D R S D T Y J M Z V W U
E R K T F S I P J R U J B R R
D S S P G U N Q G O R H J W K
K E D B O M G V M G T L X R B
T K X I B V X K Q U O U A Z R
T O P F B K C P O B I P D O T
V D K Y C C X S J L S L A V E
O P E R A T E Q T R A C I N G
F R A N C H I S E H E Y V V Y
```

Word Bank:

Business	Park
Franchise	Purchase
Horse	Operate
Leading	Saloon
Racing	Slave
South	Streetcar

Thomy Lafon

Successful Businessman & Generous Philanthropist

B	F	Y	P	U	D	Y	Q	W	U	A	F	Z	B	F
L	Q	L	Y	N	L	H	J	T	F	U	N	D	S	A
N	E	W	E	Y	D	E	A	M	B	O	D	C	Z	C
H	R	L	O	X	Z	W	W	O	R	O	H	X	D	O
O	I	R	G	M	U	E	F	N	B	F	L	O	L	M
X	Y	V	J	T	I	A	W	E	V	V	G	A	N	P
Y	U	U	X	W	W	L	F	Y	W	W	E	Q	E	A
L	C	M	B	D	D	T	U	B	A	R	N	B	E	S
T	N	Z	A	M	K	H	G	J	K	U	Z	U	D	S
E	E	U	W	F	M	T	W	E	S	M	K	S	Y	I
S	B	R	O	K	E	R	G	Q	A	D	R	I	M	O
T	K	V	O	Y	R	F	I	Z	X	T	S	N	B	N
A	N	H	L	M	Q	S	Y	W	V	C	C	E	K	A
T	S	L	E	P	R	F	N	M	Y	X	D	S	V	T
E	P	R	O	S	P	E	R	O	U	S	Z	S	C	E

Birthdate:
In 1810

Birthplace:
New Orleans, Louisiana

Key Facts:
➢ He developed a successful real estate business.
➢ He earned almost a half million dollars during his lifetime.
➢ He used his wealth to help those in need.

Word Bank:

Broker	Lend
Business	Help
Compassionate	Money
Estate	Needy
Funds	Prosperous
Real	Wealth

Free Frank McWorter

First African American to Incorporate a Municipality

Birthdate:
In 1777

Birthplace:
Union County, South Carolina

Key Facts:
- He developed a mining and manufacturing business.
- He founded the town, New Philadelphia.
- He purchased the freedom of 16 family members from slavery.

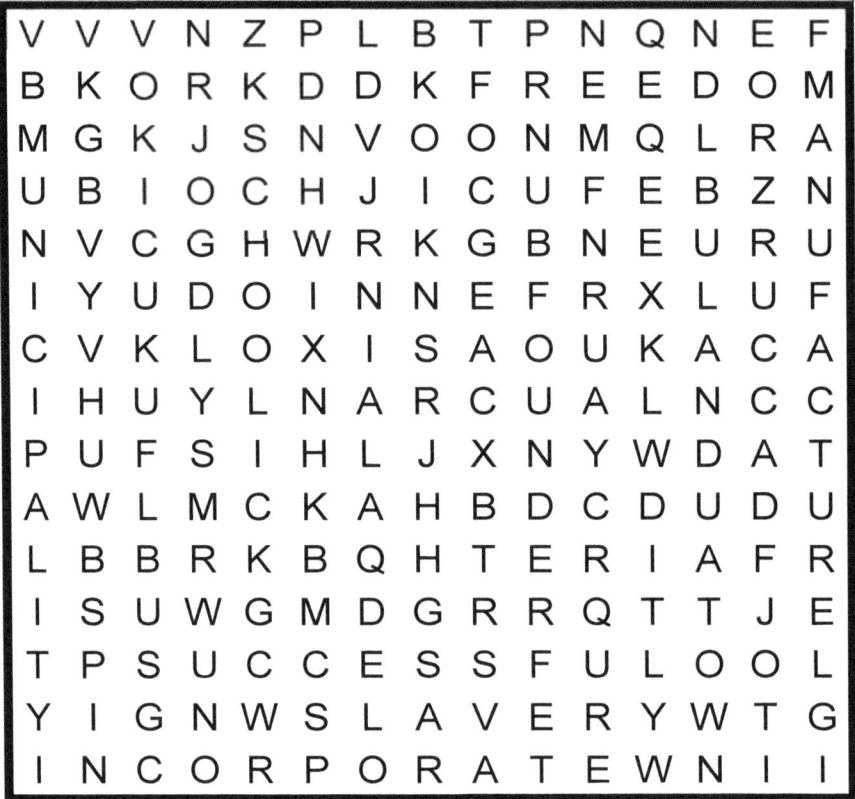

```
V V V N Z P L B T P N Q N E F
B K O R K D D K F R E E D O M
M G K J S N V O O N M Q L R A
U B I O C H J I C U F E B Z N
N V C G H W R K G B N E U R U
I Y U D O I N N E F R X L U F
C V K L O X I S A O U K A C A
I H U Y L N A R C U A L N C C
P U F S I H L J X N Y W D A T
A W L M C K A H B D C D U D U
L B B R K B Q H T E R I A F R
I S U W G M D G R R Q T T J E
T P S U C C E S S F U L O O L
Y I G N W S L A V E R Y W T G
I N C O R P O R A T E W N I I
```

Word Bank:

Founder	Mining
Freedom	Municipality
Incorporate	Purchase
Land	School
Manufacture	Slavery
Successful	Town

Constance B. Motley

Woman of Many Firsts in the Legal Field

G	B	G	C	A	N	G	K	I	N	T	Q	E	D	F
D	X	F	W	K	I	R	E	M	R	D	W	L	A	R
I	A	I	A	F	G	E	G	U	H	G	S	E	P	W
D	F	R	E	U	H	X	O	L	N	E	C	C	O	N
W	D	S	L	L	H	C	Y	I	N	N	N	T	S	E
J	O	T	B	I	A	K	T	A	E	A	N	E	I	E
R	Z	O	R	O	K	W	M	M	T	E	A	D	T	P
D	V	F	I	G	C	O	E	T	D	A	P	A	I	W
A	Q	X	G	I	W	R	A	I	I	L	U	J	O	D
Y	Q	D	H	U	P	H	S	B	I	V	S	E	N	J
N	Z	E	T	U	N	E	N	V	K	X	U	C	S	U
J	H	S	S	A	R	T	I	G	Q	G	O	U	Z	D
G	W	N	M	P	Y	C	L	W	R	P	P	O	R	G
N	U	E	A	F	D	X	I	A	W	X	P	Y	L	E
R	D	C	F	U	G	G	A	S	W	W	Q	U	K	Y

Birthdate:
September 14, 1921

Birthplace:
New Haven, Connecticut

Key Facts:
➢ She was the first African American woman to argue a case before the U.S. Supreme Court.
➢ She was the first woman elected to the New York State Senate and President of a Manhattan Borough.
➢ She was the first African American woman to become a federal judge.

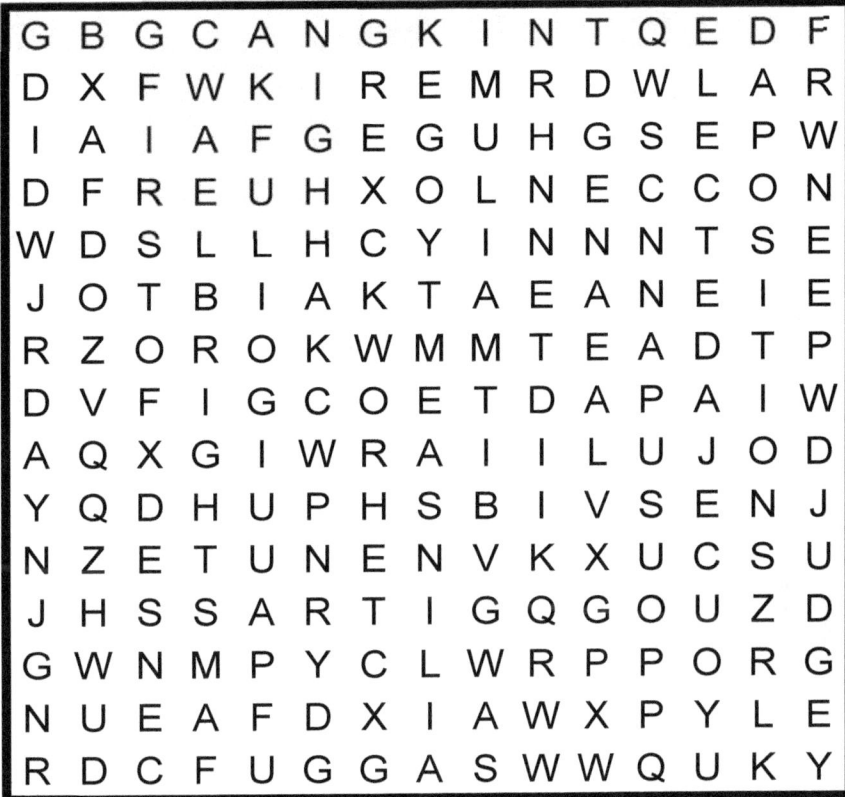

Word Bank:

Argue	Law
Civil	Judge
Court	First
Elected	Position
Manhattan	President
Rights	Supreme
Woman	

Robert Wood

One of the First Mayors in the United States

```
S H V M Q K I X C T W A E W P
I H W N H M B R P E C L V G A
I W E D M B L A C K O W R A V
Y N S R S N O X E V L G S R J
T C X M I Z M I G O L U N D B
R Y N I N F Z A E L E C T E D
O S N W L A F E R N C E P S E
C R V B B E T B F U T F U C T
N T H B M S T C Y G O B G H O
B C R E A T E P H S R X P O Y
P O L I T I C S I E S R Q O S
F X V V E M X T R J Z C O L L
F C U U H Y P A K J U B L A W
W V K R J E U X Q N O R K H P
B E C E N F O R C E M A Y O R
```

Birthdate:
In 1844

Birthplace:
Mississippi

Key Facts:
- He served as the mayor of Natchez, Mississippi.
- During his term as a mayor, he built the first public school for African American children.
- He also served as a sheriff, tax collector, and postmaster.

Word Bank:

Black	Law
Collector	Mayor
Create	Elected
Natchez	Enforce
Enforce	Politics
School	Sheriff
Tax	

Hiram R. Revels

First African American to Serve in the United States Senate

```
A G R I C U L T U R A L S O E
M P U U D T W B R K Y W K K I
F R M V O J N O N W N G N U Z
L W C F Z D T H Z M P X S U O
L C P I X A F N D O O V E R W
A E R X N V J E X K X N R R G
M D E E J L T F D Y U Q V O I
I U S B N C V P C O L L E G E
N C I E E Y A H J Z P A D X H
I A D L F P O L I T I C S C X
S T E C V I B D A T H X A O V
T I N O P P R T T G F E V S O
E O T Y J E J S A U R A H Q Y
R N D N Y C O I T P J F J L F
M E C H A N I C A L E H L X S
```

Birthdate:
September 27, 1867

Birthplace:
Fayetteville, North Carolina

Key Facts:
➤ He served as the senator for Mississippi.
➤ He was also a minister.
➤ He worked as the president of Alcorn Agricultural and Mechanical College.

Word Bank:

Agricultural	Minister
College	Mechanical
Education	Preach
Elected	Politics
First	President
Senator	Served

VOTE!

P.B.S. Pinchback

First African American to Serve as a Governor of a U.S. State.

Birthdate:
May 10, 1837

Birthplace:
Macon, Georgia

Key Facts:
➢ He served as the governor of Louisiana.
➢ He also served as a Union Army officer.
➢ He also worked as a publisher.

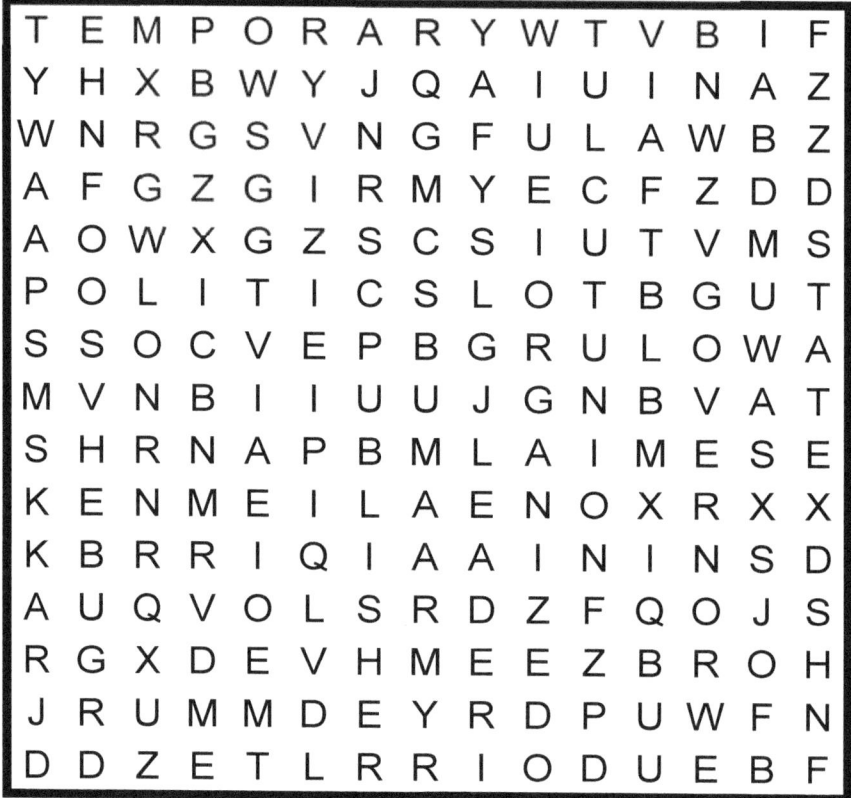

T	E	M	P	O	R	A	R	Y	W	T	V	B	I	F
Y	H	X	B	W	Y	J	Q	A	I	U	I	N	A	Z
W	N	R	G	S	V	N	G	F	U	L	A	W	B	Z
A	F	G	Z	G	I	R	M	Y	E	C	F	Z	D	D
A	O	W	X	G	Z	S	C	S	I	U	T	V	M	S
P	O	L	I	T	I	C	S	L	O	T	B	G	U	T
S	S	O	C	V	E	P	B	G	R	U	L	O	W	A
M	V	N	B	I	I	U	U	J	G	N	B	V	A	T
S	H	R	N	A	P	B	M	L	A	I	M	E	S	E
K	E	N	M	E	I	L	A	E	N	O	X	R	X	X
K	B	R	R	I	Q	I	A	A	I	N	I	N	S	D
A	U	Q	V	O	L	S	R	D	Z	F	Q	O	J	S
R	G	X	D	E	V	H	M	E	E	Z	B	R	O	H
J	R	U	M	M	D	E	Y	R	D	P	U	W	F	N
D	D	Z	E	T	L	R	R	I	O	D	U	E	B	F

Word Bank:

Army	Publisher
First	Republican
Governor	Served
Leader	State
Organize	Politics
Temporary	Union

Pierre C. Landry

First African American to Serve as a Mayor in the U.S.

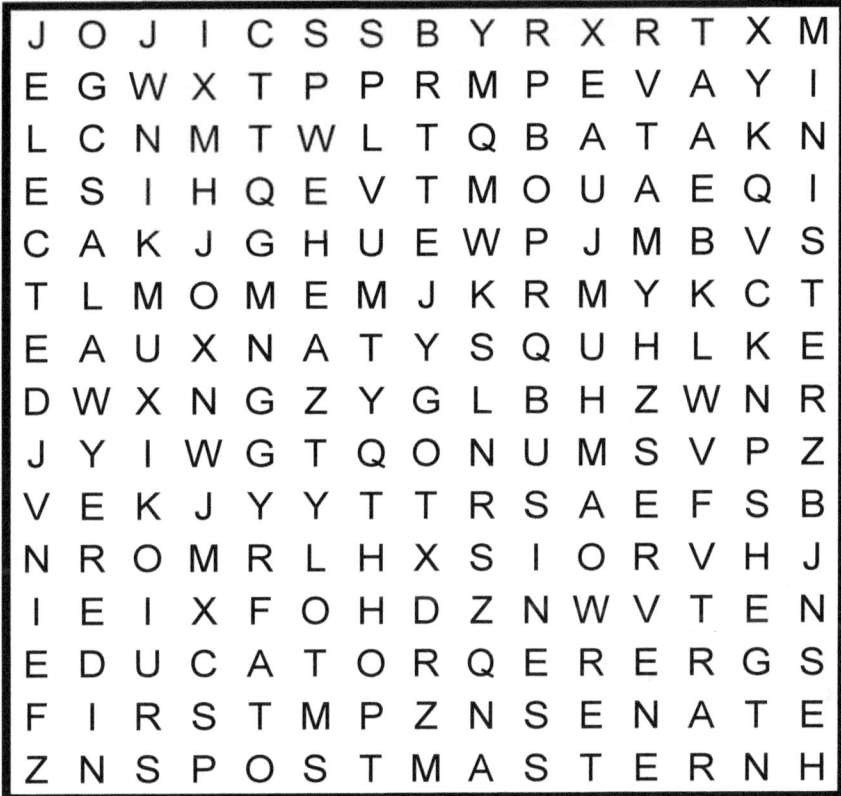

```
J O J I C S S B Y R X R T X M
E G W X T P P R M P E V A Y I
L C N M T W L T Q B A T A K N
E S I H Q E V T M O U A E Q I
C A K J G H U E W P J M B V S
T L M O M E M J K R M Y K C T
E A U X N A T Y S Q U H L K E
D W X N G Z Y G L B H Z W N R
J Y I W G T Q O N U M S V P Z
V E K J Y Y T T R S A E F S B
N R O M R L H X S I O R V H J
I E I X F O H D Z N W V T E N
E D U C A T O R Q E R E R G S
F I R S T M P Z N S E N A T E
Z N S P O S T M A S T E R N H
```

Birthdate:
April 19, 1841

Birthplace:
Ascension Parish, Louisiana

Key Facts:
- He became a lawyer after the Civil War.
- He also served as a school superintendent, justice of peace, tax collector, postmaster, House of Representative, and state senator.

Word Bank:

Business	Mayor
Educator	Member
Elected	Minister
First	Postmaster
Lawyer	Senate
Serve	

Macon Allen

First African American in the U.S. Licensed to Practice Law

M	Z	S	E	R	V	E	D	K	B	J	L	D	A	B
M	U	P	R	O	B	A	T	E	F	P	E	E	X	R
I	V	I	Q	U	F	E	C	R	V	S	J	D	P	G
J	Z	S	U	D	O	T	U	D	S	U	P	F	C	R
I	O	D	O	J	P	C	R	A	H	Y	Y	U	S	O
V	D	R	R	Z	V	R	P	M	K	P	Z	Q	G	J
I	B	D	V	Y	C	L	A	S	D	A	N	Y	J	G
B	Q	L	B	S	W	X	G	C	Y	A	L	Q	Z	S
S	B	L	I	C	E	N	S	E	T	B	D	K	S	D
H	O	S	Z	I	A	F	O	D	M	I	Y	V	H	L
S	Z	W	K	R	B	U	K	H	X	L	C	G	F	A
L	I	N	D	I	A	N	A	B	R	Q	P	E	I	W
I	U	D	L	V	F	K	J	U	D	G	E	E	R	H
S	D	W	A	U	C	P	A	R	T	N	E	R	M	G
P	P	R	W	Q	C	G	F	R	Z	C	O	U	R	T

Birthdate:
In 1816

Birthplace:
Indiana

Word Bank:

Court	Law
Exam	License
Firm	Partner
Indiana	Passed
Judge	Probate
Practice	Served

Key Facts:
- He passed the Massachusetts Bar Exam on May 5, 1845.
- He opened the first Black law firm with his partner.
- He also served as a judge in the Inferior Court and as a judge probate.

Barack Obama

First African American United States President

Birthdate:
August 4, 1961

Birthplace:
Honolulu, Hawaii

Key Facts:
➤ He was the first president of the Harvard Law Review.
➤ He served three terms in the Illinois Senate.
➤ He was elected the 44th United States President.

```
X C W Z P W C I X K T G J Z B
L A X K R H K W I O T E D J U
L Q D E Z B Z G O L P H X Z P
M P R E S I D E N T M V R J Y
R I G H T S S M S O O E Q E M
S Z X A W Z R E T Z P E X J E
R X Z A L E I K R J D U R L L
H I R T T J T N V D O L D E
A S L T J T B J A W E R F R C
R H E Y Q K J Q M J C D O H T
V N J R C I V I L X K Y E J E
A C F D I H M D B P N T E U D
R S H Q I I W I B M O N N J S
D T J O N M I W S V X F L D B
V Z W O A P P Y F A U T H O R
```

Word Bank:

Author   President

Civil   Rights

Elected   Term

Harvard   Three

Law   Vote

Served

Charlotte E. Ray

First African American Woman Lawyer in the United States

```
P  T  H  D  S  B  L  A  Y  J  W  R  N  H  U
R  E  G  F  J  E  B  B  R  P  W  O  M  A  N
A  A  W  A  S  H  I  N  G  T  O  N  T  F  Q
C  C  W  Z  L  U  M  Y  T  V  F  L  W  X  E
T  H  O  Q  Q  F  Y  V  T  Q  Y  C  A  S  E
I  E  V  P  M  O  E  J  T  S  L  E  C  X  G
C  R  Q  A  E  H  H  L  H  D  V  R  F  J  T
E  X  M  K  N  N  W  I  Z  O  K  I  L  S  V
T  S  A  M  I  R  E  E  V  O  J  Q  R  H  U
V  W  M  I  E  Y  C  D  L  Z  R  I  M  R  N
I  I  I  Y  U  I  Q  F  A  E  F  J  R  X  B
S  U  W  L  F  A  K  R  U  P  X  J  U  A  R
S  A  G  F  C  M  A  G  N  S  Q  P  N  T  V
L  Q  O  W  Q  B  R  I  J  J  E  P  Z  K  C
A  D  M  I  T  A  P  H  H  T  O  F  O  R  C
```

Birthdate:
January 13, 1850

Birthplace:
New York City, New York

Key Facts:
➢ She was one of the first women to be admitted to the D.C. Bar.
➢ She opened a law office in D.C.
➢ She also worked as a teacher.

Word Bank:

Admit

Argue

Bar

Case

Teacher

Washington

Lawyer

Office

Opened

First

Practice

Woman

Dennis Archer

First African American to Serve as the President of the American Bar

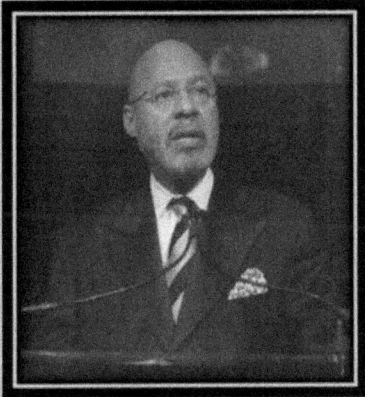

```
L Y F H Z Y F E K M W T M N C
E R N L K U M P N Y U T M C F
G V O P A Z R A V S I S O K A
V Z Y A J D C U U O F I R S T
B K J K V I K Y R B F U V S Z
U D T R R U Z T M Q B F P A R
H H P E P D E E B J B I R I B
S L M L G D L A J P I F E S S
J A H X T O C C Q B J C S E U
X M W B U H C H Z V I O I R P
R H Q L P N F E B N E U D V R
O X S A A W Q R A B F R E E E
I G C C U G B C N A A T N D M
I K C K V P M A Y O R R T T E
A S S O C I A T I O N L Q C F
```

Birthdate:
January 1, 1942

Birthplace:
Detroit, Michigan

Key Facts:
➤ He served on the Supreme Court.
➤ He also served as the mayor of Detroit.
➤ He worked as a teacher.

Word Bank:

American	First
Association	Detroit
Bar	President
Black	Served
Court	Mayor
Supreme	Teacher

Robert Sutherland

First Black Lawyer in Canada

V	D	F	M	Z	C	A	Z	P	F	I	L	T	I	E
J	A	M	A	I	C	A	X	C	F	B	S	U	I	B
G	U	I	J	G	Q	D	J	H	C	R	L	W	Z	P
R	U	S	L	A	W	Y	E	R	I	A	Y	A	O	V
A	N	J	T	Z	O	R	J	F	E	X	N	N	C	B
D	I	Z	X	I	A	M	P	C	A	S	E	A	T	K
U	V	V	E	H	C	W	N	Y	L	P	H	Q	D	E
A	E	X	T	U	G	E	A	L	S	Q	U	D	I	A
T	R	P	R	X	F	S	V	R	P	G	Q	D	F	F
E	S	U	A	M	M	D	O	U	D	J	X	B	C	P
B	I	U	J	O	O	D	L	X	F	S	U	N	D	H
W	T	T	A	Y	C	O	Z	P	A	O	F	X	C	J
U	Y	E	U	R	A	D	S	C	K	M	L	C	S	R
R	R	P	R	A	C	T	I	C	E	G	R	R	Q	F
I	N	F	L	U	E	N	C	E	D	K	A	P	P	O

Birthdate:
In 1830

Birthplace:
Jamaica

Key Facts:
➤ He was the first Black graduate of Queen's University.
➤ He also held a municipal office.

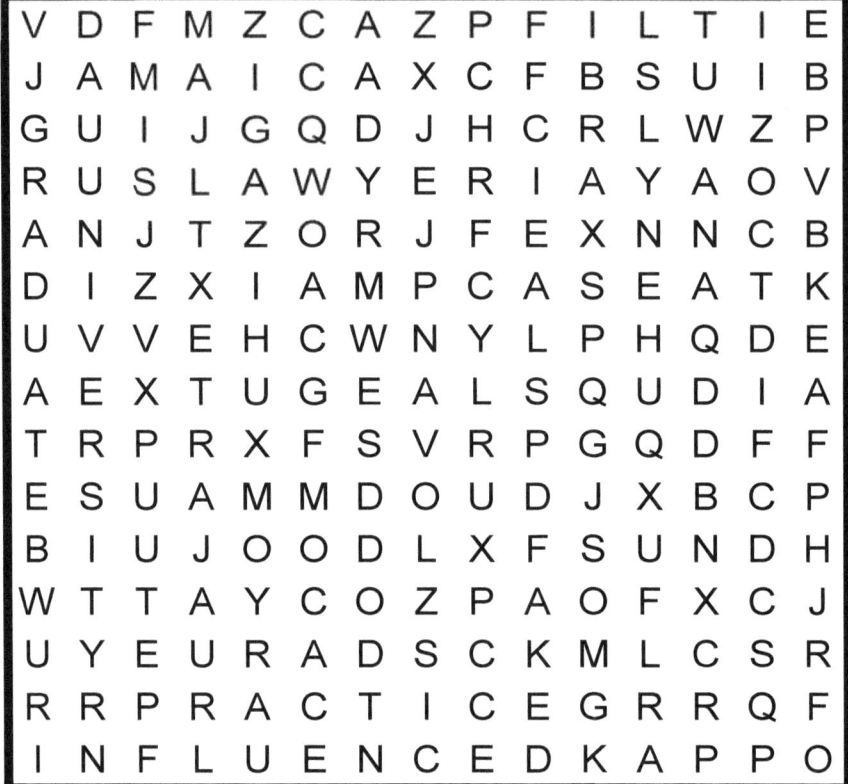

Word Bank:

Awards	Graduate
Black	Influence
Canada	Jamaica
Case	Justice
First	Lawyer
Practice	University

King Taharqa

Pharaoh who controlled the Largest Empire in Ancient Africa

U	F	N	X	Z	V	F	D	C	N	I	U	W	O	L
F	E	I	Q	K	W	O	B	P	G	F	N	T	J	O
M	R	D	Z	Q	S	P	F	U	P	Y	N	Z	O	R
X	P	J	C	H	C	F	L	E	Q	E	C	H	S	U
A	W	S	C	T	I	K	C	J	M	K	L	T	M	L
K	C	M	U	B	G	N	V	N	M	N	G	A	E	E
Z	O	J	U	D	E	K	R	U	U	O	X	L	S	R
W	I	R	Z	R	A	E	T	V	K	J	B	E	Z	T
C	F	V	E	B	V	N	T	A	M	I	B	M	D	S
E	N	F	H	O	S	S	C	W	B	Y	I	P	V	T
U	E	C	G	S	E	L	E	A	D	E	R	I	H	A
R	A	P	G	G	N	N	I	A	H	E	L	R	M	T
G	O	N	R	I	I	I	Z	C	I	I	M	E	O	U
P	I	A	B	G	T	N	D	W	R	F	I	M	A	E
K	L	A	R	C	H	I	T	E	C	T	U	R	A	L

Birthdate:
Not Known

Birthplace:
Sudan

Key Facts:
➤ He ruled the kingdoms of Nubia and Egypt for 26 years.
➤ He was responsible for many architectural projects.
➤ He is referenced in the Bible.

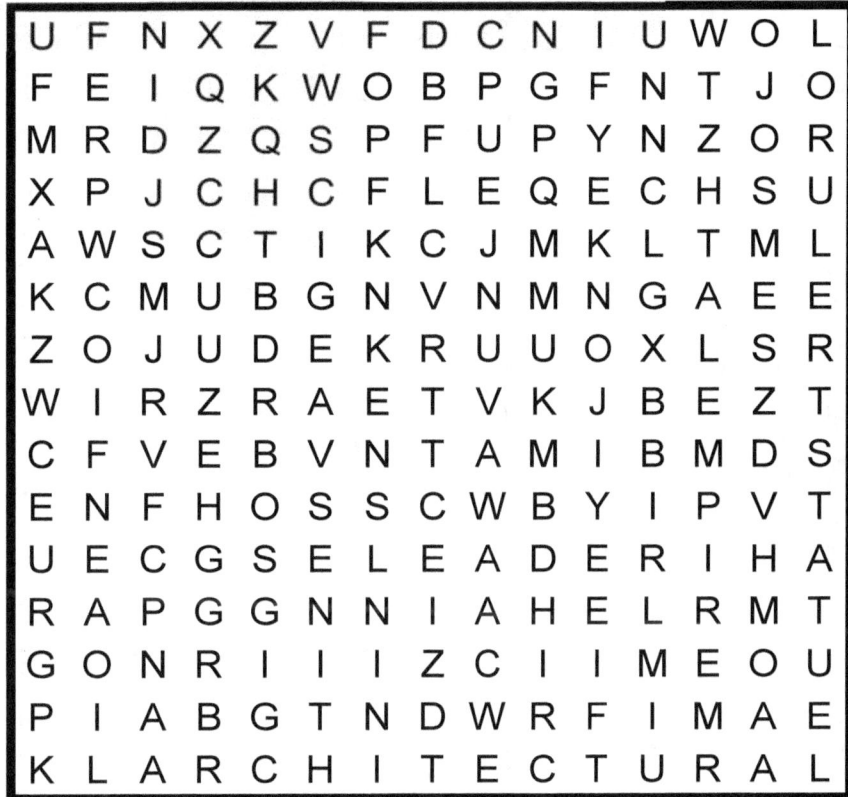

Word Bank:

Architectural	Largest
Bible	Last
Empire	Reference
Government	Leader
King	Ruler
Statue	Sudan

Septimus Severus

African Emperor of Rome

```
S N Y Z R N B O F Y A A Q I R
R S O T Q Q Y V J N F Y H W Z
V P E D D N N P C E O J C C T
O G Z R A T T X T A N P U E D
E J F M V K Q A D M X J V M O
Q T R L Y E R R X H F H A P T
C E C R Z T L E T V X W C E Y
G C B E S A F R I C A N W R B
G V N I R E A K T B W D H O H
O T G E G R C A T Z N Q C R K
I A N P R A U W R V T L I V F
M E T H L O P L O M X K V J I
G J O B T Y M I E P Y J I C R
J T D U H Z Y A N R J V L C S
E O V L L P I B N U X F L L T
```

Birthdate:
In 145 A.D.

Birthplace:
Africa

Key Facts:
- He ruled between 193-211 A.D.
- He also served as a general of the Roman army.
- He served as a Roman Consul in Germany.

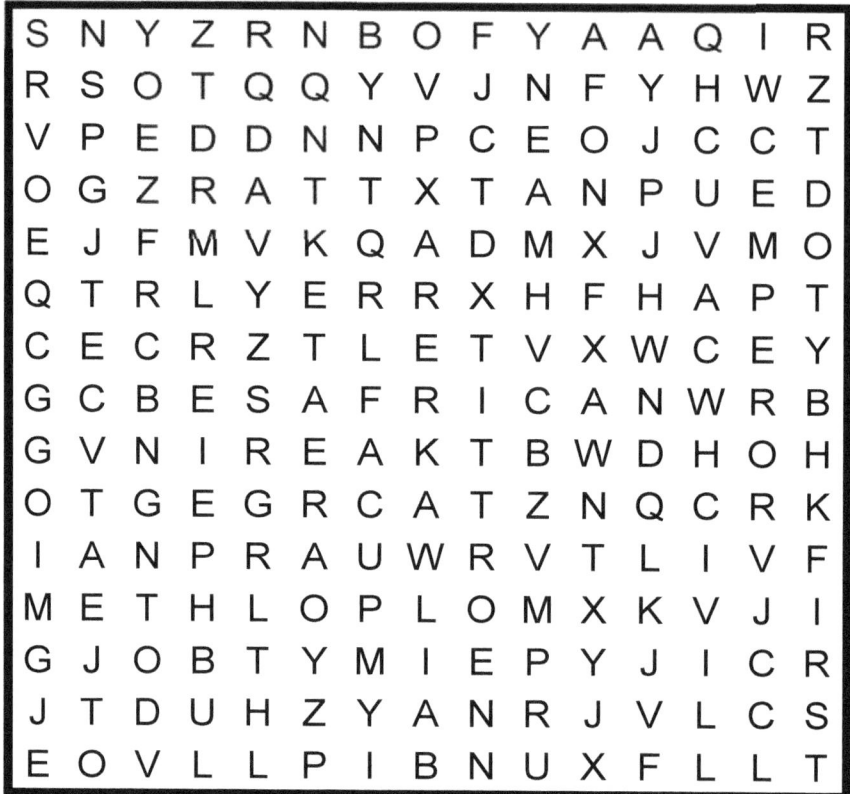

Word Bank:

African	First
Army	General
Black	Germany
Civil	Roman
Emperor	Ruler
Magistrate	Serve

Robert H. Terrell

First African American Municipal Judge of Washington, D.C.

P	R	O	F	E	S	S	I	O	N	A	L	V	L	K
R	M	U	N	I	C	I	P	A	L	Y	T	R	P	S
A	I	E	R	J	X	Z	P	A	F	J	M	P	J	V
C	P	T	D	W	J	P	J	E	I	L	W	G	Q	R
T	F	Y	D	P	X	M	H	S	Q	I	K	V	E	Z
I	G	R	C	J	X	L	H	T	G	I	J	Y	I	Y
C	V	E	Z	I	A	K	A	N	P	L	W	K	E	O
E	E	B	W	A	G	G	R	L	E	A	T	N	F	R
X	E	O	C	A	R	R	V	F	L	M	R	K	O	Q
H	G	O	F	T	W	A	A	R	J	O	K	T	S	S
O	N	H	B	Y	N	D	R	I	T	W	A	Z	E	E
W	R	N	S	Q	A	U	D	T	E	C	R	K	G	R
A	N	F	E	Z	N	A	A	M	U	A	K	D	R	V
R	F	A	C	U	L	T	Y	D	O	C	U	D	T	E
D	X	B	O	M	M	E	E	Y	H	J	R	K	A	D

Birthdate:
November 27, 1857

Birthplace:
Orange County, Virginia

Key Facts:
➤ He graduated cum laude from Harvard University.
➤ He received his law degree from Howard University.
➤ He served on the faculty of Howard University Law School.

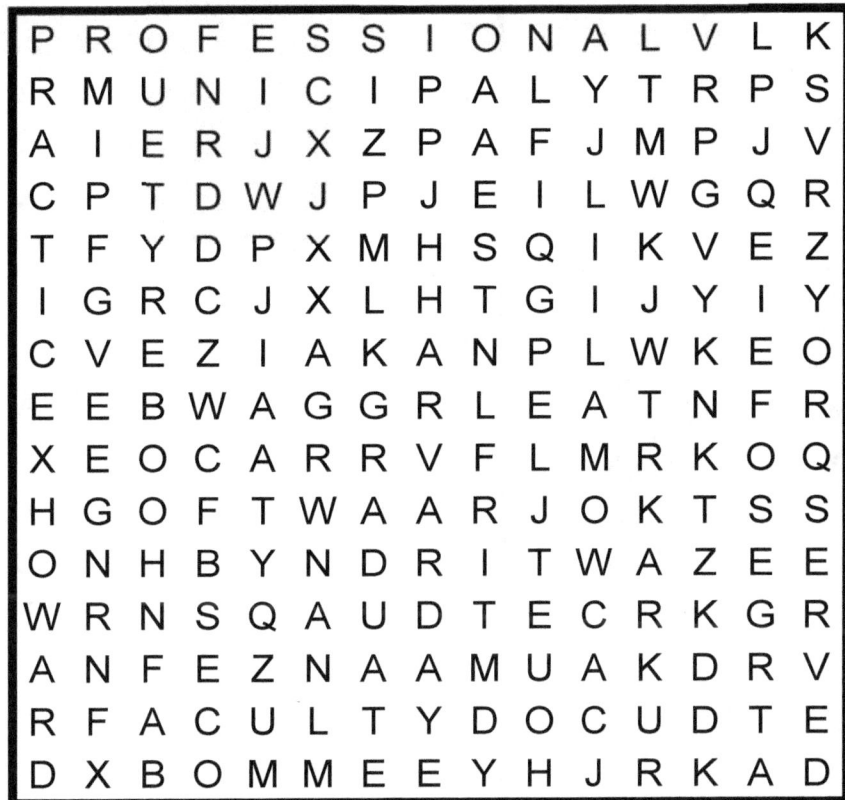

Word Bank:

Attorney	Judge
Educator	Lawyer
Faculty	Municipal
Graduate	Practice
Harvard	Professional
Howard	Served

Patricia Harris

First African American Woman to Hold a Cabinet Position

```
T H M M M L H Y X J L P N C D
U R H F L X D F A G R O D A T
V C T A L F H C R E F S U B A
Z W Q H F A P U K T I I P I W
B D G Q F A O R N U R T P N X
P O A W I B M E E H S I L E J
Z R C P M L M B E C T O Y T S
K R A E P N A E A A E N G Y E
V J X C R O R J Z S O I W R C
T U W E T G I X X R S J V G R
L M V E E I K N O U H A U E E
L O W D K W C L T O U B D Z T
G A J A A Y N E D E Y J E O A
E L W K Y P D R P T D T Q B R
Z S J N B F N W J R V W S G Y
```

Birthdate:
May 31, 1924

Birthplace:
Mattoon, Illinois

Key Facts:
- She served as the U.S. Ambassador to Luxembourg.
- She also served as the Secretary of Housing and Urban Development.

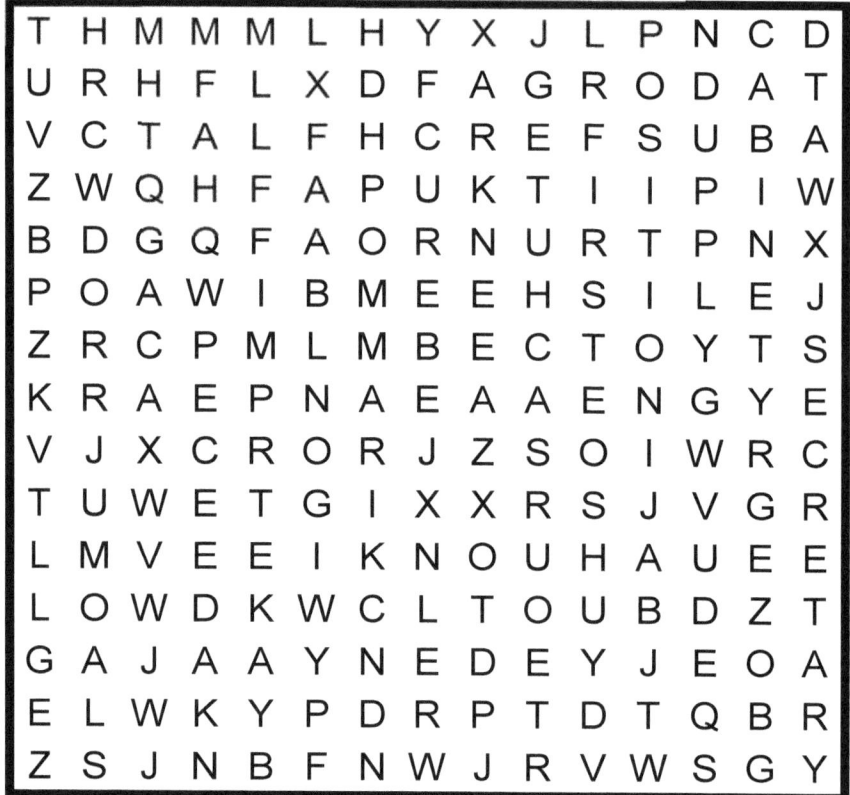

Word Bank:

Ambassador	Law
Appointed	Luxembourg
Cabinet	Position
Degree	Government
First	Receive
Practice	Secretary

Clifton R. Wharton, Sr.

First African American Foreign Service Officer to Become an Ambassador

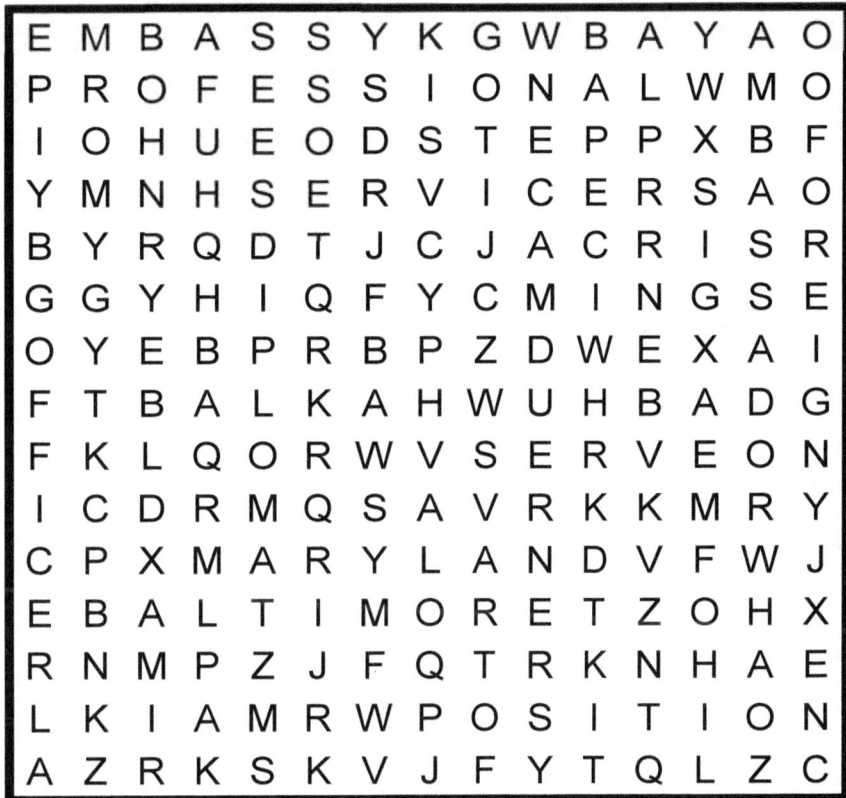

E	M	B	A	S	S	Y	K	G	W	B	A	Y	A	O
P	R	O	F	E	S	S	I	O	N	A	L	W	M	O
I	O	H	U	E	O	D	S	T	E	P	P	X	B	F
Y	M	N	H	S	E	R	V	I	C	E	R	S	A	O
B	Y	R	Q	D	T	J	C	J	A	C	R	I	S	R
G	G	Y	H	I	Q	F	Y	C	M	I	N	G	S	E
O	Y	E	B	P	R	B	P	Z	D	W	E	X	A	I
F	T	B	A	L	K	A	H	W	U	H	B	A	D	G
F	K	L	Q	O	R	W	V	S	E	R	V	E	O	N
I	C	D	R	M	Q	S	A	V	R	K	K	M	R	Y
C	P	X	M	A	R	Y	L	A	N	D	V	F	W	J
E	B	A	L	T	I	M	O	R	E	T	Z	O	H	X
R	N	M	P	Z	J	F	Q	T	R	K	N	H	A	E
L	K	I	A	M	R	W	P	O	S	I	T	I	O	N
A	Z	R	K	S	K	V	J	F	Y	T	Q	L	Z	C

Birthdate:
May 11, 1899

Birthplace:
Baltimore, Maryland

Word Bank:

Ambassador

Baltimore

Diplomat

Embassy

Foreign

Service

Maryland

Officer

Position

Professional

Serve

Key Facts:
➢ He was the first African American to hold a professional position in the U.S. State Department.
➢ He held various posts of consulates and at embassies around the world.

James McCune Smith

First African American to Hold a Medical Degree

C	L	G	C	P	N	E	W	T	Y	P	O	L	L	Y
P	V	B	N	X	F	X	O	R	F	O	L	L	G	M
Z	R	Z	S	R	K	U	X	E	O	X	U	M	M	O
M	H	A	N	R	A	I	Y	A	W	T	S	X	E	B
X	X	P	C	F	V	G	V	T	V	E	E	J	D	P
D	D	A	S	T	L	S	L	A	V	E	R	Y	I	E
P	X	T	M	D	I	V	G	B	P	P	R	B	C	E
R	N	I	C	E	R	C	J	K	U	Y	Y	H	I	K
S	Y	E	I	Q	D	U	E	Q	A	U	Y	P	N	A
Z	T	N	F	O	Z	I	G	E	P	H	M	U	E	L
W	Q	T	L	T	A	Y	C	S	M	J	E	T	X	M
X	N	S	V	E	K	O	Z	A	D	W	U	L	U	Y
P	H	A	R	M	A	C	Y	V	L	K	V	I	P	J
N	B	X	Z	S	M	C	O	Y	S	F	I	R	S	T
P	U	B	L	I	C	A	T	I	O	N	S	B	X	B

Birthdate:
April 8, 1813

Birthplace:
New York City, New York

Key Facts:
- He was the first African American to open a drug store.
- He opened two drugstores.
- He practiced medicine for 25 years.
- He advocated against slavery.

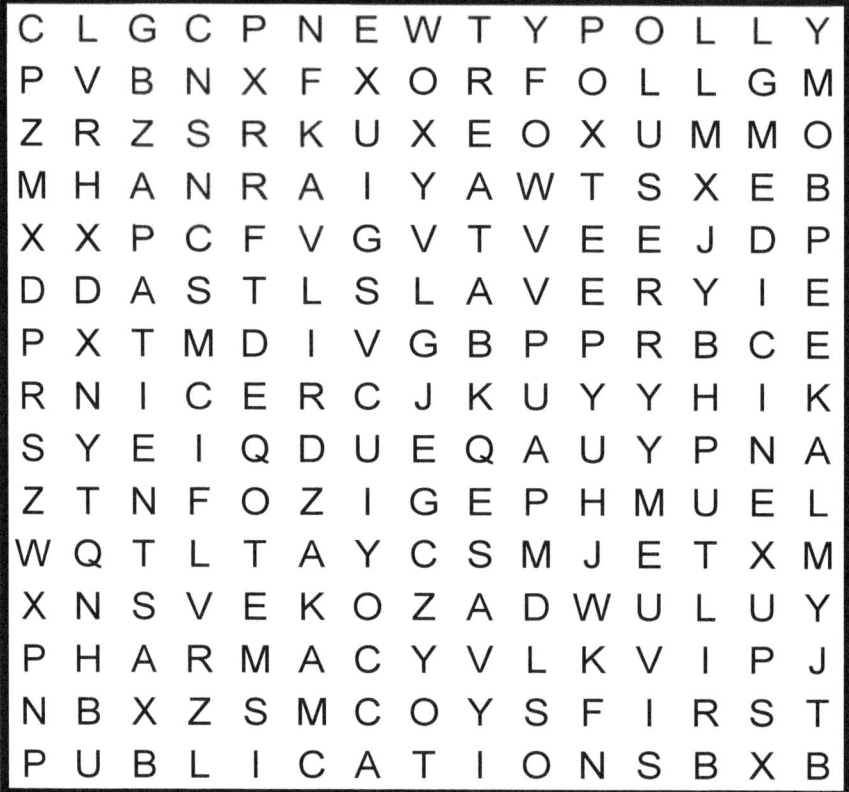

Word Bank:

Drugs	Pharmacy
First	Practice
Help	Publications
Medical	Slavery
Medicine	Treat
Patients	Wrote

David Jones Peck

First African American to Earn a Medical Degree from an American Medical School

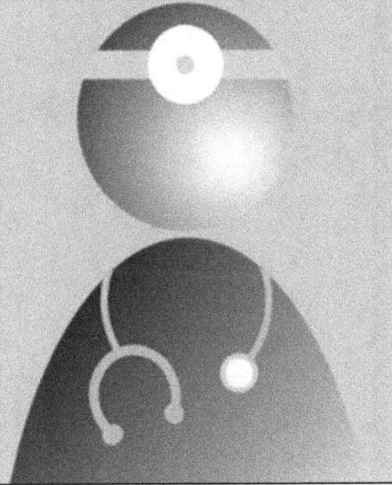

```
H P J E C J F A L Y F Z T N V
K G H Z A X W O Y F B K K F Z
L V B Y S M O W P J H T O W N
U F S K S H N W S T X H Q K T
E J W T C I R U J X H V S N K
S Q B S Q S C E S Y Z G U G O
Y Y T R G B L I M E D I C A L
P A T I E N T S A B S X O F M
P E N N S Y L V A N I A H K Q
D K P F P F G A L D E G R E E
F M H D O C T O R N A N Z Z N
D E S T A B L I S H B Z O T A
P A M E R I C A N Q H A Q K P
R E C E I V E A R S W V H G A
P R A C T I C E H H R H C N D
```

Birthdate:
In 1826

Birthplace:
Carlisle, Pennsylvania

Key Facts:
➤ He moved to Nicaragua.
➤ He became the town physician of San Juan Del Notre.

Word Bank:

American	Patients
Degree	Physician
Doctor	Practice
Establish	Pennsylvania
Medical	Receive
School	

Rebecca L. Crumpler

First African American Woman to Earn a Medical Degree

Birthdate:
In 1831

Birthplace:
Delaware

Key Facts:
➤ She was a general practitioner in Boston and Richmond.
➤ She published a book called, *A Book of Medical Discourses.*

```
C H I L D R E N H P N E Q S D
L O W A J I W G M B S E R V E
T L D F A C V E E H U S E W D
M D X T T H T N K R Y J G C B
G T R F E M O E P J Y R T D Z
O X V Q M O N R X C M B L D Z
J F V Q R N C A G M E C W U Q
I I K Z O D G L O E S U O G Y
B R Z K Z U X T R D M O M P B
O S N K G Y Z G E I L F E U W
S T A F J Z E S X C X Y N B E
T Z N R O D M H F A A W R L A
O Z M U R L E N G L J C Z I J
N P H Y S I C I A N M N X S V
V D R C D I S C O U R S E H A
```

Word Bank:

Boston	General
Children	Medical
Degree	Physician
Discourse	Publish
First	Richmond
Serve	Women

Daniel Hale Williams

Performed the First Open Heart Surgery

```
A S S C C R V G H W Z Y P L T
Y V R H V V C K E C Z J H B P
O H S M E D I C I N E F A C U
B O J K P E R F O R M E D R S
L S O S Z D O C T O R P V H B
A P P R G H U R J K Q Q F E H
C I S U C C E S S F U L G Z N
K T T U X J L I V N D U X E S
Z A E S G T I X V O O D P N U
M L A B Y F U M O Z C O S X R
J D C B P Y E L O T X E B G G
K Z H V A Q B K R W J T D B E
S E E Q J K C A O W N E D K O
K N R T Z B E O Q N B B A G N
X C L T H H C F Z S Q Z Y Z K
```

Birthdate:

January 18, 1856

Birthplace:

Hollidaysburg, Pennsylvania

Key Facts:

- ➤ He founded the first Black owned hospital in America.
- ➤ He served as Chief Surgeon of Freedman's Hospital in Washington, D.C.
- ➤ He also served as a teacher.

Word Bank:

Black	Open
Blood	Owned
Doctor	Performed
Heart	Successful
Hospital	Medicine
Surgeon	Teacher

James Durnham

One of the Earliest Recognized African American Doctors

D	T	Z	J	H	P	H	P	U	Z	Y	O	S	Y	B
K	D	G	G	S	K	H	E	L	P	E	D	H	N	J
X	R	B	M	V	U	X	R	V	S	A	O	Q	N	X
C	K	S	S	E	E	V	K	E	Z	F	H	Y	Y	Q
Q	Z	A	S	L	D	M	N	Z	Y	L	N	M	I	X
A	M	B	G	O	C	I	S	L	A	V	E	G	U	S
P	S	U	A	Y	C	R	C	R	O	C	T	S	G	K
A	T	T	Y	I	B	G	O	A	I	D	K	D	H	Z
T	K	H	D	Z	Y	T	D	V	L	L	F	B	M	T
I	X	E	S	E	C	N	R	F	R	E	E	D	O	M
E	M	F	Y	O	I	E	P	T	Y	D	A	E	P	E
N	O	X	D	Y	S	W	P	R	K	F	J	Q	K	A
T	Y	B	K	S	U	C	C	E	S	S	F	U	L	S
S	G	Y	Z	B	E	U	J	A	A	G	Z	O	W	K
P	R	A	C	T	I	C	E	T	Z	O	B	O	F	K

Birthdate:
May 1, 1762

Birthplace:
Philadelphia, Pennsylvania

Key Facts:
➤ He performed medical services as a slave.
➤ He set up his own medical practice after gaining his freedom.
➤ He successfully mixed medicines that helped patients with diphtheria.

Word Bank:

Doctor	Mix
Freedom	Patients
Helped	Practice
Medical	Service
Medicine	Slave
Successful	Treat

Caroline V. Anderson

A Medical Pioneer in Philadelphia

F	H	F	E	T	X	M	E	E	F	U	K	B	V	Z
T	J	Z	I	P	P	T	E	F	J	X	H	L	E	C
I	O	M	P	H	I	L	A	D	E	L	P	H	I	A
W	Q	L	X	I	Q	E	S	D	I	R	C	A	T	L
P	V	M	B	P	L	R	Z	S	J	C	U	A	L	T
E	B	Q	A	L	T	D	X	H	X	E	A	A	Q	G
E	N	F	W	A	A	P	E	T	J	B	I	L	N	R
R	D	I	Q	Z	C	C	A	V	G	R	L	I	E	P
X	N	U	J	Q	I	T	K	O	T	E	N	E	F	A
Y	K	E	C	T	U	D	I	S	D	I	N	U	I	T
U	H	C	C	A	Z	K	U	V	A	O	M	R	E	I
J	A	A	H	Y	T	D	B	R	I	H	C	I	L	E
K	R	A	U	F	N	O	T	P	K	S	Y	T	D	N
P	L	T	N	I	Q	B	R	Q	F	N	T	S	O	T
R	H	Z	C	C	O	Y	V	W	X	K	M	E	T	R

Birthdate:
November 1, 1848

Birthplace:
Philadelphia, Pennsylvania

Key Facts:
➤ She was one of the first Black female doctors in Pennsylvania.
➤ She opened a private medical practice.
➤ She co-founded the Berean Manual Training and Industrial School with her husband.

Word Bank:

Activist	Medical
Black	Patient
Doctor	Philadelphia
Educator	Pioneer
Field	Practice
Industrial	Training

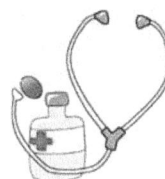

George Cleaveland Hall

One of the Founders of Provident Hospital

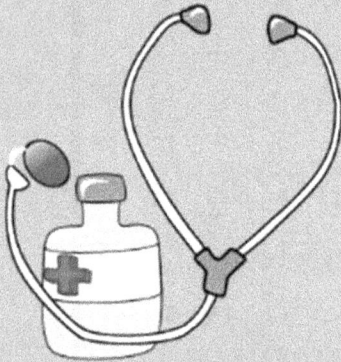

Birthdate:
February 22, 1864

Birthplace:
Ypsilanti, Michigan

Key Facts:
➤ He specialized in performing surgical procedures.
➤ He established a very successful medical practice.
➤ He also served as the vice-president of the National Urban League.

Word Bank:

Activist	Medical
Chicago	Physician
Demonstration	Practice
Founder	Provident
Hospital	Specialized
Successful	Surgery

Ulysess G. Dailey

Founder of the Dailey Hospital and Sanitarium

```
N A T I O N A L D P J U J C C
P B J L M S A N I T A R I U M
R T W C T E O A R Y T Q J Y H
E C Y M A S S O C I A T I O N
S W V D U Q J Y E U A L Y W E
I B S A Z I N S X H A R N S J
D G I O E E O Z U N O Y U N R
E V V S R L I R T Q U G F W
N P J R O U K U I R F F X Y B
T I L T I J O D U R M S G A H
Y O C K Q J E H O S P I T A L
Z O A A N A T O M Y U V O F W
D E M O N S T A R T I O N U E
B M A B L G X Q C F R E O Y M
X M E D I C A L S U R G E R Y
```

Birthdate:
In 1885

Birthplace:
Donaldsville, Louisiana

Key Facts:
➤ He specialized in surgery and anatomy.
➤ He was the editor of several medical journals.
➤ He served as the president of the National Medical Association.

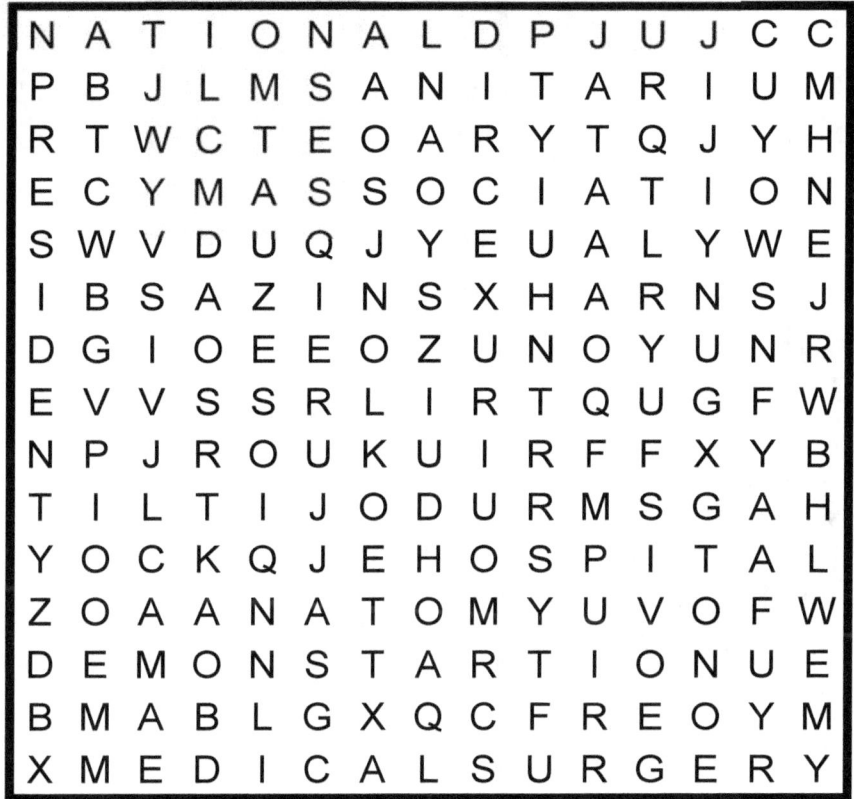

Word Bank:

National	Sanitarium
Medical	Association
Surgery	Hospital
Demonstration	President
Anatomy	Doctor

Lloyd A. Hall

An Innovator in the Field of Chemistry

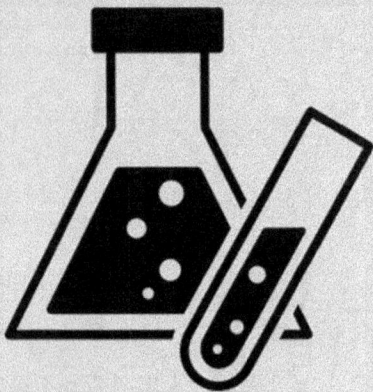

G	P	K	V	J	R	M	E	A	T	T	E	Z	Z	P
E	I	R	F	O	L	U	G	J	S	P	D	Q	V	A
W	A	P	E	I	X	X	G	I	Z	A	Z	U	K	C
R	R	J	V	S	J	P	M	Z	Y	T	Y	K	B	K
M	C	Z	N	E	E	E	M	Y	B	E	N	L	E	A
Y	Z	J	X	H	H	R	J	K	B	N	Y	W	P	G
D	C	Y	P	C	K	K	V	Z	R	T	V	K	K	I
R	S	C	C	E	G	D	A	A	I	H	J	L	N
Y	W	N	Y	N	R	L	I	X	T	S	Z	J	Q	G
I	G	R	I	A	F	U	K	R	A	I	S	O	S	T
N	B	R	O	W	U	T	K	L	E	G	O	S	A	S
G	U	B	O	S	G	O	F	Z	M	C	U	N	L	N
C	L	A	B	O	R	A	T	O	R	Y	T	X	T	F
T	I	U	S	O	Q	D	S	U	I	Z	N	O	R	C
I	E	K	A	B	F	X	J	B	H	U	M	O	R	T

Birthdate:
June 20, 1894

Birthplace:
Elgin, Illinois

Key Facts:

➢ He invented the Flash-Drying Meat Preservation Method.

➢ He received more than 25 patents that dealt with food manufacturing and packaging.

➢ He was the first African American to sit on the board of the American Institute of Directors.

Word Bank:

Board	Flash
Chemist	Meat
Curing	Packaging
Director	Patent
Drying	Preservation
Laboratory	Salt

William A. Hinton

First African American to Publish an Academic Textbook

```
S M B K K T O K F F D Q D R Y
L N L U Y V D T O W R O T E R
T L N P U R I N N O V A T O R
Z Z A C A D E M I C I N J T T
K N N V B D I R E C T O R R G
F W R P A T H O L I G I S T L
F A N Q N T B V A A M F J A M
H Y H K C F A D B L R I N Q V
Y U Y J U N R G S Q Q R K G X
M U C L I N I C A L U S M N Y
T E X T B O O K I O E T Q Q E
M A B Y T E K Y J K Z U R G E
C I I Q C R P R O F E S S O R
B A C T E R I O L O G I S T Y
X Z E G U P J S Q X N T U B D
```

Birthdate:
December 15, 1883

Birthplace:
Chicago, Illinois

Key Facts:
➤ He was an innovative bacteriologist and pathologist.
➤ He was the first Black Clinical Professor at Harvard University.

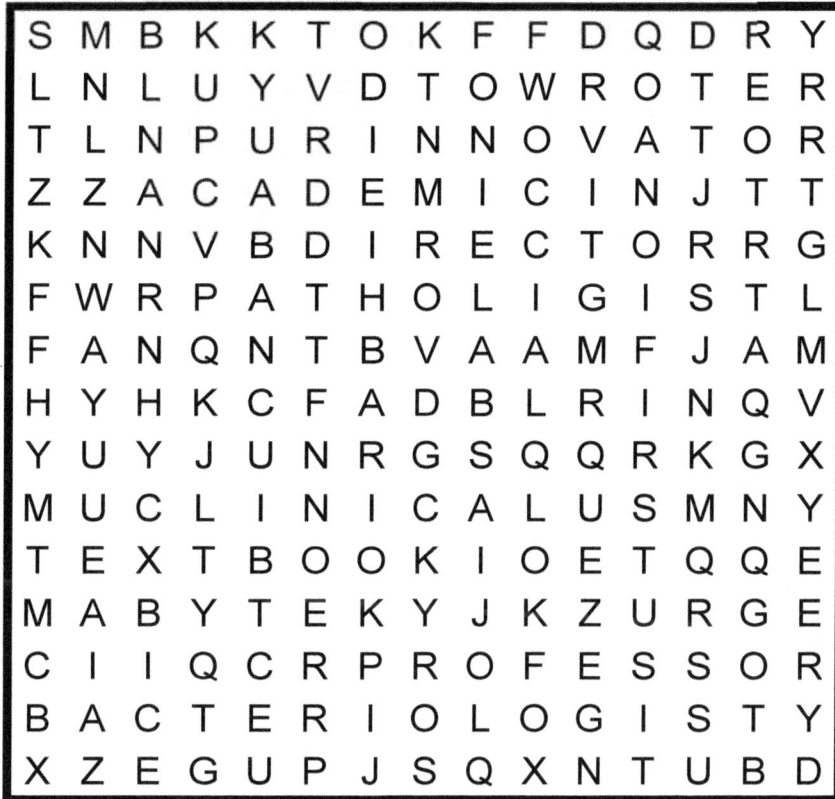

Word Bank:

Academic	Innovator
Bacteriologist	Journal
Clinical	Professor
Director	Textbook
First	Wrote
Harvard	

Percy L. Julian

Innovator in the Chemical Synthesis of Medical Drugs Using Plants

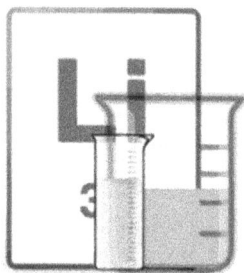

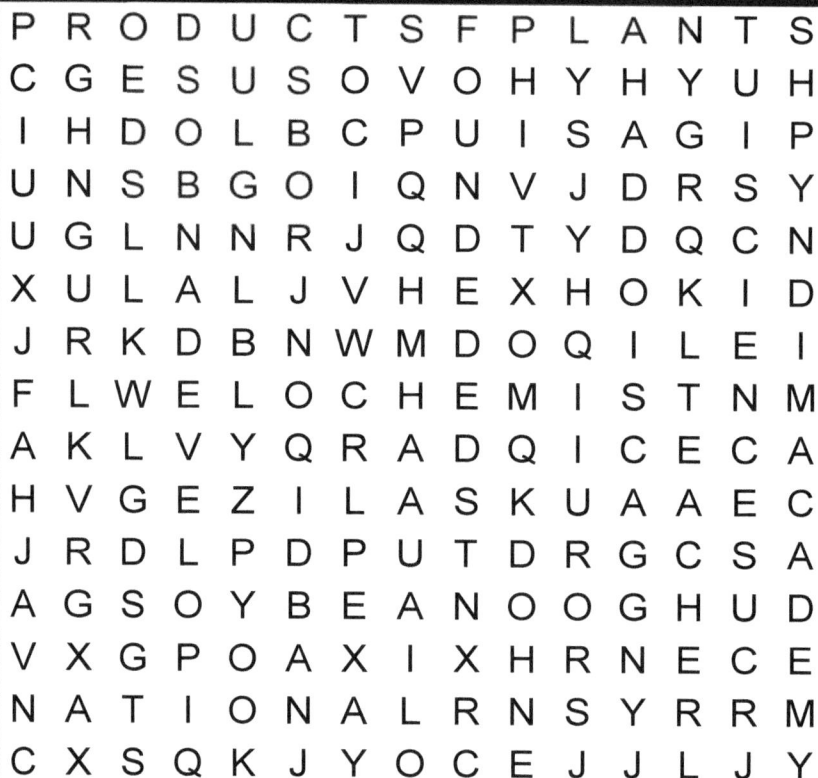

```
P  R  O  D  U  C  T  S  F  P  L  A  N  T  S
C  G  E  S  U  S  O  V  O  H  Y  H  Y  U  H
I  H  D  O  L  B  C  P  U  I  S  A  G  I  P
U  N  S  B  G  O  I  Q  N  V  J  D  R  S  Y
U  G  L  N  N  R  J  Q  D  T  Y  D  Q  C  N
X  U  L  A  L  J  V  H  E  X  H  O  K  I  D
J  R  K  D  B  N  W  M  D  O  Q  I  L  E  I
F  L  W  E  L  O  C  H  E  M  I  S  T  N  M
A  K  L  V  Y  Q  R  A  D  Q  I  C  E  C  A
H  V  G  E  Z  I  L  A  S  K  U  A  A  E  C
J  R  D  L  P  D  P  U  T  D  R  G  C  S  A
A  G  S  O  Y  B  E  A  N  O  O  G  H  U  D
V  X  G  P  O  A  X  I  X  H  R  N  E  C  E
N  A  T  I  O  N  A  L  R  N  S  Y  R  R  M
C  X  S  Q  K  J  Y  O  C  E  J  J  L  J  Y
```

Birthdate:
April 11, 1899

Birthplace:
Montgomery, Alabama

Key Facts:
➢ He served as the Director of Research for the Glidden Corporation.
➢ He founded Julian Laboratories which developed pharmaceutical and soybean products.
➢ He was the first African American chemist inducted into the National Academy of Sciences.

Word Bank:

Academy	National
Chemist	Plants
Develop	Products
Founded	Sciences
Inducted	Soybean
Laboratory	Teacher

Ernest Just

An Innovator in Biology

Birthdate:
August 14, 1883

Birthplace:
Charleston, South Carolina

Key Facts:
- He is the author of two books.
- He published over 70 scientific papers.
- He taught at Howard University.

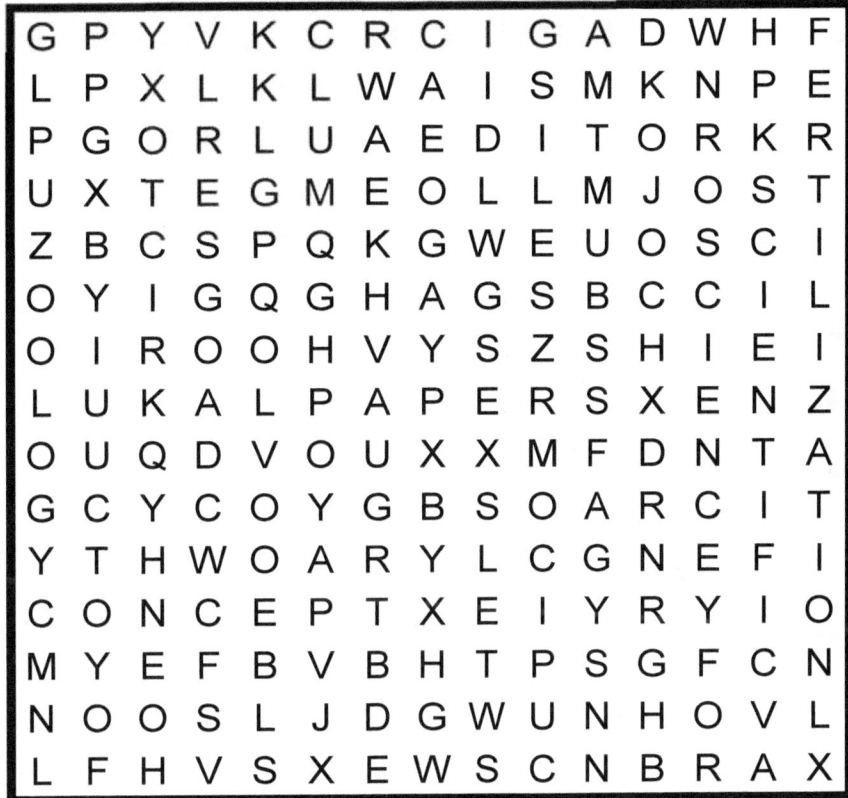

```
G P Y V K C R C I G A D W H F
L P X L K L W A I S M K N P E
P G O R L U A E D I T O R K R
U X T E G M E O L L M J O S T
Z B C S P Q K G W E U O S C I
O Y I G Q G H A G S B C C I L
O I R O O H V Y S Z S H I E I
L U K A L P A P E R S X E N Z
O U Q D V O U X X M F D N T A
G C Y C O Y G B S O A R C I T
Y T H W O A R Y L C G N E F I
C O N C E P T X E I Y R Y I O
M Y E F B V B H T P S G F C N
N O O S L J D G W U N H O V L
L F H V S X E W S C N B R A X
```

Word Bank:

Biology	Egg
Book	Papers
Cell	Publish
Concept	Science
Editor	Scientific
Fertilization	Zoology

Mary Eliza Mahoney

The First Black Professional Nurse

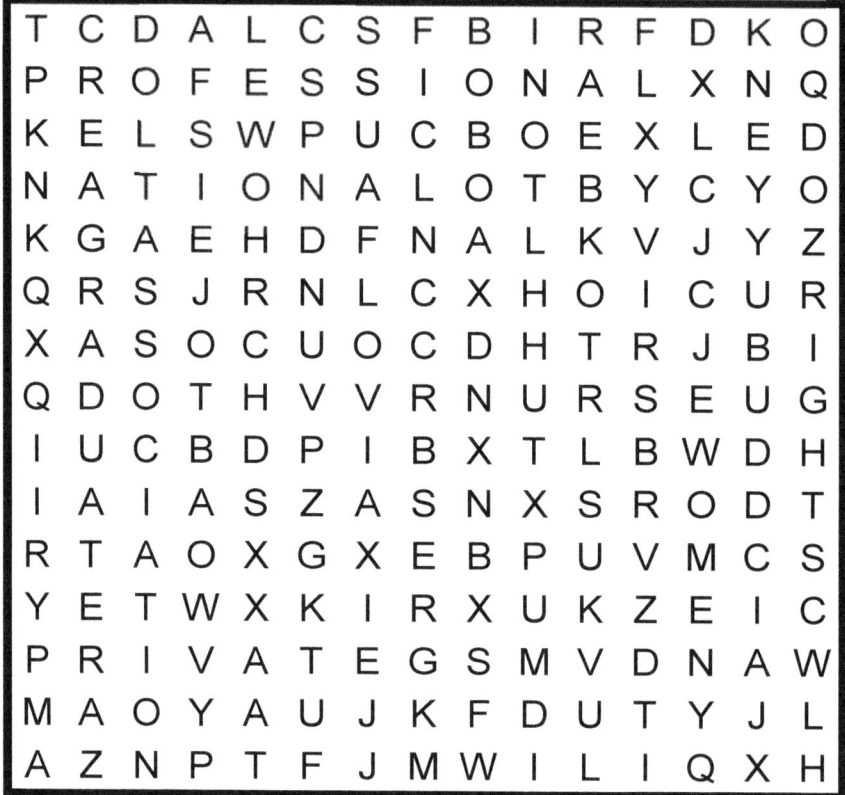

Birthdate:
May 7, 1845

Birthplace:
Dorchester, Massachusetts

Key Facts:
➤ She co-founded the National Association of Colored Graduate Nurses.
➤ She worked as a private duty nurse.
➤ She was an advocate for woman's rights.

Word Bank:

Advocate	Nurse
Association	Patient
Colored	Private
Duty	Professional
Graduate	Rights
National	Women

Charles H. Turner

Early African American Behavioral Scientist

Birthdate:
February 3, 1867

Birthplace:
Cincinnati, Ohio

Key Facts:
➤ He was the first African American to receive a degree in zoology.
➤ He was the first person to discover that insects can alter their behavior and learn.
➤ He wrote over 70 publications.

```
Z  X  M  S  F  E  D  X  B  L  Z  S  F  A  P
G  X  F  B  T  R  I  N  I  J  G  W  X  Z  H
C  B  C  K  P  H  P  B  E  H  A  V  I  O  R
Z  C  W  P  U  B  L  I  C  A  T  I  O  N  S
N  O  U  N  I  V  E  R  S  I  T  Y  X  C  Z
D  Y  O  S  E  V  E  N  T  Y  F  Q  N  I  C
R  K  E  L  K  U  N  P  B  I  P  C  T  N  Z
C  T  X  R  O  C  R  Y  B  Z  H  Y  A  S  R
G  C  A  F  U  G  D  H  N  V  S  G  U  E  A
W  L  O  E  F  U  Y  J  L  E  Q  J  G  C  L
C  A  W  G  T  C  G  N  B  B  M  Z  H  T  T
Q  P  R  S  C  D  K  D  H  B  O  U  T  S  E
S  A  O  I  H  S  Y  N  F  E  J  Z  X  E  R
S  X  T  T  S  E  W  U  A  X  A  U  Q  P  S
F  J  E  Z  H  U  H  J  Q  F  M  R  K  S  S
```

Word Bank:

Alter	Seventy
Behavior	Study
Clark	Taught
Hear	University
Insects	Wrote
Publications	Zoology

Norbert Rillieux

Inventor of the Multiple Effect Evaporator

```
I P A S U N C S J P C S Y K M
Y N R R C V L A J Q D Y M A X
W U V O E I W Y C N J Z E K A
E F F E C T E X X E E T U K M
N X Z D N E V N R D S P H I Y
Q C E E X T S C T N J M M E D
B R V V P I O S I I I U Y K F
Y E A E A F T R I D S L G R S
L A P L W X S P I M E T T E U
Z T O O F C G T H O H I S F G
D E R P E C K W C B P P I I A
T I A H D P G Z C V Y L W N R
J F T K O Z O T S R L E T I L
X L O A J R L A T N O Z N N B
E Y R Z Q I X H O S U P D G J
```

Birthdate:
March 17, 1806

Birthplace:
New Orleans, Louisiana

Key Facts:
➤ He developed a sugar refining process that greatly improved the sugar making business.
➤ His process was used across Louisiana, Cuba, and Mexico.
➤ He published numerous papers on the use of steam.

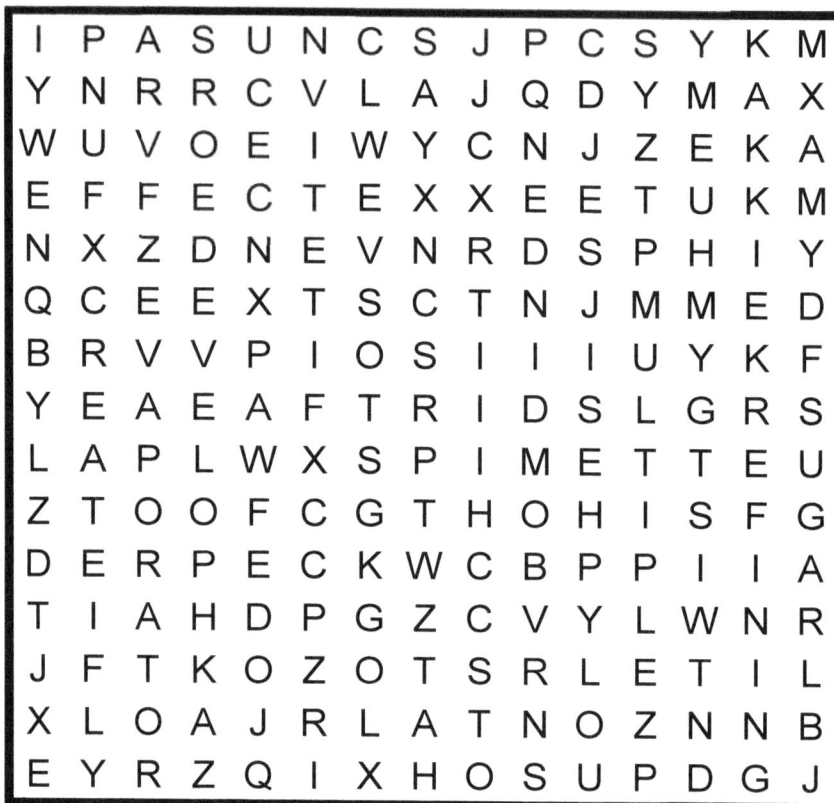

Word Bank:

Create	Multiple
Crop	Process
Develop	Inventor
Effect	Refining
Evaporator	Scientist
Steam	Sugar

Thomas Wiggins

First African American Performer to Perform at the White House

```
P Q P L A Y B O Z H R R P D M
P E O W I O V T H I B B I H K
C I R P C W W A A R M H A S Q
O K A F A D B L N E U P N F U
M R O N O Y B E C D S P I G C
P K J N O R W N B Y I H S P A
O Y B P F X M T R I C L T U X
S U U T I Y R E O S I T F X X
I L C X Q L D D X M A S J Z Y
T S G G J I X I Y U N A F T C
I M E N P U T B Z S B W N T K
O W N H K U X E H I E L D D A
N S I G I N H P W C C F I F I
D C U N V W U S K A J H C N E
H C S L A V E T F L R O M J D
```

Birthdate:

May 25, 1859

Birthplace:

Harris County, Georgia

Key Facts:

➤ He was also known as "Blind Tom."
➤ He was hired out as a slave musician.
➤ He composed over 100 compositions.

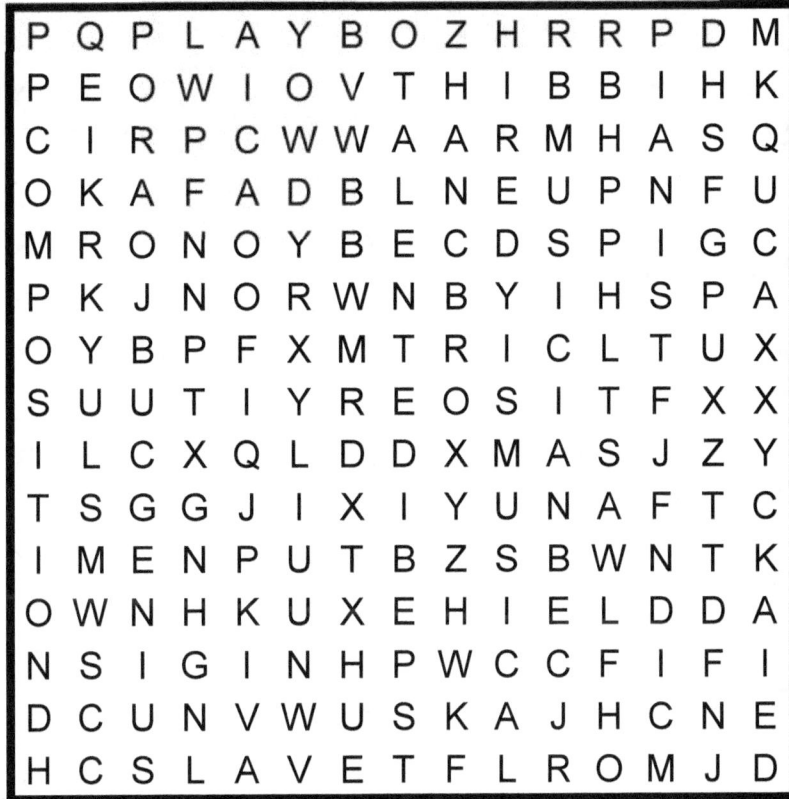

Word Bank:

Blind	Perform
Composition	Pianist
Genius	Piano
Hired	Play
Musical	Slave
Musician	Talented

Flora Batson

A	K	V	X	H	Y	S	N	G	G	A	R	T	J	W
L	K	F	D	C	I	S	K	N	M	Z	R	V	I	P
D	R	U	Y	Y	R	P	O	S	O	P	R	A	N	O
V	Y	M	Z	J	E	S	V	O	C	A	L	Z	V	B
U	H	Q	B	J	C	J	F	R	N	L	W	F	B	O
W	M	G	M	Q	O	S	L	W	P	W	I	C	O	B
C	X	Z	Q	P	G	P	E	R	F	O	R	M	Q	A
C	Z	T	P	M	N	V	G	P	I	O	M	Q	A	R
L	O	B	D	Z	I	K	C	K	H	R	G	S	T	I
M	Y	N	K	I	Z	P	G	E	L	R	J	F	S	T
U	C	X	C	K	E	S	M	Y	X	Q	A	T	I	O
S	H	X	N	E	D	L	Y	I	S	A	J	N	N	N
I	B	E	J	H	R	T	E	D	D	R	H	T	G	E
C	P	V	U	S	E	T	K	B	K	M	S	L	E	E
I	N	T	E	R	N	A	T	I	O	N	A	L	R	B

Double-Voiced Queen of Song

Birthdate:
April 16, 1864

Birthplace:
Washington, D.C.

Key Facts:
➤ She was nicknamed the "Double-Voice Queen of Song."
➤ She performed throughout the United States, Great Britain, New Zealand, the Samoan Islands, India, China, Japan, and Fiji.

Word Bank:

Baritone	Recognized
Concert	Singer
International	Song
Music	Soprano
Perform	Vocal
Range	

Le Chavelier de Saint-Georges

Early Contributor of European Classical Music

```
D X U M S A Q N F E N C E R O
S Y M P H O N Y I L V A Z A R
D E P C D J F J Q Z Y R W N C
G Y U G U U R Y G S O B O F H
C Y V N E F N R K T Z S Q Z E
K O Z P X P E O U S A Y M A S
K V N J H S R B Q M M A C C T
J O V D O C I D E H T I C H R
L R B P U R O E T P V I A A A
S E M Y T C R Z R V S H L M N
Y O A N F F T Y N U G H S P M
C D O D G N S O M B Y I Z I X
Z C G B I P D R R W R Y R O Y
H J F R A N C E E A Q Z B N M
D C G O I X G G P W F H P J Q
```

Birthdate:

December 25, 1745

Birthplace:

Guadeloupe

Key Facts:

➢ He was a champion fencer.
➢ He was the conductor of a leading Paris Symphony Orchestra.
➢ He became France's first Black Freemason.

Word Bank:

Champion	France
Composer	Leading
Conductor	Music
Contributor	Orchestra
Fence	Freemason
Paris	Symphony

James Bland

A Pioneer in Songwriting

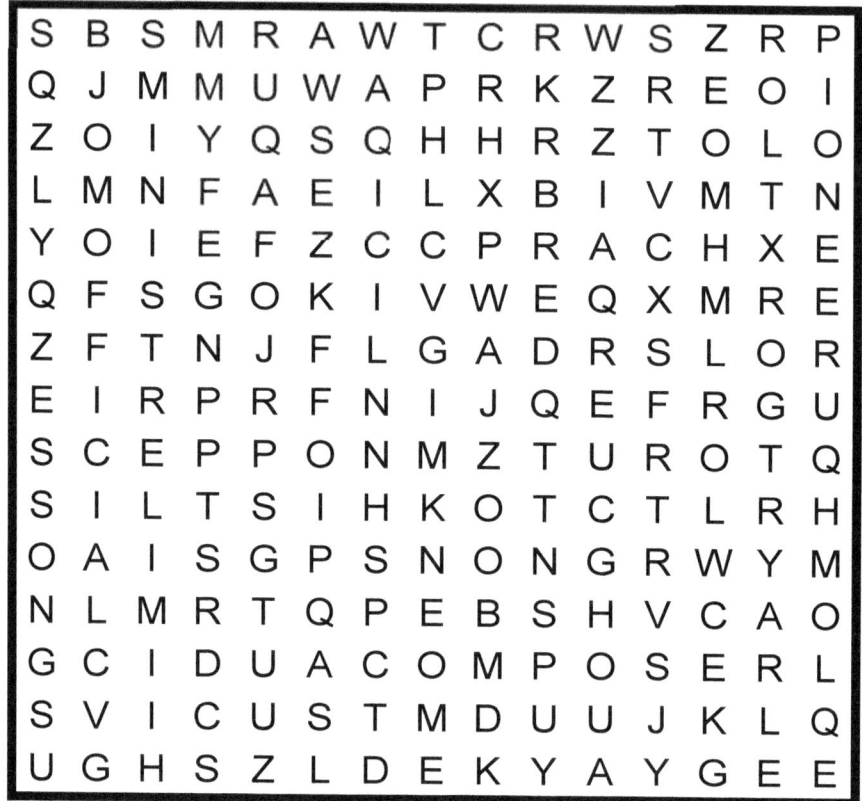

Birthdate:
October 22, 1854

Birthplace:
Flushing, New York

Key Facts:
- ➢ He composed minstrel songs.
- ➢ He composed the official state song of Virginia.
- ➢ He wrote more than 700 songs.

Word Bank:

Composer

Music

Notes

Official

Perform

Pioneer

Songwriter

State

Virginia

Songs

George Polgreen Bridgetower

Black Polish Classical Violinist

Birthdate:
October 11, 1778

Birthplace:
Biala, Poland

Key Facts:
- He earned a Bachelor of Music Degree from Cambridge University.
- He successfully performed numerous concerts.
- He was elected to the Royal Society of Musicians in 1807.

```
C C V F B I L A B L A C K Y K
O E I T S X A J P V K M G S H
N C O P U V Q O A Z D O O T A
C A L E C V L I Q P M U S I C
E M I R C Z I Y Z A I W K O T
R B N F E L N Y J F Y Y T X L
T R I O S R L L J K Q U P A J
S I S R S L H F R T K K C O D
A D T M F Q Z M X N R I W V N
X G E E U J E Q L K S Y Q M Z
O E Z D L J A F S S W Q R O I
U B S X Z G C L A P O L I S H
I W B A C H E L O R V S L Z O
A N A B N C C I M S X G J F F
U N I V E R S I T Y W X L C B
```

Word Bank:

Bachelor

Black

Cambridge

Classical

Concerts

University

Music

Performed

Polish

Successful

Violinist

Harry T. Burleigh

First African American
Recognized for his
Concert Songs

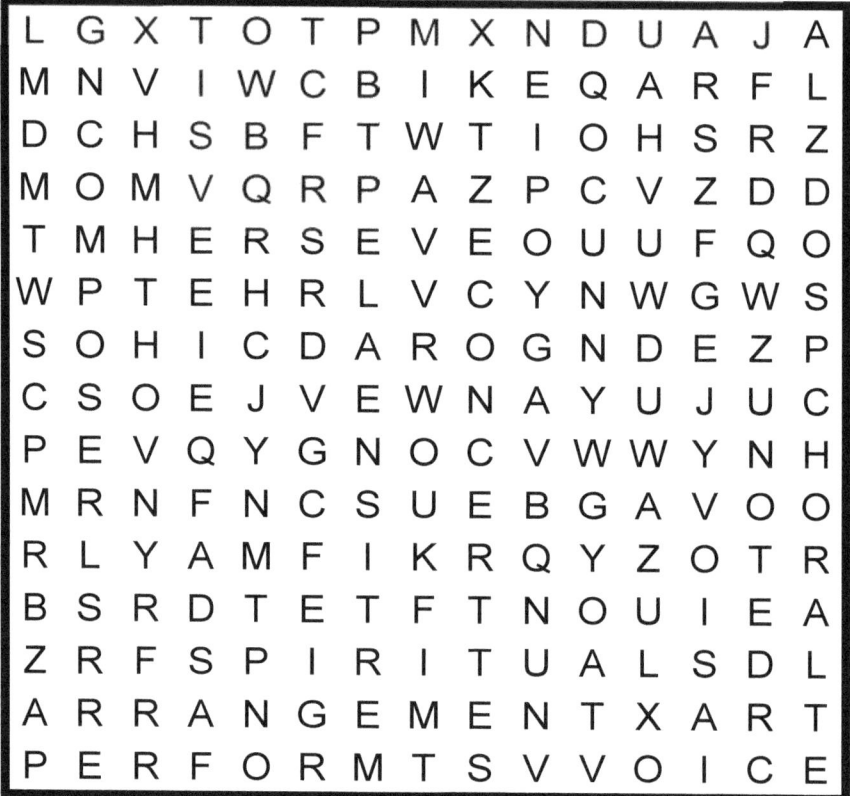

```
L G X T O T P M X N D U A J A
M N V I W C B I K E Q A R F L
D C H S B F T W T I O H S R Z
M O M V Q R P A Z P C V Z D D
T M H E R S E V E O U U F Q O
W P T E H R L V C Y N W G W S
S O H I C D A R O G N D E Z P
C S O E J V E W N A Y U J U C
P E V Q Y G N O C V W W Y N H
M R N F N C S U E B G A V O O
R L Y A M F I K R Q Y Z O T R
B S R D T E T F T N O U I E A
Z R F S P I R I T U A L S D L
A R R A N G E M E N T X A R T
P E R F O R M T S V V O I C E
```

Birthdate:
October 11, 1778

Birthplace:
Biala, Poland

Key Facts:
➢ He was the first African American art song composer.
➢ He created 200 solo voice work and 190 choral arrangements.
➢ He was a noted arranger who performed throughout the U.S. and Europe.

Word Bank:

Arrangement

Arranger

Art

Choral

Composer

Concert

Create

Noted

Perform

Song

Spirituals

Voice

Samuel Coleridge-Taylor

Afro-English Composer and Conductor

Birthdate:
August 15, 1815

Birthplace:
London, England

Key Facts:
➢ He merged black traditional music with concert music.
➢ He served as Professor of Composition at Trinity College of Music in London.
➢ He also served as the conductor of Royal Rochester Choral Society and Handel Society.

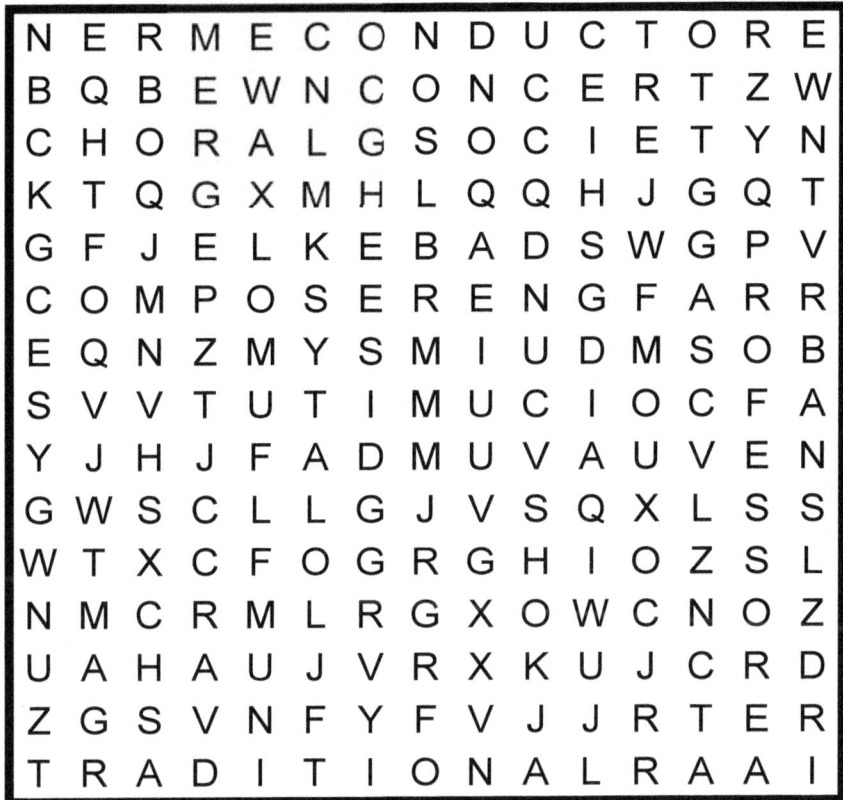

```
N E R M E C O N D U C T O R E
B Q B E W N C O N C E R T Z W
C H O R A L G S O C I E T Y N
K T Q G X M H L Q Q H J G Q T
G F J E L K E B A D S W G P V
C O M P O S E R E N G F A R R
E Q N Z M Y S M I U D M S O B
S V V T U T I M U C I O C F A
Y J H J F A D M U V A U V E N
G W S C L L G J V S Q X L S S
W T X C F O G R G H I O Z S L
N M C R M L R G X O W C N O Z
U A H A U J V R X K U J C R D
Z G S V N F Y F V J J R T E R
T R A D I T I O N A L R A A I
```

Word Bank:

Acclaimed	England
America	Merge
Choral	Music
Composer	Professor
Concert	Society
Conductor	Traditional

Will Marion Cook

Composer of Musical Comedy

Birthdate:
January 27, 1869

Birthplace:
Washington, D.C.

Key Facts:
- He organized many choral societies.
- He was the first African American to conduct a white theater orchestra.
- He organized the New York Syncopated Orchestra.
- He produced many successful orchestras.

```
T  A  L  E  N  T  E  D  E  F  Z  V  Z  O  D
R  I  M  V  K  Y  O  I  X  S  K  C  P  I  B
K  C  W  S  G  B  R  R  K  W  Z  O  R  W  T
I  R  I  Y  Z  Q  C  E  H  A  A  M  J  M  I
Y  K  O  N  J  L  H  C  K  K  C  P  H  K  Z
R  R  R  C  H  D  E  T  W  L  U  O  F  W  S
M  L  G  O  Q  R  S  E  W  X  G  S  R  Y  C
U  O  A  P  C  C  T  D  Y  I  Y  E  T  Y  J
S  B  N  A  O  U  R  S  C  J  T  R  D  L  T
I  V  I  T  C  G  A  K  F  Q  A  E  A  P  H
C  N  Z  E  N  A  C  Q  W  Z  M  R  A  L  E
I  L  E  D  T  K  J  R  H  O  O  D  U  H  A
A  X  E  T  I  E  K  G  C  H  Q  O  S  S  T
N  M  U  S  I  C  A  L  C  Y  V  C  A  F  E
S  O  C  I  E  T  I  E  S  Q  M  A  X  D  R
```

Word Bank:

Choral	Musician
Comedy	Organize
Composer	Societies
Directed	Orchestra
Musical	Talented
Syncopated	Theater

Elizabeth Taylor-Greenfield

Known as "The Black Swan"

Birthdate:
In 1817

Birthplace:
Natchez, Mississippi

Key Facts:
➢ She was the first African American to be recognized as a concert singer in both the U.S. and Europe.
➢ She performed at the Buckingham Palace for Queen Victoria.
➢ She later became a vocal teacher.

```
V N E E P G Z D Y F O Q Q I C
O P E R F O R M N I S X M R O
I U D X D A N X F U O J H E N
C L A I D G M O V C C R O C C
E L T T H L W E K U K H T O E
V O C A L M C W A Z D D E G R
S H X Q D N D P L B P R A N T
X O U X S V S F Q Q S Q C I Y
E X S S J O C P F B P R H Z G
A X I A I R L L Y W H I E E S
S U R V E A J S Z B K Y R D W
M M G G Q C U Y C C S N V Z A
A T N L T V C M M A J Y A C N
J I T M Q R R V G H M U S I C
S R S E M Z C B L A C K Y R E
```

Word Bank:

Black	Singer
Concert	Swan
Fame	Teacher
Music	Vocal
Perform	Voice
Recognized	

Duke Ellington

Innovator in Jazz Music

Birthdate:
April 29, 1899

Birthplace:
Washington, D.C.

Key Facts:
- He was a composer, pianist, and band leader.
- He composed thousands of songs.
- His musical career lasted 50 years.

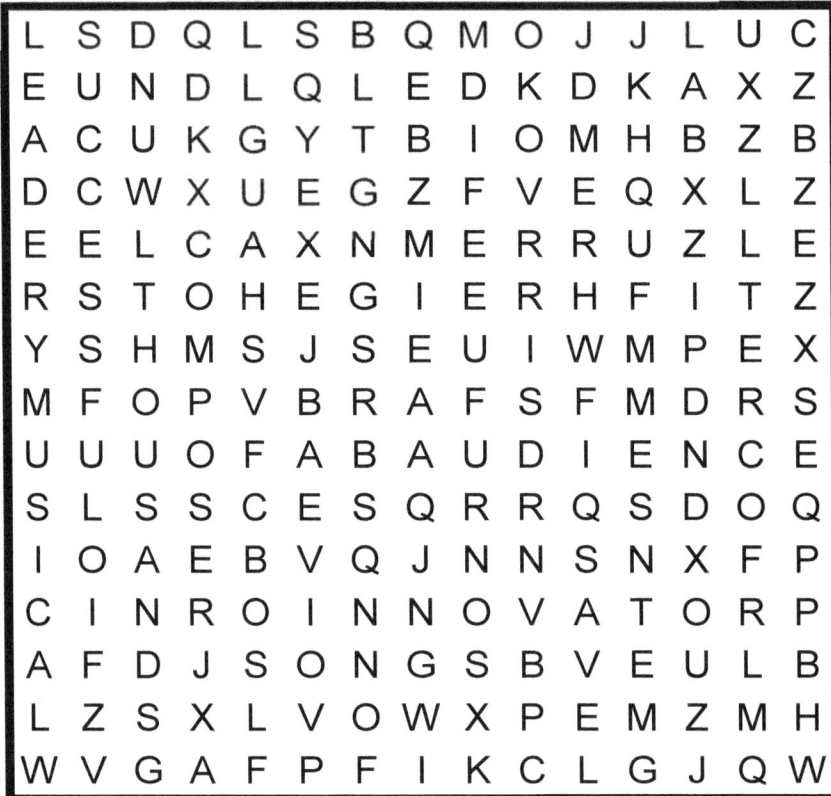

L	S	D	Q	L	S	B	Q	M	O	J	J	L	U	C
E	U	N	D	L	Q	L	E	D	K	D	K	A	X	Z
A	C	U	K	G	Y	T	B	I	O	M	H	B	Z	B
D	C	W	X	U	E	G	Z	F	V	E	Q	X	L	Z
E	E	L	C	A	X	N	M	E	R	R	U	Z	L	E
R	S	T	O	H	E	G	I	E	R	H	F	I	T	Z
Y	S	H	M	S	J	S	E	U	I	W	M	P	E	X
M	F	O	P	V	B	R	A	F	S	F	M	D	R	S
U	U	U	O	F	A	B	A	U	D	I	E	N	C	E
S	L	S	S	C	E	S	Q	R	R	Q	S	D	O	Q
I	O	A	E	B	V	Q	J	N	N	S	N	X	F	P
C	I	N	R	O	I	N	N	O	V	A	T	O	R	P
A	F	D	J	S	O	N	G	S	B	V	E	U	L	B
L	Z	S	X	L	V	O	W	X	P	E	M	Z	M	H
W	V	G	A	F	P	F	I	K	C	L	G	J	Q	W

Word Bank:

Audience

Band

Career

Composer

Genius

Innovator

Jazz

Leader

Musical

Songs

Successful

Thousands

Matilda S. Joyner-Jones

First African American to Perform at Carnegie Hall

Birthdate:
January 5, 1868

Birthplace:
Portsmouth, Virginia

Key Facts:
➢ She was an internationally known soprano.
➢ She sang classical opera and in musical comedies.
➢ She founded the Black Patti Troubadours.

I C O M E D I E S S Y N H G D
N Z G D U W Z N D Y V L O K G
T F S Z T F L J B E X P M F P
E G Z O G F O B W Y R A Y M N
R C G K P A O W R R L T E C K
N U C C V R O U B F Z T C F J
A Y L E R T A P N R Y I C K D
T X N I C G R N E D L C L L S
I P E R F O R M O R E X A Q I
O S C U F H X P Z L A D S U N
N E N G K Y H E B L N L S V G
A U H C Y Z B X H T M U I I E
L R A U Q R L A V P Y P C I R
N L I P G M U S I C N D A K P
B N G U F M Y B Q D J Y L U Z

Word Bank:

Black

Classical

Comedies

Founded

International

Music

Opera

Patti

Perform

Singer

Soprano

Bessie Smith

Empress of the Blues

M	R	J	W	S	R	E	C	O	R	D	I	N	G	S
E	N	T	E	R	T	A	I	N	M	E	N	T	N	E
G	G	U	Q	L	E	A	D	I	N	G	H	S	X	M
R	L	V	O	S	H	I	G	H	E	S	T	C	H	P
B	S	J	P	E	R	F	O	R	M	E	R	S	P	R
F	P	P	J	N	D	W	E	U	D	D	V	M	F	E
C	R	B	T	O	O	P	X	L	D	P	U	E	I	S
Q	X	G	Q	E	L	P	N	F	B	F	A	T	T	S
R	M	T	I	C	R	S	L	L	Q	Y	R	Q	W	V
E	I	S	J	E	S	S	M	C	R	B	T	S	U	E
J	C	C	G	Y	L	B	D	G	A	S	I	Y	M	U
D	K	N	C	M	D	C	L	R	W	T	S	I	D	W
Y	I	S	C	C	H	Q	H	A	Q	F	T	R	V	G
S	F	J	P	Q	L	J	P	G	C	P	A	I	D	P
M	R	U	U	R	P	Q	P	Z	Z	K	H	C	C	Q

Birthdate:
April 15, 1894

Birthplace:
Chattanooga, Tennessee

Key Facts:
➢ She was one of the highest paid African American singers of her time.
➢ She was one of the leading artists in Black shows.
➢ She made close to 200 recordings.

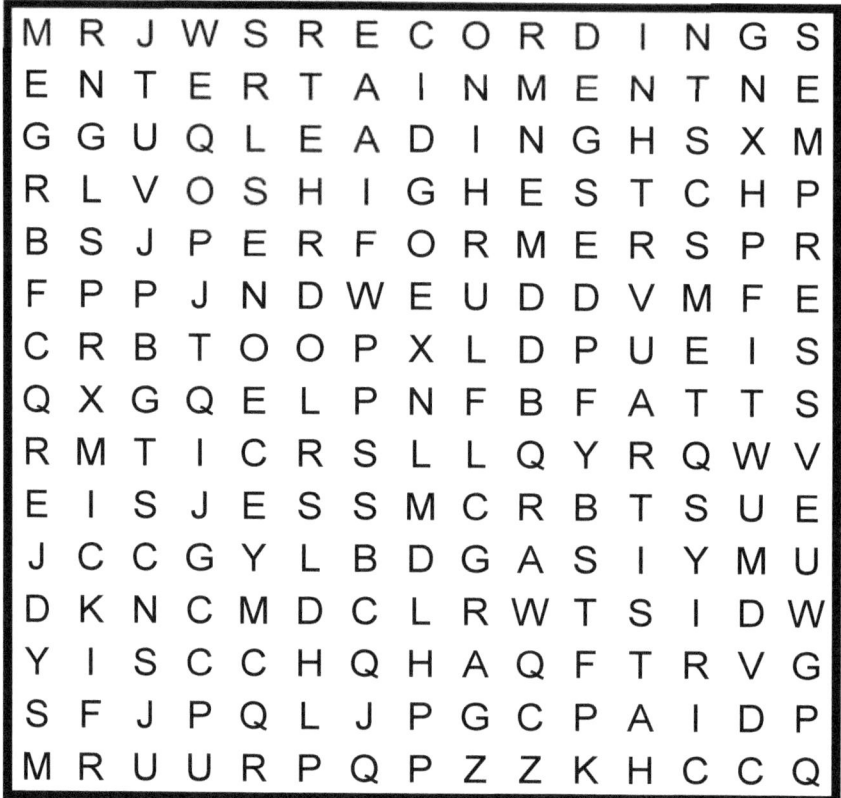

Word Bank:

Black	Artist
Blues	Paid
Empress	Performers
Entertainment	Recordings
Highest	Singer
Leading	Time

Scott Joplin

King of Ragtime

```
J D B H B V W U Q N T V B S G
T Y H A U V Y R H J C H C F J
P A X N L P V S E M V H O G I
B L W E Z L I O U V L Q M K E
J N U B G E A A P E S G P S L
E Y H K V C E D N Z T B O D C
R D H H R R W S Y I X V S M I
Q V P U A E D R J L S Y E U L
A M N C G D W N O Y R T R S L
K T R T T I L B M T M A R I H
A X H X I T D S S D E W E C G
G X E X M E S D N Z Y R N N S
T M G Q E D O P E R A L I E Y
P I E C E U N S Z A Q K O S U
O C P Y A B G F O U N D E R W
```

Birthdate:
In 1867

Birthplace:
Texarkana, Texas

Key Facts:
➤ He was credited as one of the founders of ragtime music.
➤ He was a very talented composer and pianist.
➤ He wrote 44 ragtime pieces, a ballad, and an opera.

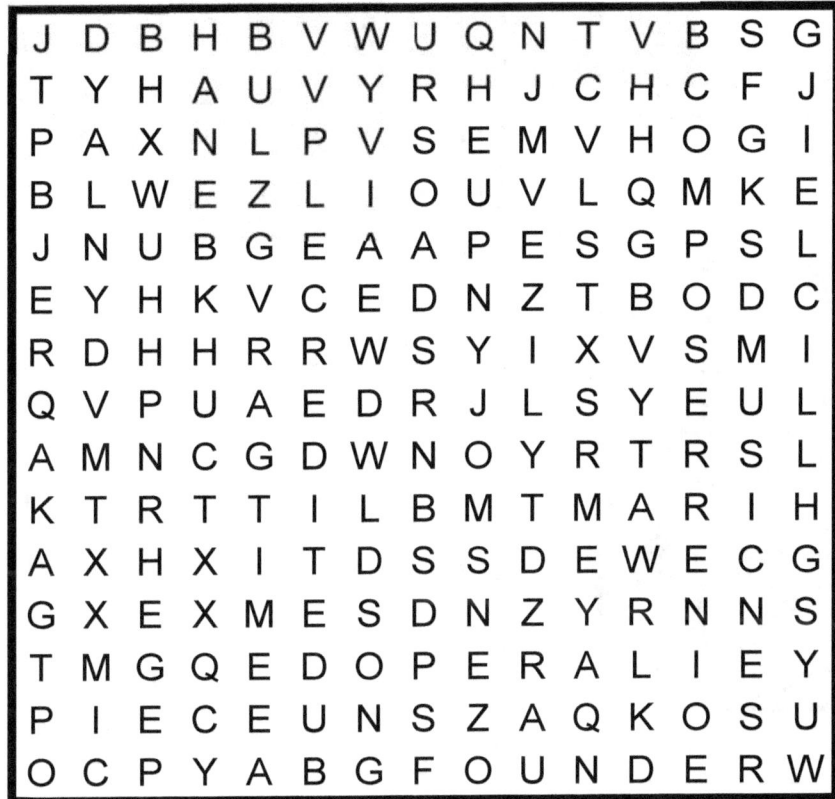

Word Bank:

Ballad	Opera
Composer	Pianist
Credited	Music
Founder	Piece
King	Ragtime
Song	Wrote

Marie Selika Williams

First African American to Present a Musical Program at the White House

U	H	B	G	B	H	R	S	W	D	X	C	J	M	R
B	C	F	J	R	D	C	V	Y	H	W	Z	T	O	E
H	O	U	S	E	H	G	C	Q	T	I	Y	K	C	S
H	B	C	K	D	N	X	H	R	L	Q	T	N	B	O
N	X	T	K	M	T	G	T	A	Q	N	A	E	U	P
T	J	I	X	B	U	C	L	J	V	M	R	J	W	R
Q	U	E	E	N	T	S	V	A	R	I	B	F	N	A
H	K	X	X	O	Q	M	I	O	N	A	R	I	C	N
Y	B	L	I	U	A	S	F	C	T	D	O	R	O	O
V	L	U	X	R	R	R	S	U	A	S	H	S	U	M
O	V	V	G	A	E	R	L	A	D	L	X	T	B	L
B	I	O	R	P	D	I	V	A	S	I	N	G	E	R
B	R	I	N	T	E	R	N	A	T	I	O	N	A	L
P	R	Z	C	S	P	I	Q	F	A	Q	X	Z	X	U
I	E	V	G	D	H	Z	T	Q	B	X	T	X	U	Z

Birthdate:
In 1849

Birthplace:
Natchez, Mississippi

Key Facts:
➢ She was a leading soprano singer.
➢ She also performed for Queen Victoria in England.
➢ She gave performances internationally.

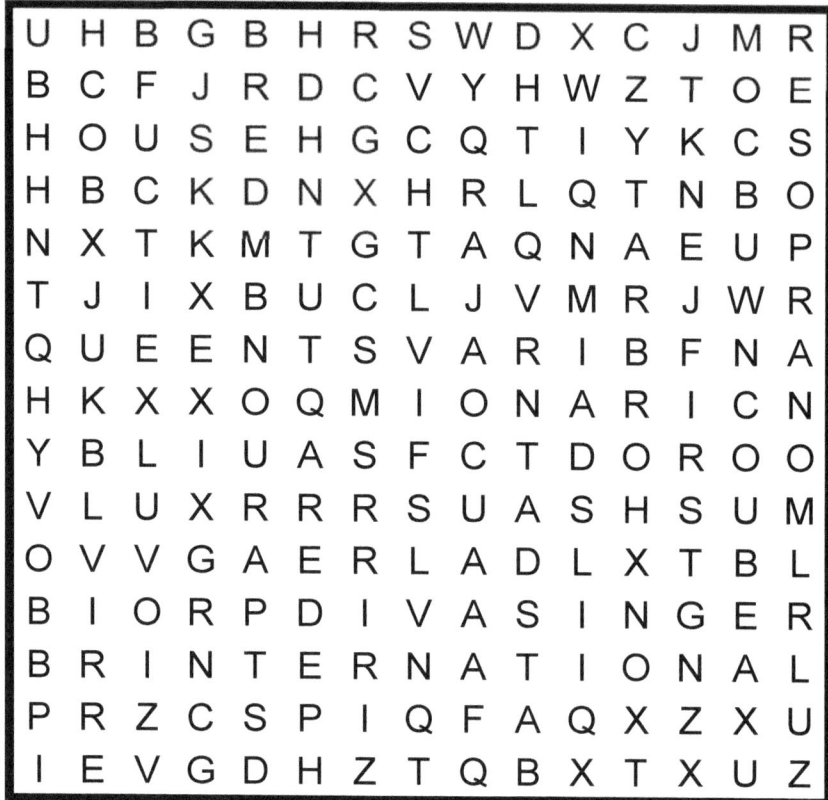

Word Bank:

Diva	Musical
England	Performance
First	Program
House	Queen
International	Singer
Soprano	White

Justin Holland

Famous African American Music Textbook Publisher

```
C Z B D I O K K K H C M N U Q
O X E Y Q H K Y P I H E X M Q
M W C G K Y J N S Y I T J Y Q
P L O E E A M U K C L H X U Q
R R M J C A M F F A M O U S X
E D M M U R S O S Q B D G S O
H N U H G R K Y L N A S R C F
E Q N L E A D E R G S X F A T
N Q I A H N K F G U T Y G X I
S B T K V G B V I I E S I P H
I C Y R T E Y S C T A H J O E
V U V G G D A V H A C E V N D
E J M D Z I D P D R H P Q N B
B Z U P U B L I S H E G K P L
C O M P O S E D B F R P L A G
```

Birthdate:
July 26, 1819

Birthplace:
Norfolk, Virginia

Key Facts:
➢ He was a classical guitarist.
➢ He published the famous textbook, *Holland's Comprehensive Methods for Guitar.*
➢ He was also a civil rights leader and music teacher.

Word Bank:

Arranged	Leader
Community	Methods
Composed	Music
Comprehensive	Publish
Famous	Teacher
Guitar	

Lucy Terry

Author of First Known Poem Published By an African American Woman

```
S Q Y B V P S U U F G L A Z J
I F F F O R A T O R Z E N A D
U F X I M U Y F Z F I L O Z U
T I R G U A P Q R C I Z N S N
F R B H V R O R M I E D W A S
Y S E T A G E I O J C W H L H
W T P E D U T G X S S A D I F
N S U P R E M E I V E H M O A
F A S O O D U L L V G S V M R
Y I P E V I H Y K R E O G A U
S F I M W R I T I N G W B M V
C P R P S R F X O M Y H S Y J
S H F P O W A U K J A X O A D
F H L W C E U E T R B C Z W X
M P Q N S J U I P B K Y H C R
```

Birthdate:
In 1730

Birthplace:
Africa

Word Bank:

Africa

Argued

Bar

Fight

First

Orator

Poem

Poet

Prose

Supreme

Writing

Key Facts:
➢ Her poem, "Bar Fight" is her only surviving work.
➢ She was also a very skilled orator.
➢ She successfully argued and won a case before the Supreme Court.

Antar

One of the First Known African Poets

Z	Z	Q	J	Y	N	J	R	I	Y	G	T	A	K	O
N	Q	T	R	I	B	A	L	T	E	V	T	P	M	Q
E	C	F	I	F	W	K	K	T	J	E	T	S	Z	Y
Q	B	S	Q	L	D	S	O	Q	O	P	Z	N	X	W
W	A	Z	F	O	O	R	P	P	O	T	N	J	L	T
L	G	V	U	V	W	W	Y	Q	Y	I	Y	W	M	Y
I	B	S	W	E	S	L	Q	T	K	P	I	M	E	M
H	X	J	O	E	G	A	W	Y	G	M	I	V	C	O
E	X	P	E	R	I	E	N	C	E	S	N	G	C	S
F	I	X	D	K	J	R	A	W	E	U	L	E	A	Q
D	H	X	W	V	R	Z	C	U	X	W	M	O	C	U
W	D	H	V	E	L	Q	N	B	V	C	U	A	H	E
C	P	V	A	S	Z	E	X	W	D	J	O	R	I	P
H	A	F	R	I	C	A	Y	G	T	Q	U	A	E	I
Q	V	A	U	H	Y	U	H	F	A	L	K	B	F	F

Birthdate:
Around 525-550

Birthplace:
Africa

Key Facts:
➢ His work, "Mo'allaqua" was hung in the Mosque at Mecca.
➢ He wrote about his experiences with love and war.
➢ He was also a warrior and tribal chief.

Word Bank:

Africa	Poet
Experiences	War
Tribal	Wrote
Mecca	Chief
Mosque	

Jupiter Hammon

First Known Published African American Poet and Essayist

E	V	O	U	Z	A	O	E	H	I	R	E	P	K	G
Y	S	P	K	I	U	D	V	J	G	E	A	H	J	H
A	D	S	Z	K	H	A	F	Q	C	S	K	J	Y	K
S	T	T	A	C	H	R	I	S	T	S	A	V	A	E
O	A	H	A	Y	B	W	W	Q	H	A	V	F	G	H
H	B	L	W	M	I	I	G	F	O	Y	C	T	X	W
L	W	K	V	N	A	S	U	O	U	S	K	N	M	U
N	R	P	D	A	A	E	T	M	G	D	V	Z	Z	J
H	I	V	U	K	T	T	M	H	H	S	W	R	S	Q
C	T	N	R	B	F	I	C	C	T	E	B	V	S	O
N	I	K	Y	U	L	I	O	F	U	R	E	K	P	V
X	N	K	Z	K	N	I	Y	N	P	M	L	V	O	N
O	G	D	P	K	C	U	S	A	E	O	I	Z	E	W
E	V	E	N	I	N	G	C	H	L	N	E	B	M	H
R	E	L	I	G	I	O	N	X	K	S	F	Q	S	P

Birthdate:
October 17, 1711

Birthplace:
Lloyd Harbor, New York

Key Facts:
➢ His first published poem was the "Evening Thought, Salvation by Christ, with Penitential Cries."
➢ He also published three other poems, as well as three other sermons.
➢ He lived his entire life as a slave.

Word Bank:

Belief

Christ

Essayist

Essays

Evening

Poems

Publish

Religion

Salvation

Sermons

Thought

Writing

Julien Raimond

An Early Journalist of the French Caribbean

```
Z M D G H P F V U H Y U D P T
S Q W Z B Q U D E U A I K P I
M L F L G T M Q I N D I E L C
P A M P H L E T S Q V Q T V I
Q Z P G I U J C Q F O R D I V
Y Q U M Y P O H G J C E A Z I
D O B O R U U R Z Z A X G O L
F X L O W N R I G H T S H F C
K C I K X G N H E D E A R M Y
G H S J K J A N L D S F P A I
U Z H W E A L T H I E S T O Y
J K O U C W I W F D U T S F C
M E V B Y X S B B E S S A Y U
B L A C K S T O Q W F Q U G H
P Y B F B B H I B S F Y V V O
```

Birthdate:
In 1744

Birthplace:
Martinique

Key Facts:
➤ He published pamphlets that advocated for the rights of mullatos.
➤ He was one of the wealthiest Blacks of Color in the French Caribbean during the 18th Century.
➤ He fought with the French Army during the American Revolution.

Word Bank:

Advocates	Haiti
Army	Journalist
Blacks	Pamphlets
Civil	Publish
Essay	Rights
Fought	Wealthiest

Alexandre Pere Dumas

French Novelist and Playwright of African Descent

Birthdate:
July 24, 1802

Birthplace:
Villers-Cotterets, France

Key Facts:
➤ He produced over 300 volumes of novels, memoirs, and 25 volumes of dramatic works.
➤ He also produced travel books.
➤ Some of his most famous works include, *The Count of Monte Cristo, The Three Musketeers,* and *The Black Tulip.*

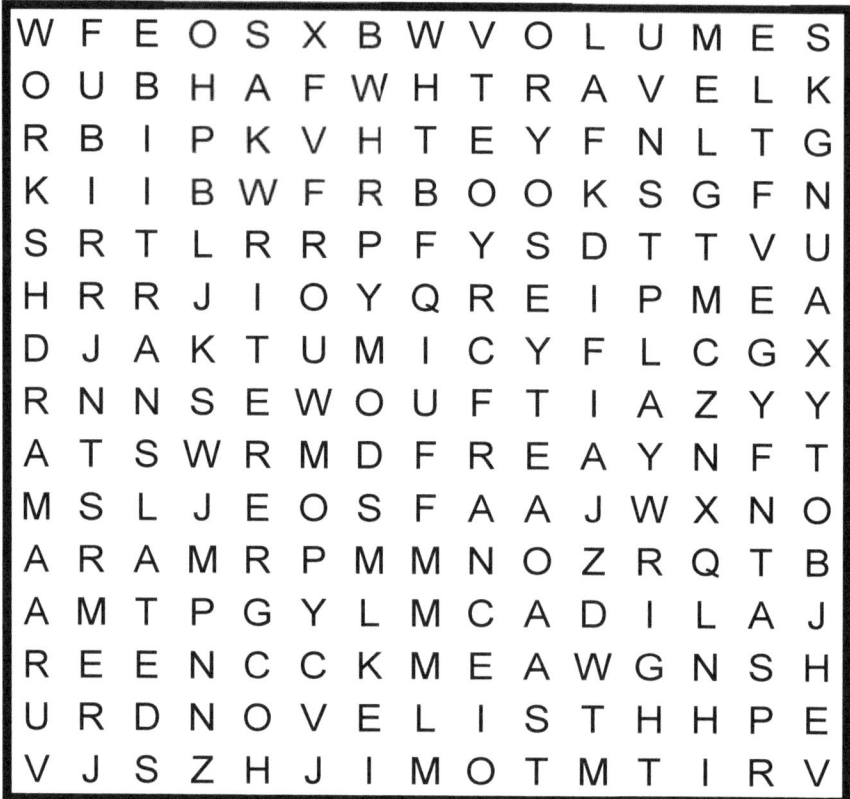

```
W F E O S X B W V O L U M E S
O U B H A F W H T R A V E L K
R B I P K V H T E Y F N L T G
K I I B W F R B O O K S G F N
S R T L R R P F Y S D T T V U
H R R J I O Y Q R E I P M E A
D J A K T U M I C Y F L C G X
R N N S E W O U F T I A Z Y Y
A T S W R M D F R E A Y N F T
M S L J E O S F A A J W X N O
A R A M R P M M N O Z R Q T B
A M T P G Y L M C A D I L A J
R E E N C C K M E A W G N S H
U R D N O V E L I S T H H P E
V J S Z H J I M O T M T I R V
```

Word Bank:

Books

Drama

France

Memoirs

Novelist

Playwright

Produced

Translated

Travel

Volumes

Works

Writer

Alexander Pushkin

One of the Founders of Russian Literature

```
K M J W U N L I D S H O R T E
B X Z V P L V M I A Q E T Y I
L Q D E S C E N T S A X C T C
G Y J L R A C D L T H U E P Z
P O E T R Y V U I O I A M D Q
C N N A W B L V T R P C L X O
G N M Y W A Y C E I P L F N D
J X Q O R U K N R E D P F Q R
X N C L I Y A I A S M V W E U
A Z K R T T F W T L C H O N S
U D G W I P R U U F T F R O S
T X H J N F I I R C O I K V I
H M Y Y G F C P E Q Z I S E A
O Y A H M W A F P L A Y S L N
R H H U J C N H U M Z G N S E
```

Birthdate:
June 6, 1799

Birthplace:
Moscow, Russia

Key Facts:
➤ He wrote plays, novels, and short stories.
➤ Some of his greatest works include, *The Conversation between the Bookseller and the Poet*, *Eugene Onegin*, and *the Gypsies*.
➤ He worked for the Russian Ministry of Foreign Affairs.

Word Bank:

African

Author

Descent

Literature

Novels

Plays

Poetry

Russian

Short

Stories

Works

Writing

Victor Sejour

One of the Earliest Known African American Authors of Fiction

Birthdate:
In 1817

Birthplace:
New Orleans, Louisiana

Key Facts:
- He was a great playwright.
- He started his writing career after traveling to France.
- Two of his greatest plays include, *Richard III* and *Les Fils de Charles Quint*.

```
N Z G I W I N P Z S Z O W P Q
H A L W B W E J T H Y Z Y R W
O E I J O E I I T M V P U W L
W X K N Y U U D S M I W R X T
R N K N G S F H M B N P L A Y
I M R V R N W Z F E T W F Y H
T O Z U H U H K Q Q E S K J W
I Q P H F G I D F Z R M Z A Y
N H E K R P I Z W O E Z L W V
G E C T A F L P H V S S R I M
W M O U N R W T M X T F H N Y
R T H F C T U G B I H F X E F
O X T W E A R L I E S T V N L
L O U I S I A N A H W W O Q D
I N S P I R E D F I C T I O N
```

Word Bank:

Authors	Known
Earliest	Louisiana
Fiction	Play
France	Pursuits
Inspired	Writing
Interest	

Alice Dunbar Nelson

Prominent Writer of the Harlem Renaissance

Birthdate:
July 19, 1875

Birthplace:
New Orleans, Louisiana

Key Facts:
- She published her first book, *Violets and Other Tales* in 1895.
- She wrote and served as an editor for various newspapers and publications.
- She also served as a teacher.

```
R E N A I S S A N C E E U F A
G E M E B O E M O E J N V H U
O B L T J U D Y R P J N W E I
J K X E J C I N T F H E P B I
W V Y P M Z T E M S A W U X G
P R L U N U O V I Y X S B C M
K J I R C P R L I W Z P L Z E
A H D T U P B A B O N A I D D
R P J S E U C Q R G L P C W U
H T V B P R Y E H R C E A U C
C A C U D R H F L N D R T A A
J L R Y B C D U A O O B I S T
S E S L A H U P Y Y B U O F O
T S Q E E J W G B F E B N O R
E T T D W M D L H S R A S V V
```

Word Bank:

Editor	Publish
Educator	Publications
Harlem	Renaissance
Newspaper	Tales
Poet	Teacher
Violets	Writer

Pauline Elizabeth Hopkins

Pioneer in African American Romantic Novels

```
T H I S T O R I A N W T Z O O
A E D T A S E D A G N Q N X B
L M B U E T T Z A G Q B E U U
E J Q P F V B J E Z H Z W F X
N K J P L A Y M U S I C A L D
T Q F G V T H C C A I C U R V
E W S J N O V E L S N D O H U
D R D F F M B F G S L T W P A
Z I U N P M V H X W I P S H X
Q T Z F T T J Y V D N I L O V
M E Y Z A E O P E E T L Z J B
F R T M A G A Z I N E C B Z Z
C J O U R N A L I S T E R A D
A S H V N T Q C Y R D N E W A
R O M A N T I C O K E G O Y G
```

Birthdate:

In 1859

Birthplace:

Portland, Maine

Key Facts:

➢ Her novels dealt with racial and social themes.

➢ Her first known work was a musical play called "Slaves Escape; or the Underground Railroad."

➢ She was the first African American editor of the *New Era Magazine*.

Word Bank:

Editor	New
Era	Novels
Historian	Play
Journalist	Talented
Magazine	Romantic
Musical	Writer

George Moses Horton

L	T	Y	K	E	T	X	N	R	I	D	N	P	U	E
I	N	P	Z	P	Q	B	V	Z	E	N	F	U	Y	L
B	S	Q	N	Q	C	R	R	J	I	P	V	B	M	Z
E	W	F	C	F	J	E	V	J	K	F	K	L	T	D
R	R	J	C	G	Q	W	C	M	N	T	J	I	N	J
T	I	X	R	U	K	Y	K	W	U	H	S	S	B	M
Y	T	T	D	P	G	Q	G	J	M	R	O	H	X	I
M	I	T	Z	I	N	A	Z	N	S	E	U	E	M	S
H	N	R	P	D	H	X	U	V	G	E	T	D	N	C
B	G	Y	D	A	Y	H	E	T	X	K	H	K	T	Y
L	F	L	Z	R	H	S	W	G	H	W	O	F	Z	Z
I	C	Y	T	U	Y	L	S	G	E	O	V	I	D	H
D	U	E	I	F	N	A	Z	F	B	Y	R	R	A	O
S	O	J	K	J	S	V	T	N	L	S	Y	S	V	P
P	S	C	O	L	L	E	C	T	I	O	N	T	C	E

First Published Author of a Book of Poetry in the South

Birthdate:
In 1798

Birthplace:
Northampton County, North Carolina

Key Facts:
➤ He wrote three books of poetry.
➤ His poems were published in a collection called, *The Hope of Liberty*.
➤ He was known as "the Black Bard of North Carolina."

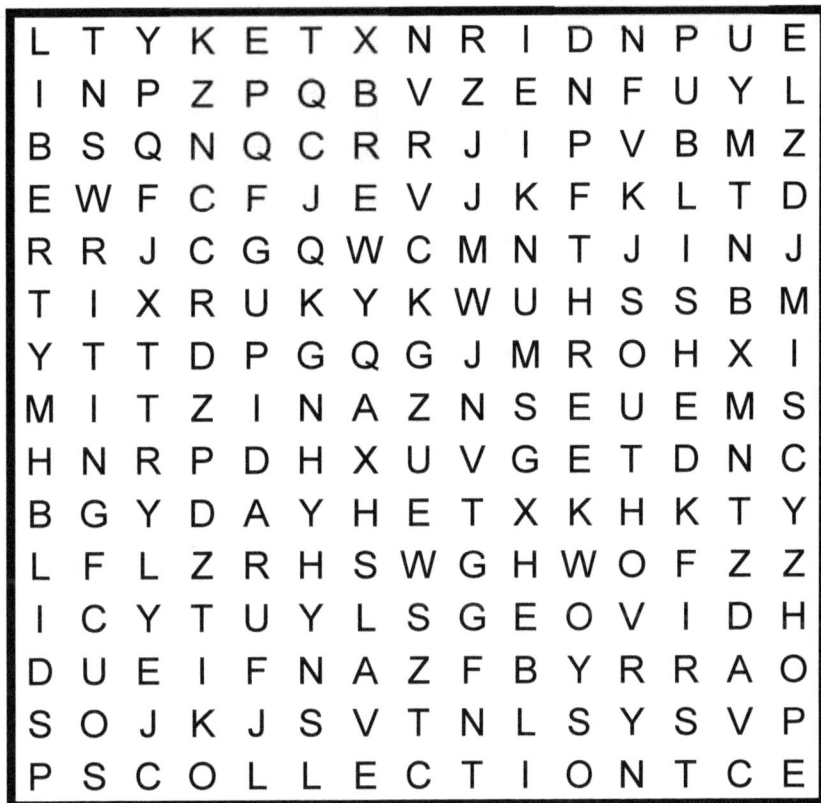

Word Bank:

Author	Poetry
Book	Published
Collection	Slave
First	South
Hope	Three
Liberty	Writing

Ann Plato

First African American Woman to Publish a Book of Essays and Poems

```
K T E A C H E R N E F P B X I
Y E S H W P F Y T Z E O H W Y
O P S P E Z U F Z O W E Z O O
D D A E O N T O G J A M Y R B
F O Y K I Z I Z Y T F S E K I
B S S X G R Y S Z M T V H E O
A F P C F Y X E B Z I S F D G
M G K X R O J F S T I B T P R
P D B J E K A K A L N S Z D A
O P T Q E T S E B E R I D G P
P I E C E S R U F I S L C T H
K F M G B C P I F A K F Z Z I
U S F U J P L Y R O W B C G E
W R I T E R C F E B E F Q O S
E D U C A T O R P R O S E S K
```

Birthdate:
Around 1820

Birthplace:
Hartford, Connecticut

Key Facts:
➢ One of the first African American published authors.
➢ Her book was called, *Essays: Including Biographies and Miscellaneous Pieces in Prose and Poetry.*
➢ She also worked as a teacher.

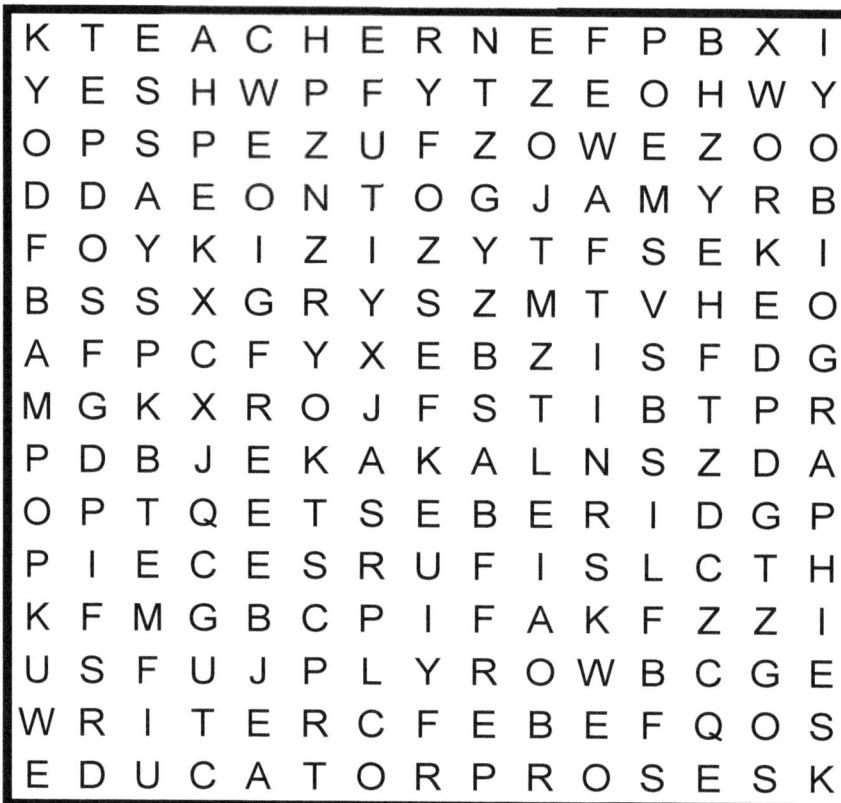

Word Bank:

Biographies	Poems
Creative	Prose
Educator	Publish
Essays	Teacher
First	Pieces
Worked	Writer

Willis Richardson

First African American Playwright to Debut a Non-Musical Play on Broadway

```
R Y V H Z M V K C A F R B T E
D Q S I Z B J S J O C Q N N Z
E M J X K Q B U L Z U E U W S
L L X J T L A M O W L T U R R
U U S M B I N J Z A R H T I E
V E A X L L J W T O D B H T A
A I I K F B O O F Z K B A E D
O N T E O R T M L B N R C E L
V M K M S O C A T Y Y O A J N
D I G X M A I N A Z A K S C Y
P E A Q B D C L G A Z E X H B
O Y B J A W P Q Y B Z N I I O
M S H U Y A K E R N Z V I P X
R D Q K T Y H W N A X C R S E
N P I O N E E R C L P G N M W
```

Birthdate:
November 5, 1889

Birthplace:
Wilmington, Delaware

Key Facts:
- His play which debuted on Broadway was called "The Chip Woman's Fortune."
- His best known work is called "The Broken Banjo."
- He was a pioneer in African American theater.

Word Bank:

Banjo	Pioneer
Broadway	Play
Broken	Read
Chip	Talent
Debut	Woman
Fortune	Write

Wole Soyinka

Nigerian Poet and Playwright

A	X	J	O	L	C	I	N	A	B	P	A	W	Z	I
N	C	E	J	V	R	F	M	G	W	I	Q	E	M	S
Z	M	D	P	W	A	I	S	L	R	A	R	Q	I	H
U	J	U	L	V	Z	D	C	E	T	U	R	Z	N	P
A	B	Z	A	A	F	U	G	W	T	X	G	D	V	R
C	P	Z	Y	O	S	I	N	A	V	Q	S	E	E	O
T	M	O	Q	U	N	Y	R	L	G	X	W	G	N	D
I	A	F	L	C	J	E	H	N	P	Q	Z	W	T	U
V	F	P	L	I	T	J	V	O	M	X	N	R	I	C
I	R	T	T	I	T	Z	Q	B	E	F	L	I	O	E
S	I	F	L	U	E	I	C	E	F	A	Q	T	N	L
T	C	R	P	Z	G	Y	C	L	W	B	G	E	D	A
P	A	A	P	T	N	E	B	A	L	Z	L	R	F	C
K	A	J	S	O	H	N	W	B	L	P	R	I	Z	E
M	U	G	O	H	M	C	M	P	X	G	D	Y	T	P

Birthdate:
July 13, 1934

Birthplace:
Ogun State, Nigeria

Key Facts:
➤ He was the first African to be awarded the Nobel Prize in Literature.
➤ His play, "The Invention" was one of his first works produced at the Royal Court Theater.
➤ He is also a political activist.

Word Bank:

Activist	Nigeria
Africa	Play
Awarded	Political
Invention	Prize
Literature	Produce
Nobel	Writer

Claude McKay

A Key Writer of the Harlem Renaissance

H	H	X	S	M	W	O	L	B	B	E	Z	U	G	P
Y	E	U	A	A	M	E	R	I	C	A	Q	F	H	O
V	Q	M	V	T	L	J	X	N	J	F	A	A	E	E
U	Q	X	I	H	I	A	A	Y	O	B	K	M	U	M
R	M	C	E	J	C	S	H	C	B	B	X	O	G	S
E	D	P	E	I	S	P	A	C	K	C	I	U	D	J
V	A	K	A	I	M	U	R	O	G	O	Q	S	A	Y
T	J	M	A	A	E	B	L	L	W	S	X	G	E	G
Y	A	N	R	O	Z	L	E	L	A	R	B	K	S	K
J	E	Q	Y	A	L	I	M	E	K	G	A	K	P	A
R	P	M	V	Z	H	S	B	C	N	C	R	H	Z	T
F	D	Z	T	Z	Z	H	K	T	Q	O	V	O	P	E
F	U	Z	J	X	J	X	J	I	W	R	I	T	E	R
C	I	K	F	E	E	B	G	O	S	Y	C	J	X	C
P	O	E	T	R	Y	Z	Q	N	U	C	V	I	R	V

Birthdate:
September 15, 1889

Birthplace:
Sunny Ville, Jamaica

Key Facts:
➤ He was a pioneer in African American and Jamaican literature.
➤ He published two collections of poetry.
➤ Two of his most famous works include "Harlem Shadows" and "If We Must Die."

Word Bank:

America	Poems
Collection	Key
Famous	Publish
Harlem	Poetry
Jamaica	Works
Renaissance	Writer

Toni Morrison

A Pioneer Writer in African American Literature

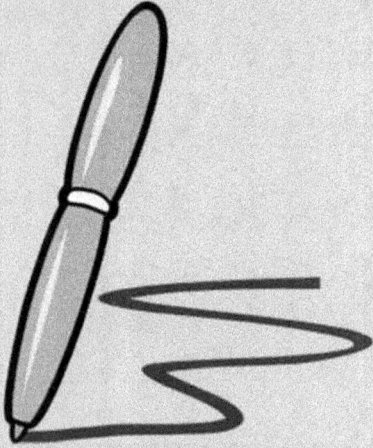

O	L	E	N	N	E	B	F	Y	N	M	Q	B	L	Z
A	I	Z	H	Y	U	C	W	W	L	R	M	F	S	S
W	T	U	E	P	G	F	K	L	K	Q	F	I	P	T
A	E	F	Z	R	Q	C	L	Q	U	N	F	C	N	X
R	R	F	Q	O	G	C	G	A	N	W	W	T	W	R
D	A	A	T	F	H	J	Z	T	N	R	H	I	Z	I
S	T	M	X	E	C	R	E	G	E	I	V	O	K	Y
Z	U	O	S	S	N	F	G	E	N	J	K	N	S	E
T	R	U	K	S	R	S	N	D	I	S	A	W	S	T
G	E	S	P	O	P	O	X	E	E	J	D	U	S	R
G	U	K	T	R	I	H	T	C	X	M	H	E	E	K
Q	M	I	N	P	G	F	H	K	G	R	U	T	L	M
F	D	D	N	B	T	G	G	B	C	L	I	S	I	Q
E	A	M	K	Q	I	U	O	V	B	R	D	Q	K	W
X	O	V	R	H	Y	U	E	F	W	O	R	K	S	M

Birthdate:
February 18, 1931

Birthplace:
Lorain, Ohio

Key Facts:
➢ Two of her most noted works include, *The Bluest Eye* and *Song of Solomon*.
➢ She has also served as a professor and editor.
➢ She has received numerous high awards such as the Presidential Medal of Freedom and the Nobel Prize in Literature.

Word Bank:

Awards	High
Bluest	Literature
Editor	Pioneer
Eye	Professor
Famous	Works
Fiction	Writer

David Bustill Bowser

An Early Portrait Artist

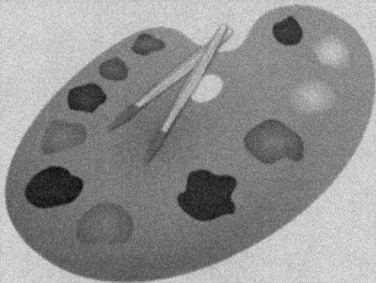

```
G S T T W W I P T A U G H T U
B W E V X X W W K F Q W P K L
T E W L I K Y Q P C I V I L J
A D R A F H J T Z L O L Q G R
L G L I E D E Y V O H Y M D E
E P H I L A D E L P H I A W G
N S V C F S T G H I P O R S I
T R B G K W J R J W Y C T D M
R R H K X D F V Z L D C I E E
P O R T R A I T J K G N S S N
U E D P A I N T E R X R T I T
G R M R E K F R D O H Z L G A
Y F E R P F A L D N S R X N L
J V A O W W O U A H W N E K R
W X W X G C L U E G V P I J L
```

Birthdate:

January 16, 1820

Birthplace:

Philadelphia, Pennsylvania

Key Facts:

➢ He was a self-taught artist.
➢ He painted a portrait of Abraham Lincoln and John Brown.
➢ He also designed the U.S. Colored Troops Regimental Flags during the Civil War.

Word Bank:

Artist	Portrait
Civil	Regimental
Design	Self
Flag	Talent
Painter	Taught
Philadelphia	War

Juan de Pareja

A Black Spanish Artist

Birthdate:
In 1610

Birthplace:
Seville, Spain

Key Facts:
- He worked under the artist Velazquez.
- His painting, "The Calling of St. Matthew" is exhibited at the Museo de Padro in Spain.

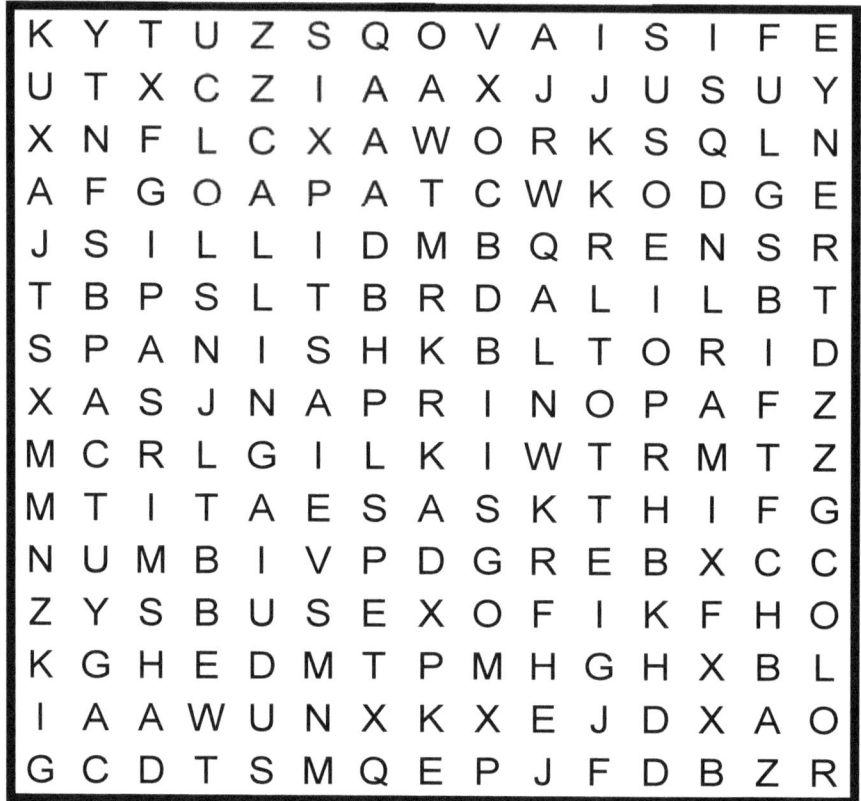

```
K Y T U Z S Q O V A I S I F E
U T X C Z I A A X J J U S U Y
X N F L C X A W O R K S Q L N
A F G O A P A T C W K O D G E
J S I L L I D M B Q R E N S R
T B P S L T B R D A L I L B T
S P A N I S H K B L T O R I D
X A S J N A P R I N O P A F Z
M C R L G I L K I W T R M T Z
M T I T A E S A S K T H I F G
N U M B I V P D G R E B X C C
Z Y S B U S E X O F I K F H O
K G H E D M T P M H G H X B L
I A A W U N X K X E J D X A O
G C D T S M Q E P J F D B Z R
```

Word Bank:

Artist	Painting
Baroque	Portrait
Calling	Skilled
Color	Slave
Exhibit	Spanish
Museum	Works

Edward Bannister

A Pioneer in American Art

R	E	C	O	G	N	I	Z	E	D	E	F	I	E	P
T	G	F	O	Z	A	J	X	X	T	Z	X	S	N	L
K	O	S	P	B	U	G	T	U	E	L	K	D	W	Y
Z	V	Y	D	H	C	D	T	R	R	A	S	Q	W	C
O	O	Y	D	E	Y	I	I	F	T	N	T	P	F	P
Z	T	A	W	F	T	Q	L	O	G	D	U	Q	N	B
U	J	W	K	S	P	U	O	G	A	S	D	N	O	
P	B	F	N	S	A	U	W	E	I	C	I	M	Z	Q
J	F	I	B	Z	I	E	E	V	B	A	E	N	X	K
V	N	N	D	Y	N	C	L	M	I	P	D	R	B	H
O	U	X	G	E	T	M	L	E	V	E	E	A	T	V
I	G	T	C	W	I	A	R	T	Y	D	C	U	E	M
I	A	S	O	M	N	P	I	O	N	E	E	R	Y	J
J	K	W	X	C	G	Q	H	U	S	C	Z	W	A	F
S	P	E	C	I	A	L	I	Z	E	D	O	N	L	X

Birthdate:
Around 1828

Birthplace:
St. Andrews, Canada

Key Facts:
➤ He specialized in pastoral landscaping scenes.
➤ He is one of the first African American nationally recognized painters in the United States.

Word Bank:

Art	Painting
Institute	Recognized
Landscape	Scene
Lowell	Specialized
Oaks	Studied
Pioneer	Under

Edmonia Lewis

First Noted African American Sculptress

I	A	L	I	W	D	T	P	F	L	B	J	O	H	N
V	A	S	D	V	S	V	A	C	K	D	L	A	E	N
G	Y	V	C	U	J	Z	C	U	W	A	B	C	N	W
B	L	P	B	U	Z	S	J	T	Q	J	C	W	Z	R
T	B	N	I	M	L	F	J	V	Y	J	E	X	R	E
E	C	T	A	F	V	P	Q	C	T	I	I	E	S	L
D	U	F	M	R	N	Q	T	W	F	M	V	U	V	Q
B	E	R	T	E	X	L	W	U	Y	E	O	E	C	R
O	R	U	O	E	M	T	E	X	R	M	A	R	T	E
J	J	O	G	P	P	Q	L	O	A	E	R	T	R	S
B	Q	X	W	A	E	N	F	F	C	E	W	O	R	K
I	Y	H	Y	N	Y	O	B	N	K	X	J	W	B	F
X	Q	B	I	G	U	T	V	G	W	A	O	I	E	J
Y	H	U	G	R	M	E	C	Y	S	X	C	C	P	D
T	V	M	I	F	J	D	M	I	W	P	H	T	W	N

Birthdate:
In 1843

Birthplace:
Greenbush, New York

Key Facts:
➤ Her first noted work was a bust of "John Brown."
➤ She studied art in Europe.
➤ Her most famous work was "Forever Free."

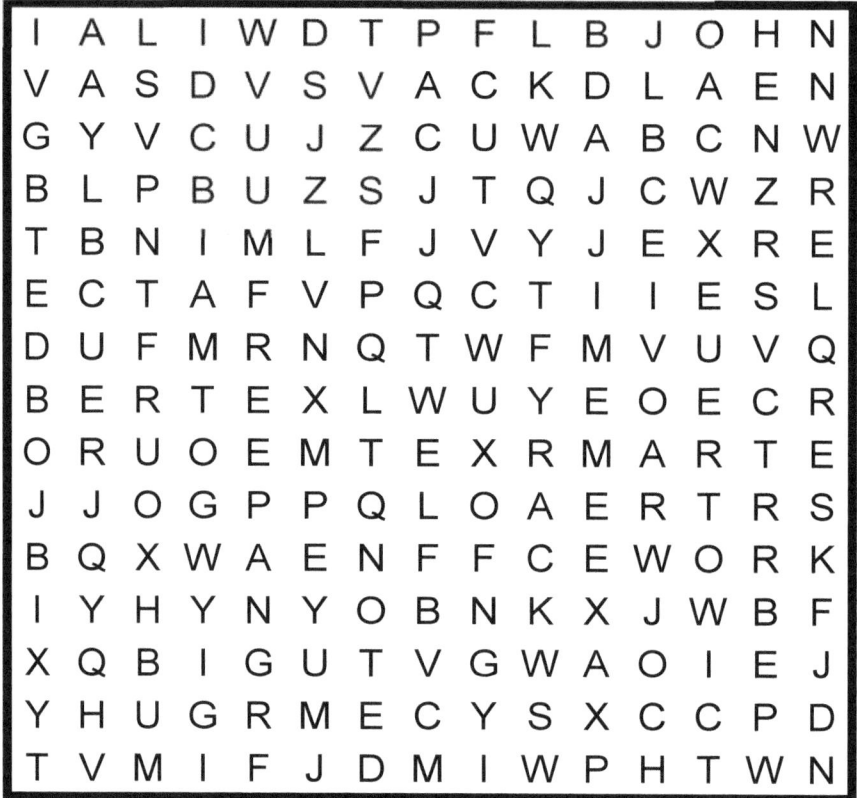

Word Bank:

Art	Free
Brown	Forever
Bust	John
Europe	Noted
Famous	Work
Sculpture	

Augusta Savage

Famous African American Sculptress

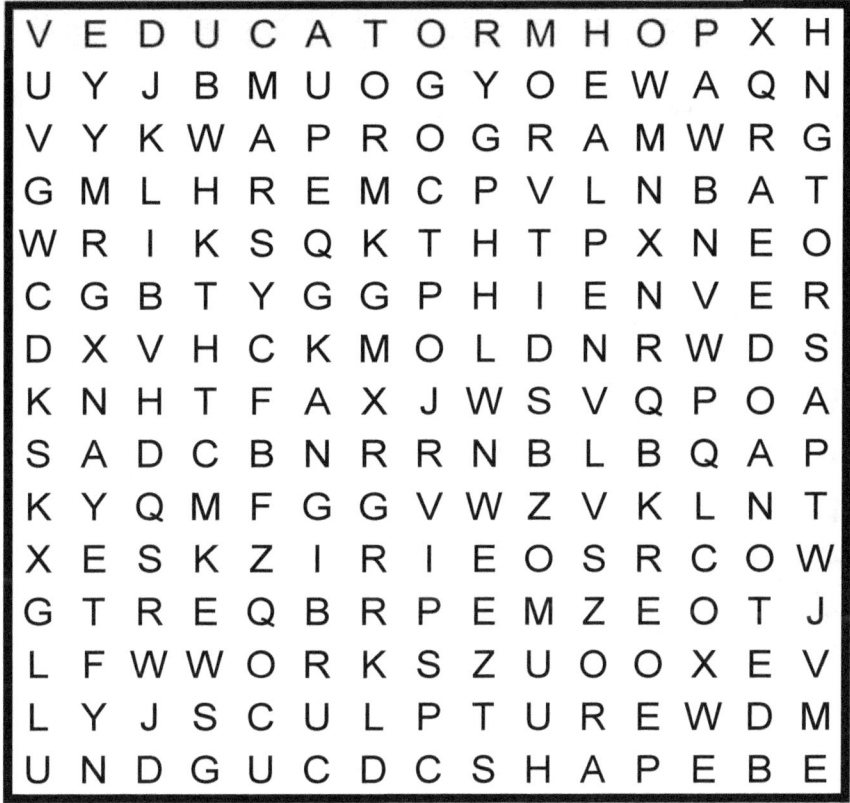

```
V E D U C A T O R M H O P X H
U Y J B M U O G Y O E W A Q N
V Y K W A P R O G R A M W R G
G M L H R E M C P V L N B A T
W R I K S Q K T H T P X N E O
C G B T Y G G P H I E N V R S
D X V H C K M O L D N R W D S
K N H T F A X J W S V Q P O A
S A D C B N R R N B L B Q A P
K Y Q M F G G V W Z V K L N T
X E S K Z I R I E O S R C O W
G T R E Q B R P E M Z E O T J
L F W W O R K S Z U O O X E V
L Y J S C U L P T U R E W D M
U N D G U C D C S H A P E B E
```

Birthdate:

February 29, 1892

Birthplace:

Green Cove Springs, Florida

Key Facts:

➤ Two of her noted works include "The Negro Urchin" and "The Tom Tom."

➤ She was the first African American member of the National Association of Women Painters and Sculptors.

➤ She was also an educator.

Word Bank:

Art	Mold
Carve	Noted
Educator	Program
First	Shape
Member	Urchin
Sculpture	Works

Meta Vaux Warrick Fuller

First African American Woman Artist to Receive a Federal Commission for her Work

Birthdate:
June 9, 1877

Birthplace:
Philadelphia, Pennsylvania

Key Facts:
- Her work portrayed Afro-centric themes.
- She studied in Paris.
- She sculpted, painted, and wrote poetry.

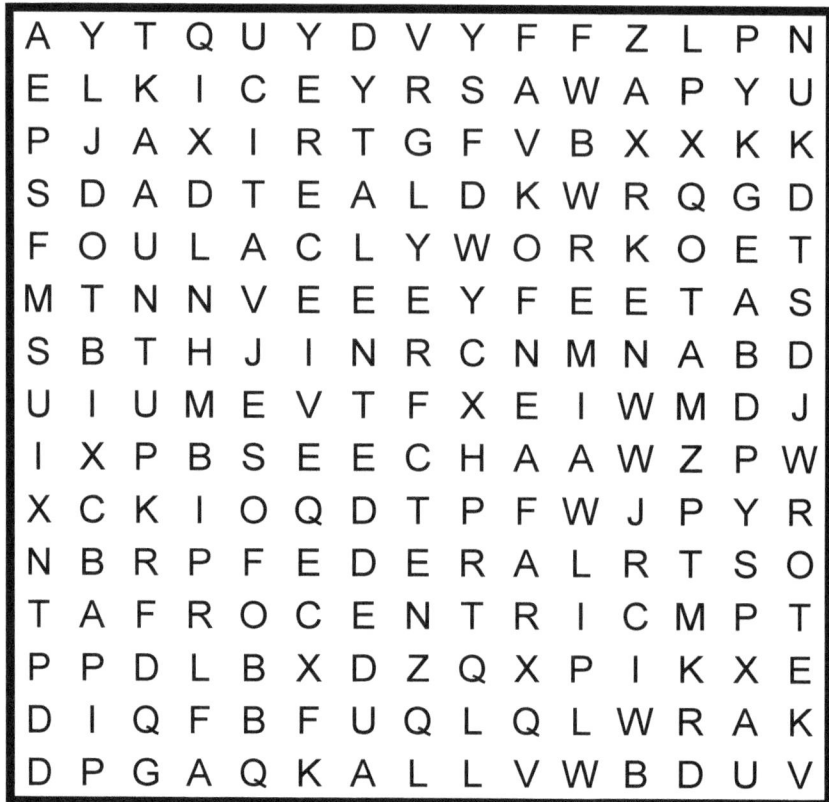

```
A Y T Q U Y D V Y F F Z L P N
E L K I C E Y R S A W A P Y U
P J A X I R T G F V B X X K K
S D A D T E A L D K W R Q G D
F O U L A C L Y W O R K O E T
M T N N V E E E Y F E E T A S
S B T H J I N R C N M N A B D
U I U M E V T F X E I W M D J
I X P B S E E C H A A W Z P W
X C K I O Q D T P F W J P Y R
N B R P F E D E R A L R T S O
T A F R O C E N T R I C M P T
P P D L B X D Z Q X P I K X E
D I Q F B F U Q L Q L W R A K
D P G A Q K A L L V W B D U V
```

Word Bank:

Abroad	Receive
Afrocentric	Studied
Federal	Talented
Painted	Theme
Paris	Work
Poetry	Wrote

Scipio Moorehead

Known as the Earliest Noted African American Fine Artist

L	P	J	I	C	E	H	T	T	H	V	D	K	C	Y
D	F	Y	P	L	G	N	Z	A	B	C	R	A	J	S
S	L	H	J	O	I	S	F	U	E	Z	D	W	U	Q
J	S	O	K	A	Q	O	D	P	K	A	D	C	E	I
U	D	O	P	C	K	E	I	I	T	Q	H	V	N	U
H	M	J	X	G	T	P	H	N	O	V	B	P	G	C
V	I	T	D	N	H	B	P	A	O	D	S	N	R	R
W	O	I	E	O	F	X	T	D	R	T	P	K	A	E
P	U	L	T	U	X	S	G	N	M	T	E	H	V	A
X	A	U	A	E	E	B	S	F	E	V	I	D	E	T
T	H	O	I	I	C	V	R	V	O	U	W	S	R	I
N	B	T	L	P	B	F	A	U	R	D	S	F	T	V
T	N	R	E	O	A	L	F	F	S	O	V	N	T	E
A	A	R	D	E	S	F	I	N	E	H	F	Z	B	K
E	I	V	G	T	J	O	L	L	U	E	W	W	A	G

Birthdate:
In 1750

Birthplace:
Not Known

Key Facts:
➤ He was a portrait engraver.
➤ His only surviving work was the portrait of Phyllis Wheatley that is in her book.
➤ He was also a poet.

Word Bank:

Artist	Fine
Brush	Noted
Creative	Paint
Detailed	Poet
Earliest	Slave
Engraver	Talented

Patrick Henry Reason

One of the Earliest African American Lithographers and Engravers

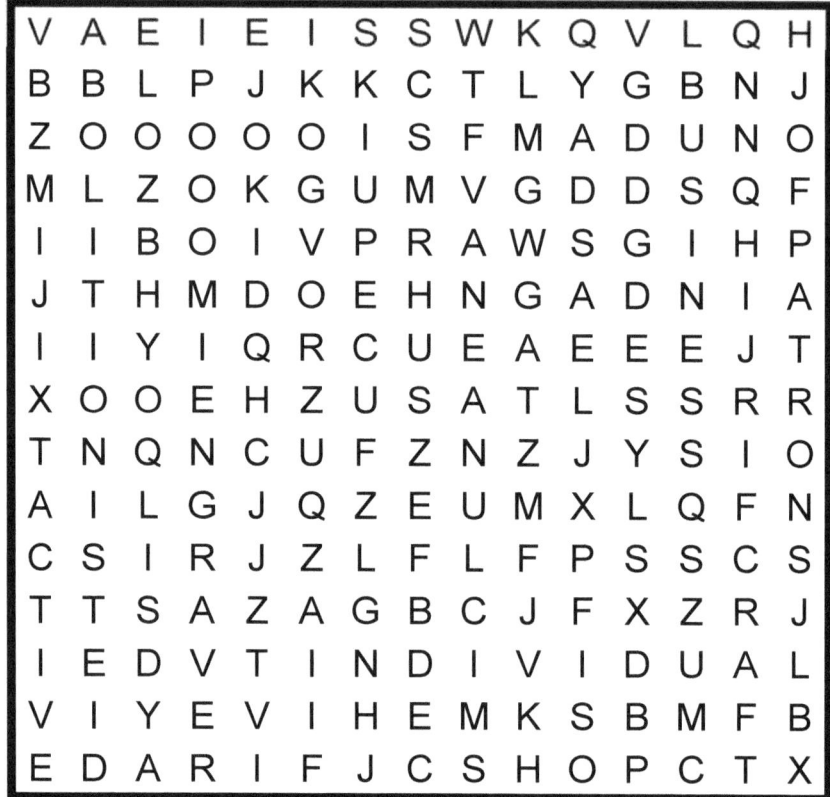

Birthdate:
In 1816

Birthplace:
New York City, New York

Key Facts:
➢ He established his own shop in his craft.
➢ He engraved images for books, journals, and individual patrons.
➢ He was also an active abolitionist.

Word Bank:

Abolitionist	Images
Active	Individual
Books	Journal
Business	Patrons
Craft	Shop
Engraver	Talented

Robert M. Douglass, Jr.

African American Artist and Daguerreotypist

Birthdate:

In 1809

Birthplace:

Philadelphia, Pennsylvania

Key Facts:

➤ He was educated at the Pennsylvania Academy of Fine Arts.

➤ He did work for white prominent individuals.

➤ His most known work is an art transparency of President George Washington.

```
T Z U X A C A D E M Y C N I S
R F S R K S A L R U D F U M C
A Q Y P I W B F F S G I Z Y N
N L Z A O U A E D U C A T E D
S A I T F K N P O Y I T Z P V
P W K R E P N A Z H K R D O B
A H I O M Z E G P B M Z F R Z
R I T N K T R L M B A T I T E
E R R S S E E O Y W Q W N R Y
N X V I S D S Z E G G M E A F
C D T U A Z E C H V U A Y I N
Y R A L K F H W T S E R N T H
A C I O T J L N Q G D T F K Q
F H S O I P N T U H W S B D C
P Z C I O L B L X M U O X Q G
```

Word Bank:

Academy

Artist

Arts

Banner

Cause

Educated

Fine

Oil

Patrons

Philadelphia

Portrait

Transparency

Joshua Johnston

First African American Professional Portrait Painter

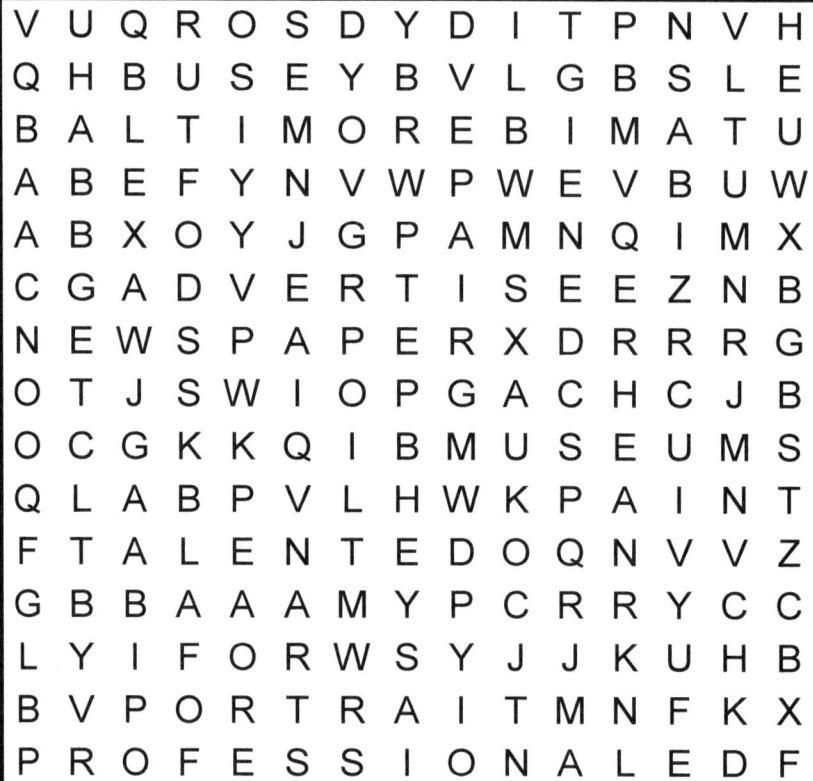

Birthdate:
Around 1765

Birthplace:
Unknown

Key Facts:
➤ He worked in the Baltimore, Maryland area.
➤ He advertised and made a living from his work.
➤ He painted prominent citizens and his works are now displayed in many museums.

V	U	Q	R	O	S	D	Y	D	I	T	P	N	V	H
Q	H	B	U	S	E	Y	B	V	L	G	B	S	L	E
B	A	L	T	I	M	O	R	E	B	I	M	A	T	U
A	B	E	F	Y	N	V	W	P	W	E	V	B	U	W
A	B	X	O	Y	J	G	P	A	M	N	Q	I	M	X
C	G	A	D	V	E	R	T	I	S	E	E	Z	N	B
N	E	W	S	P	A	P	E	R	X	D	R	R	R	G
O	T	J	S	W	I	O	P	G	A	C	H	C	J	B
O	C	G	K	K	Q	I	B	M	U	S	E	U	M	S
Q	L	A	B	P	V	L	H	W	K	P	A	I	N	T
F	T	A	L	E	N	T	E	D	O	Q	N	V	V	Z
G	B	B	A	A	A	M	Y	P	C	R	R	Y	C	C
L	Y	I	F	O	R	W	S	Y	J	J	K	U	H	B
B	V	P	O	R	T	R	A	I	T	M	N	F	K	X
P	R	O	F	E	S	S	I	O	N	A	L	E	D	F

Word Bank:

Advertise	Paint
Baltimore	Portrait
Living	Professional
Made	Talented
Museums	Work
Newspaper	

George Herriman

First Famous African American Syndicated Cartoonist

```
C S Y Y K E J A C H I E V E I
Y F F Y Y G N X C T K R X R N
J S F P D V Z G R I M S K R K
R Y G Y J R G U R I Q O D A N
L N Y J M B C E A A G N S K T
F D A U G D X W K C V M Y E J
U I L G C B Z N U Y E E U H Z
N C J B Y P H H R R O B R K K
N A E M S P B O H J V E T R V
Y T S W I T T E R Z K Q T A M
S E L R X H Z E I F A M E Z A
S D T G L Y F V V Q D X T Y O
T S C A R T O O N M V H M S R
M U S I C A L P Q X O G R S X
C O M I C D M P F P I P S Y T
```

Birthdate:
August 20, 1880

Birthplace:
New Orleans, Louisiana

Key Facts:
- He began his career as an engraver at the Los Angeles Herald Examiner.
- His first regular comic strip was *Musical Mose.*
- His comic strip *Krazy Kat* is his most noted work.

Word Bank:

Achieve	Kat
Cartoon	Krazy
Comic	Mose
Engraver	Musical
Fame	Strip
Funny	Syndicated

Archibald Motley, Jr.

First Artist to Make Front Page of *the New York Times*

```
G Z D Q T C W Z B C L M H L J
H Z F A T J C Z L N H O P F T
J T B N W Z Q U X O O Q M Z R
D A O L P X X I N N F B W K P
C R W V A R M N C S O E D M G
F L G O N C B E E K O L J N E
J A U O R U K C Z R W T I R X
J O V B Y K N J P D R N G A H
E L C Z B E S S A M I I G O I
Q K L K U O H I C A E M C C B
E O R L E R I O R D Q Q L X I
M J F L S Y P T A R T E B A T
A N U P L F O T S D O P F J I
I T D I E X C L N Z E F X C O
U B D P A G E R T N I A Y Z N
```

Birthdate:
October 7, 1891

Birthplace:
New Orleans, Louisiana

Key Facts:
➤ He received training from the Art Institute of Chicago.
➤ He was the second artist to have a solo exhibition in New York City.
➤ Two of his noted works include, "The Jockey Club" and "Black Belt."

Word Bank:

Art	Front
Belt	Jockey
Black	Page
Club	Training
Exhibition	Works
Influences	

Simmie Knox

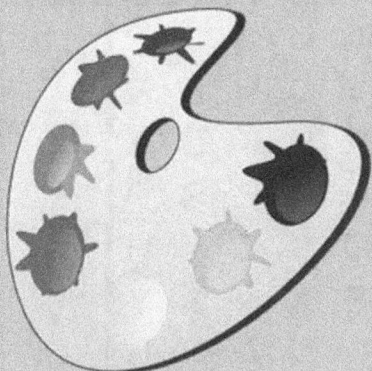

First African American Artist to Paint the Official Portrait of a U.S. President

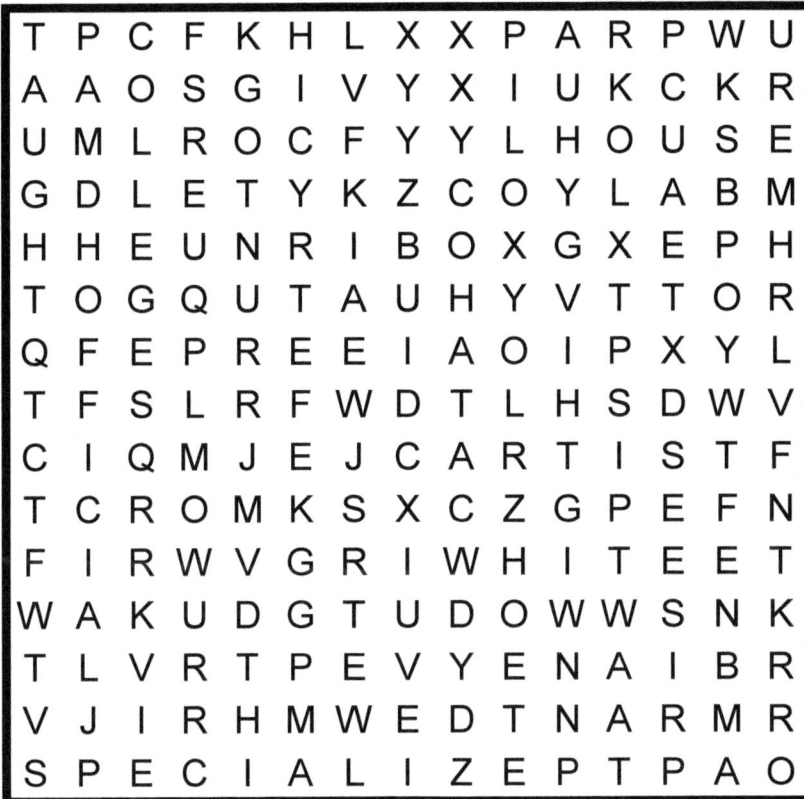

T	P	C	F	K	H	L	X	X	P	A	R	P	W	U
A	A	O	S	G	I	V	Y	X	I	U	K	C	K	R
U	M	L	R	O	C	F	Y	Y	L	H	O	U	S	E
G	D	L	E	T	Y	K	Z	C	O	Y	L	A	B	M
H	H	E	U	N	R	I	B	O	X	G	X	E	P	H
T	O	G	Q	U	T	A	U	H	Y	V	T	T	O	R
Q	F	E	P	R	E	E	I	A	O	I	P	X	Y	L
T	F	S	L	R	F	W	D	T	L	H	S	D	W	V
C	I	Q	M	J	E	J	C	A	R	T	I	S	T	F
T	C	R	O	M	K	S	X	C	Z	G	P	E	F	N
F	I	R	W	V	G	R	I	W	H	I	T	E	E	T
W	A	K	U	D	G	T	U	D	O	W	W	S	N	K
T	L	V	R	T	P	E	V	Y	E	N	A	I	B	R
V	J	I	R	H	M	W	E	D	T	N	A	R	M	R
S	P	E	C	I	A	L	I	Z	E	P	T	P	A	O

Birthdate:
August 18, 1935

Birthplace:
Aliceville, Alabama

Key Facts:
➤ He painted the official portrait of President Bill Clinton.
➤ He specialized in oil portraiture.
➤ He also taught at various colleges, universities, and public schools.

Word Bank:

Artist	Paint
College	Portrait
House	President
Official	Talented
Oil	Taught
Specialize	White

James Presley Ball

Pioneer in African American Photography

P	I	C	T	U	R	E	S	F	J	Z	L	P	T	P
U	U	P	R	O	R	J	P	K	Y	Q	O	N	R	H
B	H	J	H	R	A	H	M	Q	L	L	A	R	A	O
L	X	W	G	S	B	R	V	I	E	M	Z	J	V	T
I	I	O	S	U	O	K	W	V	S	U	V	K	E	O
S	Z	O	P	C	L	R	E	S	G	W	U	W	L	G
H	E	S	J	C	I	D	E	K	Q	V	Q	H	E	R
E	P	Q	U	E	T	N	O	W	T	P	B	K	D	A
D	Q	G	U	S	I	U	X	H	H	H	P	E	G	P
E	K	B	Z	S	O	K	X	C	G	O	S	E	Y	H
I	V	F	U	F	N	S	F	G	N	E	X	N	G	Y
K	T	B	H	U	I	Y	G	E	C	F	N	W	R	B
G	A	O	T	L	S	T	U	D	I	O	S	A	N	L
I	K	K	W	B	T	E	S	T	A	B	L	I	S	H
R	E	E	J	E	A	M	O	V	D	M	N	G	Q	J

Birthdate:
In 1825

Birthplace:
Virginia

Key Facts:
➤ He opened several successful photography studios.
➤ He also traveled to take pictures.
➤ He worked as an abolitionist.

Word Bank:

Abolitionist

Businessman

Develop

Establish

Keen

Photography

Pictures

Published

Studios

Successful

Take

Traveled

Henry O. Tanner

First African American Artist Acquiring International Fame

Birthdate:
June 21, 1859

Birthplace:
Pittsburgh, Pennsylvania

Key Facts:
- His paintings are in various prominent museums.
- Two of his notable works include, "The Banjo Lesson" and "Georgia Landscape."

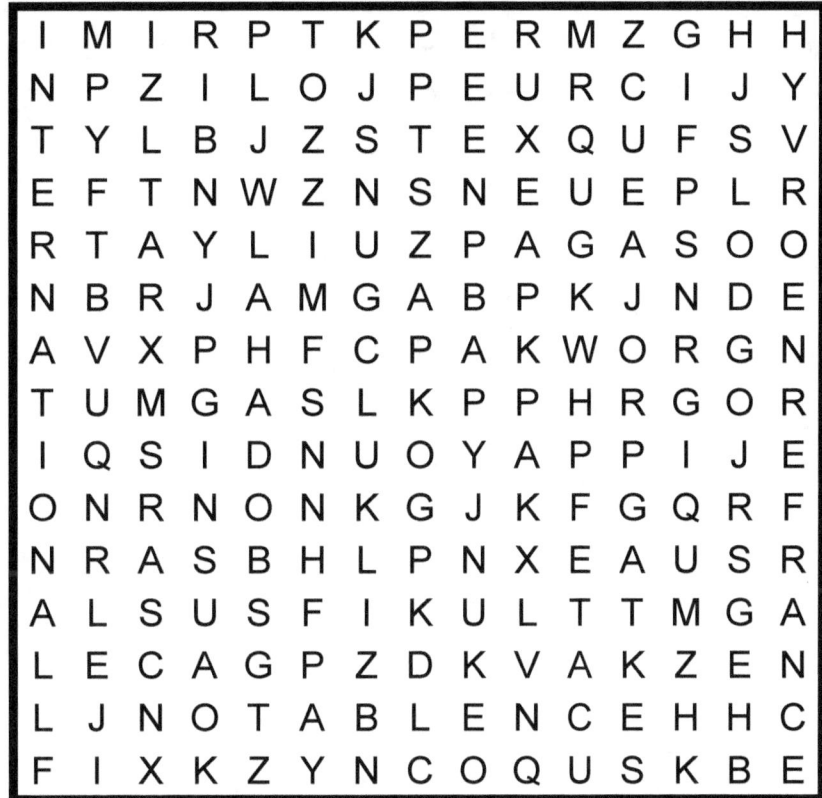

I	M	I	R	P	T	K	P	E	R	M	Z	G	H	H
N	P	Z	I	L	O	J	P	E	U	R	C	I	J	Y
T	Y	L	B	J	Z	S	T	E	X	Q	U	F	S	V
E	F	T	N	W	Z	N	S	N	E	U	E	P	L	R
R	T	A	Y	L	I	U	Z	P	A	G	A	S	O	O
N	B	R	J	A	M	G	A	B	P	K	J	N	D	E
A	V	X	P	H	F	C	P	A	K	W	O	R	G	N
T	U	M	G	A	S	L	K	P	P	H	R	G	O	R
I	Q	S	I	D	N	U	O	Y	A	P	P	I	J	E
O	N	R	N	O	N	K	G	J	K	F	G	Q	R	F
N	R	A	S	B	H	L	P	N	X	E	A	U	S	R
A	L	S	U	S	F	I	K	U	L	T	T	M	G	A
L	E	C	A	G	P	Z	D	K	V	A	K	Z	E	N
L	J	N	O	T	A	B	L	E	N	C	E	H	H	C
F	I	X	K	Z	Y	N	C	O	Q	U	S	K	B	E

Word Bank:

Banjo

Fame

France

Honor

International

Museum

Landscape

Legion

Lesson

Nature

Notable

Painter

Walter Moses Burton

First Black Sheriff in the United States

Birthdate:
Around 1829

Birthplace:
North Carolina

Key Facts:
- He served as a state senator.
- He also served as a tax collector.
- He advocated for the rights of African Americans.

Word Bank:

Advocate	Politics
Collector	Rights
Education	Senator
Enforce	Sheriff
Lawsuit	State
Served	Tax

Henry O. Flipper

First African American graduate from the U.S. Military Academy at Westport

Birthdate:
March 21, 1856

Birthplace:
Thomasville, Georgia

Key Facts:
- He earned a commission as a second lieutenant in the U.S. Army.
- He opened a civil and mining engineering office in Arizona.
- He also worked for the Department of Justice in the Court of Private Land Claims.

```
J U S T I C E F C E Y E K Q Q
F U Z D K Q Z I K V A L D V A
Y F P N D O S R V R F M T Q J
M R W D F R T S S J F I O N G
O N P E C D S T I J B N V K P
M A U P Y V T U S O E I I P Y
F E N A V F M G W W S N C M Y
G Z N R U G I R E V A G R B G
S O A T G S L A S Q I A Y L Q
T D T M W Q I D T Q C J C K O
V M J E F U T U P R J H I W F
M F N N Y U A A O E V Q V Q F
M Z R T E Q R T R K K R I B I
A C A D E M Y E T T R T L T C
E N G I N E E R D Z G C B O E
```

Word Bank:

Academy	Graduate
Army	First
Civil	Justice
Department	Mining
Engineer	Office
Military	Westport

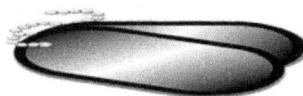

Hazel W. Johnson

First African American Female General in the United States Army

```
D H Q U P P D S S C B W C T F
E M S V Y D M H O N O R V N L
C X M P I K N F W D T L N T T
O R Q Q N S U P E R V I S O R
R P S T U W M U P K T T S K N
A G E K R J E K V N O U M R R
T N M A S I R C K U U H W E C
I U X I E P O N Y C S B D G L
O T N P L R U O F P J A R E F
N Q D B M I S L R H E G F B H
S G L M A J T O I L Y T I T N
Y F J K O R C A D H M J R O M
Q M K I N N M D R L D S S W S
G E N E R A L Y M Y C C T A C
I N S T R U C T O R V H G S W
```

Birthdate:
October 10, 1927

Birthplace:
Malvern, Pennsylvania

Key Facts:
➤ She was the first Black Chief of the Army Nurse Corps.
➤ She also served as an operating room instructor and supervisor.
➤ She has received numerous military decorations.

Word Bank:

Army	Honor
Corps	Instructor
Decorations	Leader
First	Military
General	Numerous
Nurse	Supervisor

Mary Fields

First Black Woman Mail Carrier in the United States

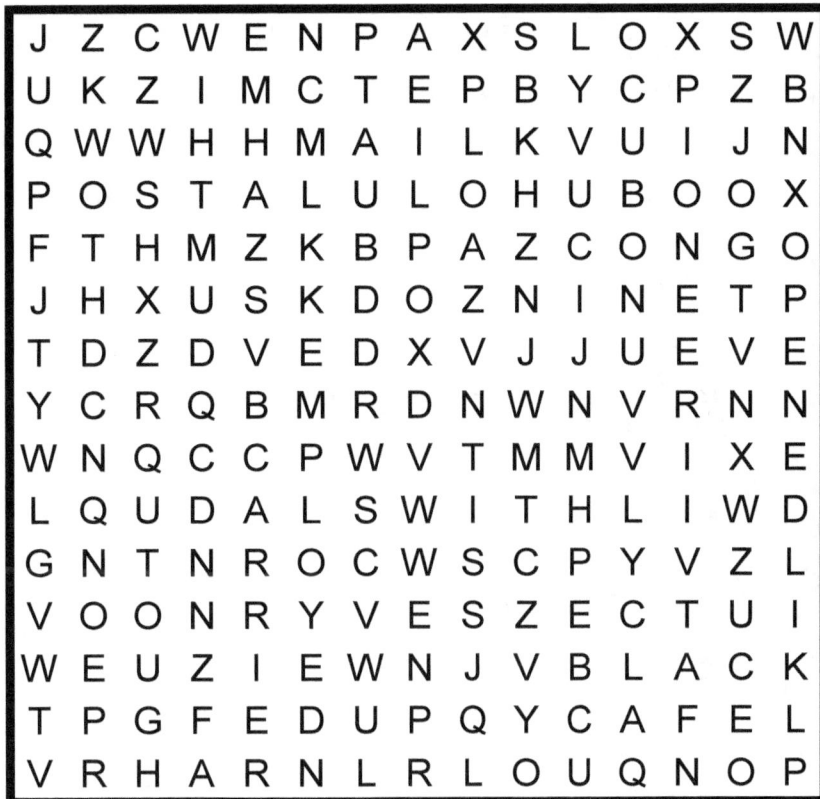

Birthdate:
Around 1832

Birthplace:
Hickman County, Tennessee

Key Facts:
➢ She was also the second woman employed for the United States Postal Service.
➢ She opened her own café.

Word Bank:

Black	Nuns
Café	Pioneer
Carrier	Postal
Employed	Service
Mail	Tough
Opened	West

Martin Delany

First African American Field Officer in the U.S. Army

Birthdate:
May 6, 1812

Birthplace:
Charlestown, Virginia

Key Facts:
➤ He was one of the first African Americans admitted into Harvard Medical School.
➤ He published a newspaper and several books.
➤ He was an influential Black Nationalist.

N	V	D	R	R	Z	C	P	X	T	B	S	C	Q	V
A	E	Y	N	Z	V	M	M	S	A	Z	L	O	W	Y
N	G	W	N	F	C	H	R	Q	R	K	M	A	B	Y
V	J	E	S	C	Y	W	R	N	M	Z	Y	H	C	L
V	I	G	H	P	A	F	Y	J	Y	A	S	K	N	K
U	L	V	E	K	A	F	D	V	K	V	T	A	A	R
C	I	V	I	L	P	P	C	D	L	F	E	F	T	S
F	X	A	W	J	S	U	E	Q	V	X	R	R	I	D
F	O	O	C	D	Y	O	B	R	E	B	Y	I	O	R
B	I	P	X	Q	T	F	M	L	C	E	Y	C	N	I
O	J	E	X	U	D	F	N	B	I	M	N	A	A	G
O	G	Z	L	A	S	I	H	Q	J	S	Z	G	L	H
K	Z	R	V	D	U	C	P	K	F	Q	H	G	I	T
S	V	D	C	H	B	E	A	E	X	F	D	J	S	S
I	U	I	P	U	U	R	D	A	V	L	V	X	T	H

Word Bank:

Africa	Field
Army	Mystery
Black	Newspaper
Books	Officer
Civil	Publish
Nationalist	Rights

Robert Smalls

First African American Captain of a U.S. War Vessel

Birthdate:
April 5, 1839

Birthplace:
Beaufort, South Carolina

Key Facts:
➢ He served in the South Carolina House of Representatives from 1868-1870.
➢ He served in the State Senate from 1871-1874.
➢ He also served in Congress.

```
R H U F N V K Z B R H G M H R
S G O E A W B K A Y E K Z X E
C V E S S E L W B R A V E S P
O A C Y L G I P D I B N R E R
N W X T V U V O J Y I Q X N E
G I X X F W A L I B D R T A S
R Q W U O W L I O N V J E T E
E S O R A X C T G C W T K E N
S R Q N G F I I X B H Y P N T
S U J Y L W V C C J H K J P A
Y M V I H B I S U H T P Y Q T
V A U H P O L A P S H I P H I
N Q E M J C U O P I P A Y E V
T C U C B L R S M B S J R R E
Q W O Y I O Z E E Z H E Q O S
```

Word Bank:

Brave

Civil

Congress

Hero

Representatives

Vessel

Navy

Politics

Senate

House

Ship

War

Allen Allensworth

First African American Lieutenant Colonel in the U.S. Army

Birthdate:
April 7, 1842

Birthplace:
Louisville, Kentucky

Key Facts:
➢ He also served as a military chaplain and political activist.
➢ He was an influential businessman and educator.
➢ He co-founded an all-Black community in California.

I	P	R	I	N	F	L	U	E	N	T	I	A	L	C
S	U	K	I	R	F	C	G	U	R	O	X	V	G	X
X	I	T	V	K	I	P	F	T	F	K	X	E	Z	R
A	G	V	S	B	F	S	V	T	E	A	C	H	O	N
X	Y	X	K	X	S	G	A	N	U	F	A	T	A	O
I	E	I	Y	D	D	A	I	D	Y	W	A	H	E	W
P	E	K	A	L	N	A	Y	T	O	C	V	G	I	B
P	C	O	M	V	L	D	I	D	U	Q	B	N	B	L
J	M	W	Z	P	E	N	E	D	W	X	N	T	U	X
K	T	G	A	D	U	T	E	K	T	Z	B	J	S	X
H	E	H	N	M	A	N	O	E	F	Z	P	G	I	W
B	C	U	M	R	Q	A	R	M	Y	W	V	Y	N	H
R	O	O	E	B	S	R	U	X	Z	U	A	L	E	Q
F	C	P	R	O	D	P	Z	S	E	R	V	E	S	X
P	O	L	I	T	I	C	S	O	P	P	Y	V	S	V

Word Bank:

Army
Business
Chaplain
Community
Educator
Pray

Founded
Influential
Politics
Operated
Serve
Teach

Saint Maurice

A Black Roman General

Z	Q	G	U	Q	W	U	V	A	L	O	R	U	X	P
P	T	V	Q	J	F	F	K	T	U	D	M	O	O	R
D	H	Z	H	T	H	K	N	E	N	B	H	C	A	S
Y	D	C	W	O	O	I	D	P	D	S	R	U	Z	M
M	I	Q	S	C	A	U	E	D	J	M	H	H	B	N
Y	V	F	O	S	W	F	P	S	M	B	E	J	T	N
N	E	G	Y	P	T	L	P	U	T	K	U	H	A	I
C	V	W	T	K	A	J	N	B	S	R	G	M	S	C
E	G	H	R	R	E	O	T	P	G	I	O	M	P	U
R	F	L	E	T	I	S	O	K	F	R	X	F	N	A
D	L	N	K	G	I	O	V	X	N	I	Y	D	T	T
E	E	Q	E	R	R	P	L	V	A	J	M	C	Z	L
G	Z	L	H	T	Y	D	U	Y	A	Z	T	F	P	F
O	E	C	J	A	F	R	I	C	A	N	G	M	Y	M
B	F	T	F	T	Q	P	D	B	W	L	Z	Z	E	Z

Birthdate:
Unknown

Birthplace:
Thebes, Egypt

Key Facts:
- He was also the first Black Saint.
- He was named a saint in the early Mid-Ages.
- His legion consisted of 2,000 men.

Word Bank:

African   Legion

Christ   Moor

Egypt   Roman

Fight   Saint

General   Troops

Valor

Abram Hannibal

A Black Russian Military General and Engineer

P	A	S	F	N	V	L	I	N	S	R	F	O	Y	T
D	T	P	F	E	H	R	E	N	G	I	N	E	E	R
I	F	U	S	K	A	K	E	H	V	C	U	E	R	Z
A	K	O	H	Z	C	B	X	U	P	A	V	O	O	W
C	R	Y	C	O	P	S	S	E	Z	A	V	T	I	D
U	M	C	E	S	K	T	Q	O	R	A	P	L	E	B
S	H	L	J	G	C	W	W	B	F	T	F	I	Q	M
L	P	A	G	E	S	N	Y	N	Z	R	E	A	S	I
W	U	L	J	Z	K	M	D	W	Z	D	D	G	S	L
K	Q	O	B	K	P	F	I	G	H	T	U	E	L	I
C	R	I	C	B	V	Z	K	R	K	A	C	N	A	T
P	S	A	W	A	R	D	E	D	K	L	A	E	V	A
P	R	O	M	O	T	I	O	N	S	V	T	R	E	R
T	I	N	X	B	J	I	V	V	M	I	E	A	W	Y
U	K	C	N	J	W	K	G	M	S	X	D	L	W	C

Birthdate:
Around 1670

Birthplace:
St. Petersburg, Russia

Key Facts:
➤ He was the slave of Czar, Peter the Great.
➤ He was awarded numerous engineering projects and military promotions.
➤ He was the great grandfather of the great poet, Alexander Pushkin.

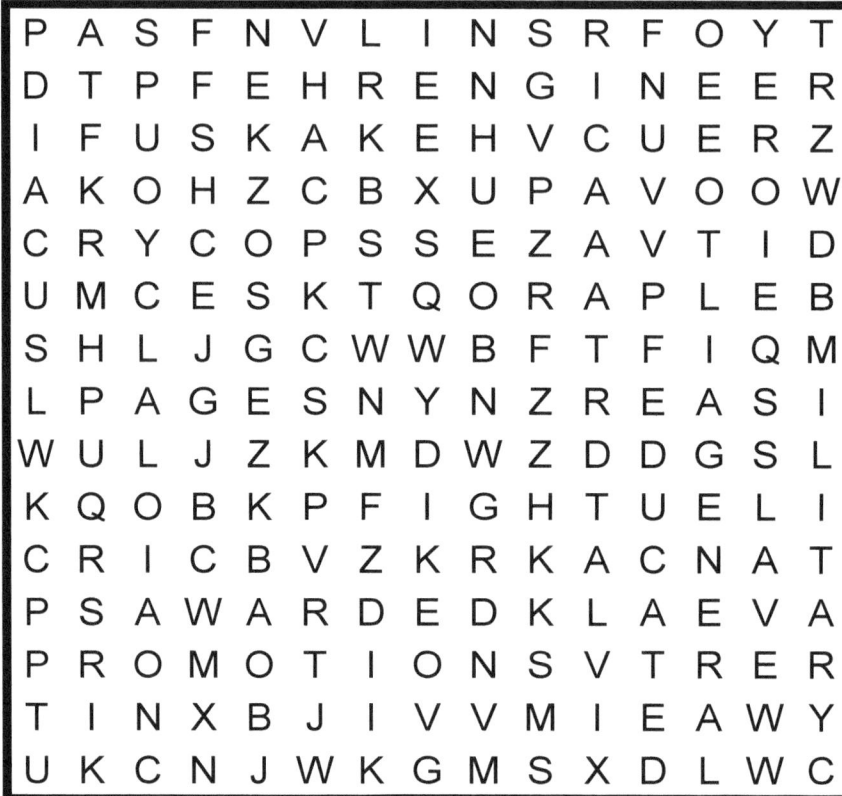

Word Bank:

Awarded	Favor
Brave	Fight
Czar	Educated
Engineer	General
Military	Projects
Promotions	Slave

Shaka Zulu

African Military Commander

Birthdate:
Around 1787

Birthplace:
South Africa

Key Facts:
➢ He was the son of a Zulu Chief.
➢ He became a great chief of the Zulu Kingdom.
➢ He developed very powerful and advanced military formations and techniques.

```
W N A J U K I N G D O M L K W
S S P L F U B N Q U P Q I A C
P R U O T E B J C I U U C V X
E Z W M W F O R M A T I O N L
A G R U D E H Y M M R T T O R
R Z O U B O R C W F Q F I J K
U A Y Y V T H A A W Y L G K F
F Q H I P K B R A V E J M E M
A D V A N C E D W W V A I G I
I M O H W U Z V C O E H B V L
H B W A R R I O R O C W V T I
I Y N I S G H B O C D V P Z T
X L E G W C Y B I I Z F C A A
T E C H N I Q U E T L H K L R
K G W K F M U I A S G Y M Q Y
```

Word Bank:

Advanced	Formation
Africa	Kingdom
Brave	Military
Chief	Power
Spear	Warrior
Technique	Zulu

Hannibal Barca

African Military General

J	O	Z	X	O	C	F	Q	V	G	Z	Z	V	P	E
X	O	M	M	C	J	G	E	N	I	U	S	L	Q	S
C	V	Z	K	O	A	A	R	D	I	Y	Y	Z	I	V
P	R	A	K	C	C	F	E	E	U	L	N	B	Z	A
B	C	T	D	R	F	O	R	U	A	L	E	Q	Z	A
T	A	C	T	I	C	S	N	I	K	T	K	C	C	I
S	S	G	T	N	Q	R	M	Q	C	V	E	O	W	N
R	A	G	G	O	U	C	U	I	U	A	W	S	Y	F
K	S	T	R	A	T	E	G	Y	L	E	Z	A	T	A
M	X	V	X	X	S	B	Y	X	C	I	R	Q	R	N
J	E	L	E	P	H	A	N	T	S	P	T	U	Z	T
Q	H	F	O	Z	U	P	C	N	D	J	Z	A	J	R
G	V	O	D	T	D	N	D	B	G	Q	G	B	R	Y
R	R	H	M	C	C	A	R	T	H	A	G	E	Y	Y
T	P	K	U	B	R	X	Z	L	Q	U	M	S	F	L

Birthdate:
In 247 B.C.

Birthplace:
Carthage, North Africa

Key Facts:
- ➢ He is ranked as one of the greatest military geniuses of all time.
- ➢ His infantry grew to include around 80,000 men.
- ➢ He also used elephants during times of battle.

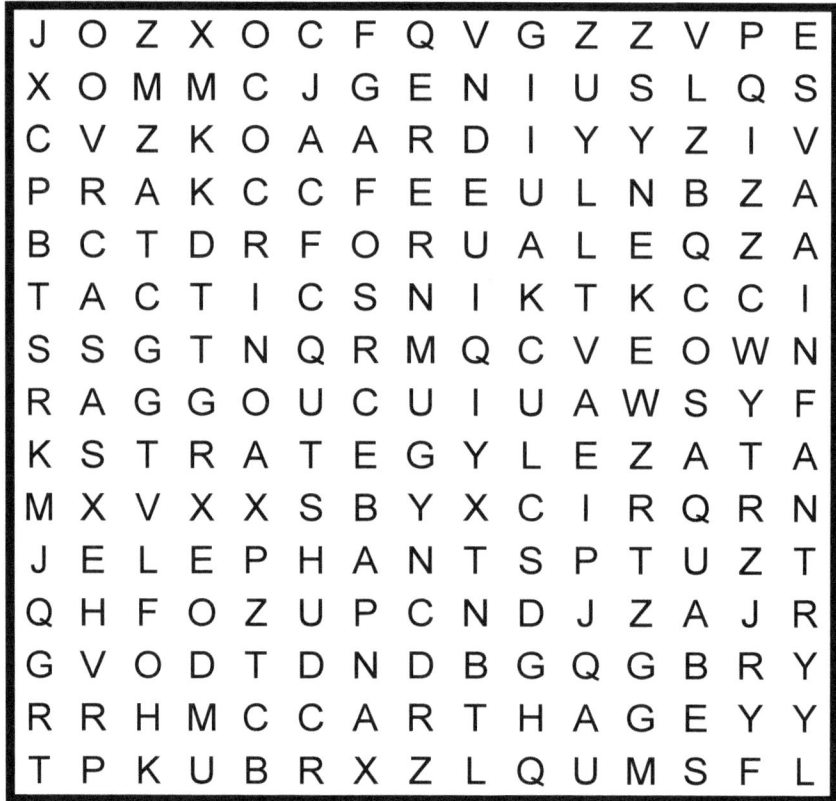

Word Bank:

Africa	Greatest
Carthage	Infantry
Conquer	Military
Elephants	Strategy
Genius	Troops
Tactics	War

Willie L. Williams

First African American Commissioner of Philadelphia and Los Angeles

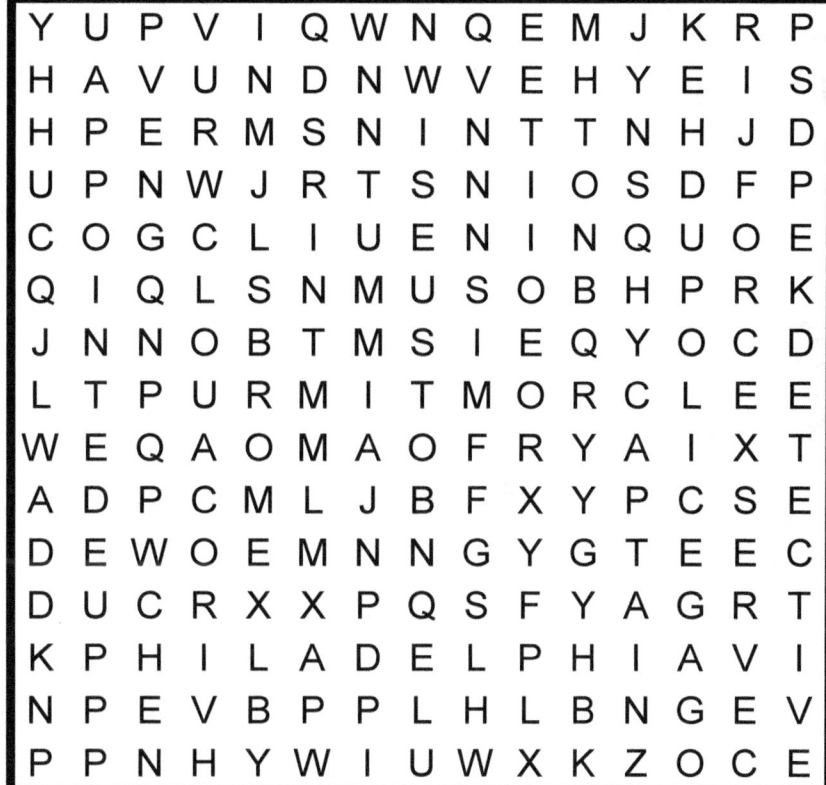

Y	U	P	V	I	Q	W	N	Q	E	M	J	K	R	P
H	A	V	U	N	D	N	W	V	E	H	Y	E	I	S
H	P	E	R	M	S	N	I	N	T	T	N	H	J	D
U	P	N	W	J	R	T	S	N	I	O	S	D	F	P
C	O	G	C	L	I	U	E	N	I	N	Q	U	O	E
Q	I	Q	L	S	N	M	U	S	O	B	H	P	R	K
J	N	N	O	B	T	M	S	I	E	Q	Y	O	C	D
L	T	P	U	R	M	I	T	M	O	R	C	L	E	E
W	E	Q	A	O	M	A	O	F	R	Y	A	I	X	T
A	D	P	C	M	L	J	B	F	X	Y	P	C	S	E
D	E	W	O	E	M	N	N	G	Y	G	T	E	E	C
D	U	C	R	X	X	P	Q	S	F	Y	A	G	R	T
K	P	H	I	L	A	D	E	L	P	H	I	A	V	I
N	P	E	V	B	P	P	L	H	L	B	N	G	E	V
P	P	N	H	Y	W	I	U	W	X	K	Z	O	C	E

Birthdate:

October 1, 1943

Birthplace:

Philadelphia, Pennsylvania

Key Facts:

➢ He rose through the ranks of the Philadelphia police force serving as a detective, captain, and commissioner.

➢ He worked to create positive relationships between police and the community.

Word Bank:

Appointed

Captain

Commissioner

Community

Department

Relationship

Force

Detective

Philadelphia

Police

Positive

Serve

Josephine Baker

American Born French Entertainer

Birthdate:
June 3, 1906

Birthplace:
St. Louis, Missouri

Key Facts:
➢ She was a dancer, singer, and civil rights activist.
➢ She built her career and fame in Paris, France.
➢ Her most famous role was "The Dark Star of the Follies Bergure."

```
A P M E O K C A C T I V I S T
B H S I N G E R G A J X P Y B
K Q N R S J W G W Q O M I F H
I J I K R C A O P T A G P I S
L T J I U A Y W N A P F O D J
A U T Z V R C R I L A W P D G
B Y V P U E V F R E R V U A L
I R P Z E E P E O N I T L N Z
Y R M H V R M M L T S T A C K
K K A H Y R A Y E E S A R E V
C X J J O I F S O D C C L R V
G B M F O G I L P O F I Z K K
X Y R Z H B I E B F A V D O D
X E U R I G H T S U M I L I P
P N I T Y U M E J E E L E F X
```

Word Bank:

Activist	Paris
Career	Performer
Civil	Popular
Dancer	Rights
Fame	Singer
Role	Talented

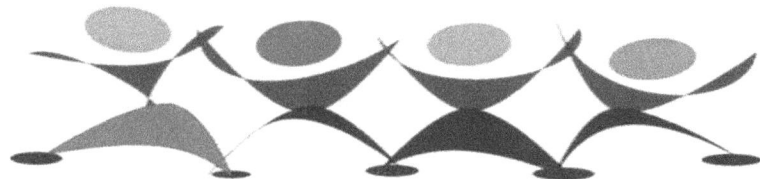

Florence Mills

An Internationally Recognized Performer

Birthdate:
January 25, 1895

Birthplace:
Washington, D.C.

Key Facts:
➢ She was a singer, dancer, and comedian.
➢ She was known as the "Queen of Happiness."
➢ Her breakthrough role occurred in "Shuffle Along."

H	V	K	Q	M	A	O	H	E	F	T	P	X	Y	M
N	O	A	G	A	E	I	U	O	C	S	T	M	X	M
P	L	R	Y	E	R	Q	S	X	V	U	E	E	A	P
Q	Z	T	V	V	B	F	J	K	Q	U	E	E	N	A
S	H	Q	N	P	Q	L	R	B	H	B	S	E	E	L
G	R	E	C	O	G	N	I	Z	E	N	C	L	K	O
J	P	N	L	S	U	T	J	S	M	N	F	K	E	N
S	K	Y	Z	Z	G	Z	S	E	A	F	F	T	R	G
J	L	D	V	R	Y	E	L	S	U	Y	G	E	P	Y
W	R	Y	T	R	N	R	I	H	D	V	C	V	A	P
E	J	J	Y	I	A	A	S	S	I	N	G	E	R	D
F	X	A	P	H	N	G	O	S	A	Y	D	W	L	B
J	G	P	Z	E	Z	I	V	D	V	M	M	U	R	F
K	A	G	R	Z	H	A	C	O	M	E	D	I	A	N
H	I	N	T	E	R	N	A	T	I	O	N	A	L	D

Word Bank:

Along	Queen
Comedian	Recognize
Dancer	Shuffle
Happiness	Renaissance
Harlem	Jazz
International	Singer

Sammy Davis, Jr.

A Multi-Talented Entertainer

Birthdate:
December 8, 1925

Birthplace:
Harlem, New York

Key Facts:
- He has been proclaimed as one of the world's greatest entertainers.
- He received numerous awards and honors including Grammys and Emmys.

```
A R F W F B L A R K M B R M B
U F T O P B C E Z S N Q V N E
T D T V Z R G A P G K W S R N
O Z H J T N U X J R D E H G A
B I C B I J C P X A W R O T E
I Z W S C X O T V J E Y O C N
O D Y U Z N K F A W A R D S T
G G A R P V B N M V A H H Z E
R R R N O N S H D E Y O S P R
A S E A C E H D B L W N E E T
P X M A M E E M M Y O O V R A
H Q O Q T M R D V H R R P F I
Y H D E Q E Y H G R L S S O N
S O R X V Y S E L L D N X R E
D J W N W Y Z T O G A D Z M R
```

Word Bank:

Autobiography

Awards

Dancer

Emmy

Entertainer

World

Honors

Perform

Singer

Grammy

Greatest

Wrote

John Bubbles

Known as the "Father of Rhythm Tap Dancing"

N	P	T	F	W	Y	H	T	S	F	X	U	T	F	R
N	U	J	F	I	L	M	X	T	F	R	T	S	A	B
X	C	M	D	D	I	Q	F	O	N	V	C	P	U	I
S	P	I	E	J	Q	Y	G	C	P	P	D	S	H	O
R	D	N	N	R	V	L	L	A	P	T	A	Z	G	I
Z	R	B	Q	W	O	H	T	O	O	S	N	V	Y	J
F	S	H	J	F	G	U	E	Z	P	H	C	C	B	I
Y	I	K	Y	I	G	E	S	O	U	O	E	L	O	M
U	N	A	V	T	W	G	A	T	L	L	B	K	P	L
V	G	E	Y	D	H	W	C	W	A	L	D	V	E	O
J	E	I	L	R	E	M	C	N	R	Y	X	O	R	I
B	R	T	S	T	A	G	E	C	I	W	P	B	F	Y
V	G	J	U	E	F	Z	P	R	Z	O	V	E	O	V
Y	T	J	O	M	T	G	K	O	E	O	K	D	R	U
A	P	P	E	A	R	V	C	A	T	D	O	Z	M	D

Birthdate:
February 19, 1902

Birthplace:
Louisville, Kentucky

Key Facts:
➤ He appeared in numerous Hollywood films.
➤ He popularized tap dancing on both the screen and stage.

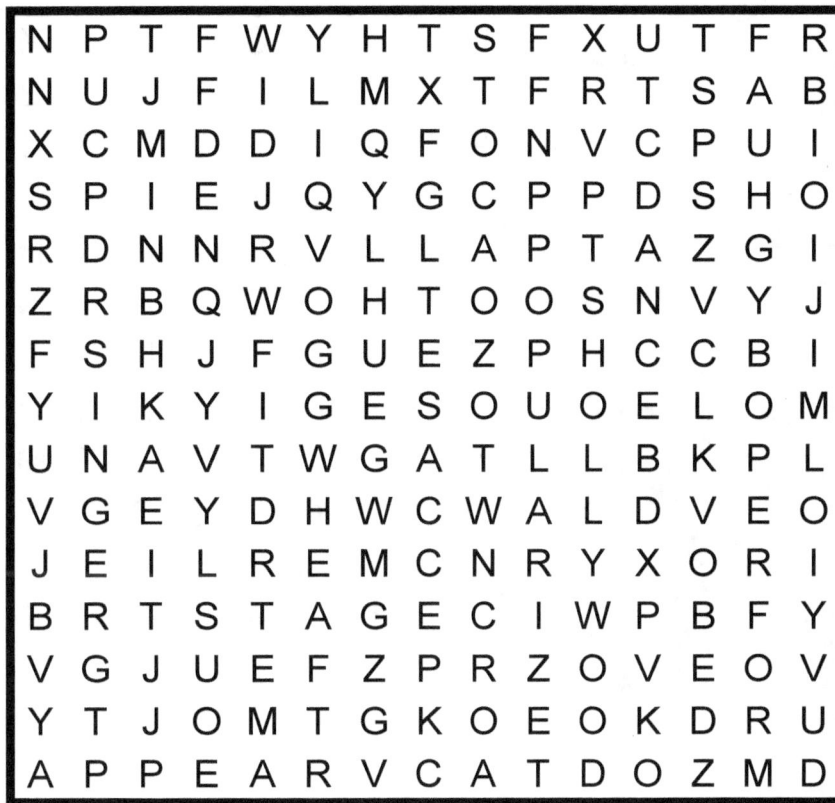

Word Bank:

Appear	Singer
Dance	Rhythm
Film	Tap
Hollywood	Stage
Numerous	Popularize
Perform	

Katherine Dunham

Known as the "Mother of Black Dance"

Birthdate:
June 22, 1910

Birthplace:
Chicago, Illinois

Key Facts:
- She was a dancer, choreographer, anthropologist, and author.
- She founded the Dunham Dance Company.
- She was the first African American choreographer to work at the Metropolitan Opera House.

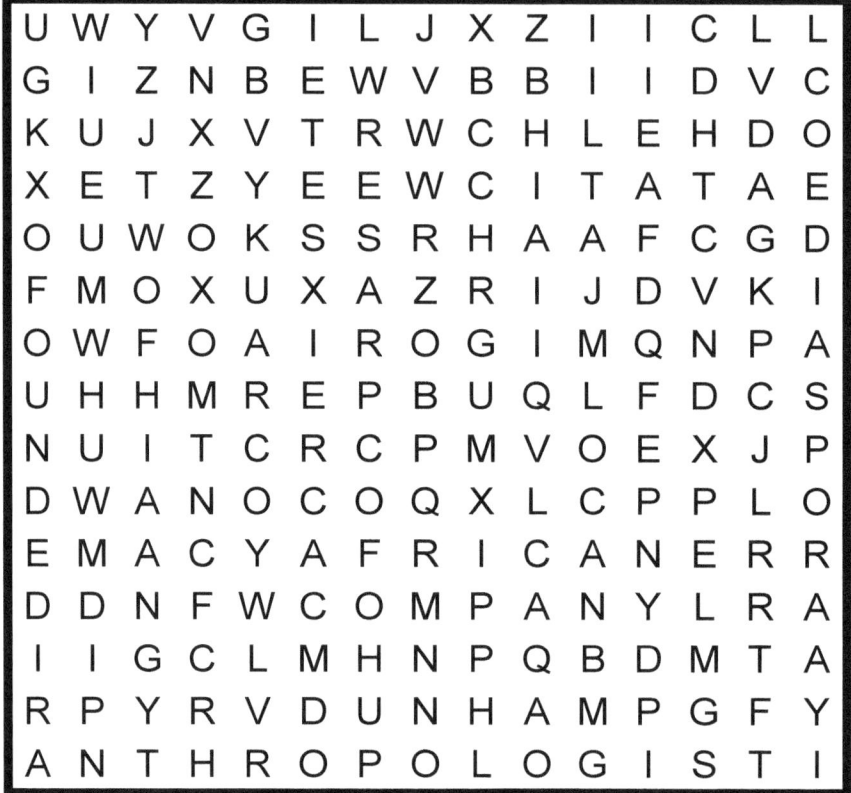

```
U W Y V G I L J X Z I I C L L
G I Z N B E W V B B I I D V C
K U J X V T R W C H L E H D O
X E T Z Y E E W C I T A T A E
O U W O K S S R H A A F C G D
F M O X U X A Z R I J D V K I
O W F O A I R O G I M Q N P A
U H H M R E P B U Q L F D C S
N U I T C R C P M V O E X J P
D W A N O C O Q X L C P P L O
E M A C Y A F R I C A N E R R
D D N F W C O M P A N Y L R A
I I G C L M H N P Q B D M T A
R P Y R V D U N H A M P G F Y
A N T H R O P O L O G I S T I
```

Word Bank:

African

Anthropologist

Black

Company

Dancer

Diaspora

Founded

House

Dunham

Opera

Matriarch

Incorporated

Dorothy Dandridge

First African American Woman to Receive an Academy Award Nomination for Best Actress

```
L M O L K P D E N K N V B K N
I Y E U V Z A W A R D G W E K
R P W A Y N W B V O T A C R G
T X G Z F B J H B N D N M N A
A A H T B J Z M K C A R M E N
N J L H Z V M E A P P R Q G G
Z L M E V Y J U R V R V J P G
M D A A N Q O O C J W I I B R
A V C T S F U U S N F I L M
Y X A E Y R E A K D X F Z N Y
F O D R E A D D T C E M V F W
S J E P R Y S F A M O U S A V
T S M D E J U Y J O N E S M N
D B Y N O M I N A T I O N E C
I N T E R N A T I O N A L M L
```

Birthdate:
November 9, 1922

Birthplace:
Cleveland, Ohio

Key Facts:
➤ She was a film and theater actress.
➤ Her most famous performance was in "Carmen Jones."
➤ She received international fame.

Word Bank:

Academy	Jones
Award	Nomination
Carmen	Performance
Fame	Film
Famous	International
Talented	Theater

Charles S. Gilpin

One of the Most Successful African American Performers in the 1920's

Birthdate:
November 20, 1878

Birthplace:
Richmond, Virginia

Key Facts:
- His most famous performance was in "Emperor Jones."
- He was thought of as one of the first serious African American actors.
- He was named "Man of the Year" by the *Crisis Magazine* in 1921.

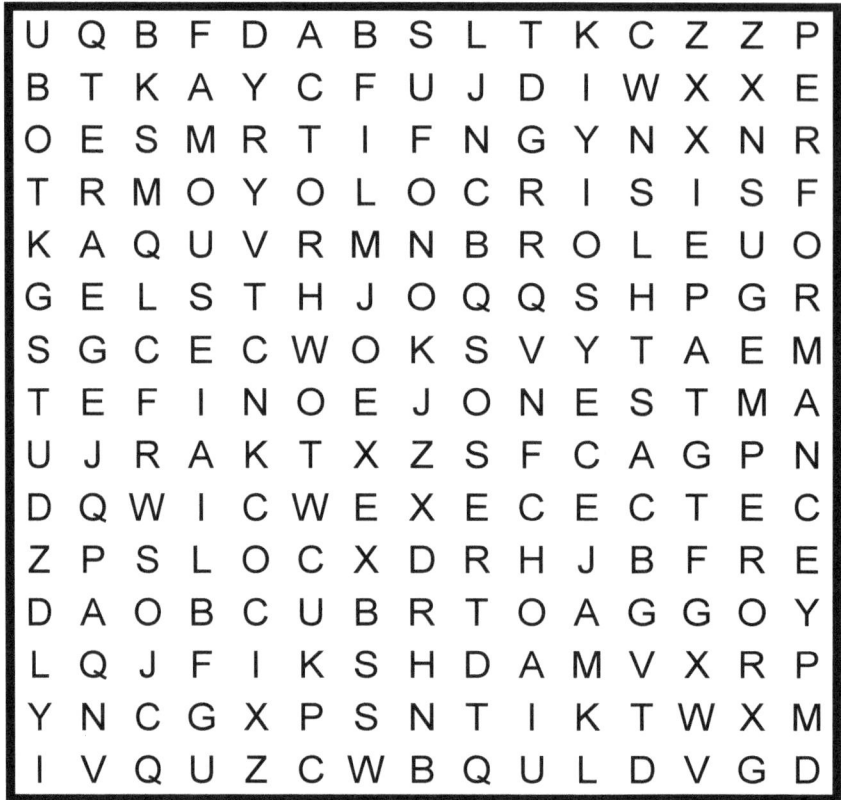

```
U Q B F D A B S L T K C Z Z P
B T K A Y C F U J D I W X X E
O E S M R T I F N G Y N X N R
T R M O Y O L O C R I S I S F
K A Q U V R M N B R O L E U O
G E L S T H J O Q Q S H P G R
S G C E C W O K S V Y T A E M
T E F I N O E J O N E S T M A
U J R A K T X Z S F C A G P N
D Q W I C W E X E C E C T E C
Z P S L O C X D R H J B F R E
D A O B C U B R T O A G G O Y
L Q J F I K S H D A M V X R P
Y N C G X P S N T I K T W X M
I V Q U Z C W B Q U L D V G D
```

Word Bank:

Actor	Richmond
Crisis	Role
Emperor	Serious
Famous	Performance
Film	Jones
Talented	Theater

Ethel Waters

Successful Blues and Jazz Singer as well as Actress

Birthdate:
October 31, 1896

Birthplace:
Chester, Pennsylvania

Key Facts:
➢ She was the first African American to perform the leading role in a dramatic Broadway play.
➢ She made her Broadway debut in "Africana."
➢ Her most famous role was in "Cabin in the Sky."

```
N A I P D R A M A T I C S G Q
E J A K S W S O M F U H E O V
G V C H X B L V O Y S I E A D
S P Y T A F R I C A N A K M E
D Y Y S I G W E M Y A G I L J
S B W H D J C O N P N O O W L
I S S W K P P X Z I O R N L G
N V K J G D Q M D X F E S V I
G B M P A S E A D X D E O O P
E J U Z S Z E B H G A T O Q E
R T J E J L Z D U C M H L V R
A T U X V S I C E T Y D K C F
K L N K O K O M G S K G G Q O
B Z U P L A Y X X L B I Y B R
X Q S Y B R O A D W A Y L A M
```

Word Bank:

Africana	Perform
Blues	Movie
Broadway	Leading
Debut	Play
Dramatic	Role
Jazz	Singer

Jelly Roll Morton

Publisher of First Jazz Arrangement

Birthdate:
October 20, 1890

Birthplace:
New Orleans, Louisiana

Key Facts:
- His first published jazz arrangement was "Jelly Roll Blues."
- He was a pianist and songwriter.
- He was the leader of Jelly Roll Morton's Red Hot Peppers.

```
J A Z Z D L B S J S Z F O M D
E V S N I J B L D T F T Z R F
R Y O Z U I E R U X P C E E E
Q P R J M E J L O E F A L H R
H R T W V K S H L L S V O K E
O U E E N Q Q D F Y L G G C D
P U L O V A L V E L E A D E R
A R R A N G E M E N T X C I P
R E C O R D I N G S I K H D K
C S O N G W R I T E R B Q O J
A V C N S Q K P U B L I S H T
P A R G G Y B N Z T P D O Z Y
O S M A Z F P P I A N I S T M
O Y L V W S O E L K N S C Y B
Z M W H U A C T J H Z G B X O
```

Word Bank:

Arrangement	Publish
Blues	Recordings
Hot	Red
Jazz	Pianist
Jelly	Roll
Leader	Songwriter

James Baskett

First African American to win an Academy Award

F	W	A	K	M	G	E	D	B	O	H	X	R	V	E
O	T	T	A	L	E	S	L	D	I	S	N	E	Y	Q
M	U	G	H	Z	Z	O	L	W	A	M	R	M	V	Y
E	A	E	G	N	E	E	V	S	V	U	A	U	B	B
F	S	S	K	F	G	C	K	Q	T	J	C	S	D	X
P	C	Q	F	O	U	H	T	A	V	F	A	S	Y	N
E	A	V	R	C	N	J	E	H	I	R	D	L	O	S
W	C	A	Y	J	C	F	S	U	V	Z	E	Z	Z	H
Q	T	V	F	W	L	O	T	J	M	P	M	K	Q	N
L	O	U	Q	G	E	M	H	E	Z	Z	Y	B	N	E
V	R	D	L	H	K	V	L	X	T	Q	E	S	J	F
V	I	L	R	J	B	R	P	A	F	X	B	I	U	A
W	A	Y	O	K	A	H	L	G	C	O	W	M	F	N
J	I	Z	L	H	E	A	V	E	N	L	M	I	N	X
F	D	N	E	A	W	A	R	D	O	X	S	F	N	Q

Birthdate:
February 16, 1904

Birthplace:
Indianapolis, Indiana

Key Facts:
➢ His first feature role was in "Harlem is Heaven."
➢ He is best known for his role as Uncle Remus in "Song of the South."

Word Bank:

Academy	Role
Actor	Remus
Award	Harlem
Disney	Heaven
Feature	Tales
Uncle	Win

Ira Aldridge

First African American Actor to Achieve International Success

Birthdate:
July 24, 1807

Birthplace:
New York City, New York

Key Facts:
- He was the first African American to become a knight.
- He performed throughout Europe and the United States.
- He is most known for his Shakespearean roles.

```
Z Q X F E K R T A L E N T R I
Q A O G A B B D B H R O L E N
O S A E M I Q T R A V E L O T
W T B S E V W D L D V O L X E
S O F O R X U P U T U Q S J R
D P Y O I D Y X T N O X K N N
V E K A C E U R O P E Q T W A
E R N N A T O A P Y N H B B T
V F I U J Q Y U V V K Z I B I
T O G S U C C E S S W F P X O
Y R H I Q V O G E Y M I A W N
K M T O N T I T R J X U E T A
U C F R K F A C H I E V E G L
S G R X M K Z W E G R G T S Z
I E V B P S B A R E F A M E U
```

Word Bank:

Achieve	Perform
America	Role
Europe	Stage
Fame	Success
International	Talent
Knight	Travel

Richard Pryor

One of the Greatest Stand-up Comedians

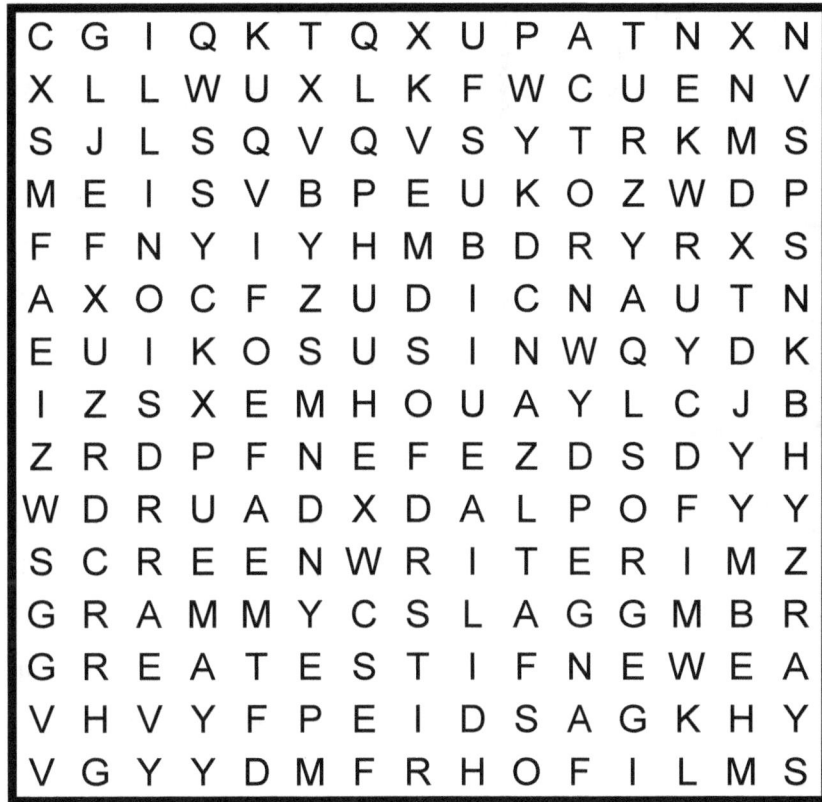

C	G	I	Q	K	T	Q	X	U	P	A	T	N	X	N
X	L	L	W	U	X	L	K	F	W	C	U	E	N	V
S	J	L	S	Q	V	Q	V	S	Y	T	R	K	M	S
M	E	I	S	V	B	P	E	U	K	O	Z	W	D	P
F	F	N	Y	I	Y	H	M	B	D	R	Y	R	X	S
A	X	O	C	F	Z	U	D	I	C	N	A	U	T	N
E	U	I	K	O	S	U	S	I	N	W	Q	Y	D	K
I	Z	S	X	E	M	H	O	U	A	Y	L	C	J	B
Z	R	D	P	F	N	E	F	E	Z	D	S	D	Y	H
W	D	R	U	A	D	X	D	A	L	P	O	F	Y	Y
S	C	R	E	E	N	W	R	I	T	E	R	I	M	Z
G	R	A	M	M	Y	C	S	L	A	G	G	M	B	R
G	R	E	A	T	E	S	T	I	F	N	E	W	E	A
V	H	V	Y	F	P	E	I	D	S	A	G	K	H	Y
V	G	Y	Y	D	M	F	R	H	O	F	I	L	M	S

Birthdate:
December 1, 1940

Birthplace:
Peoria, Illinois

Key Facts:
➤ He was an actor, comedian, and screenwriter.
➤ He starred in the movies *Greased Lightning* and *Stir Crazy*.
➤ He has won numerous awards including an Emmy Award and 5 Grammy Awards.

Word Bank:

Actor	Funny
Awards	Grammy
Comedian	Greatest
Crazy	Screenwriter
Emmy	Stir
Films	Illinois

Pearl Primus

Pioneer in Bringing African Dance Performances to the United States

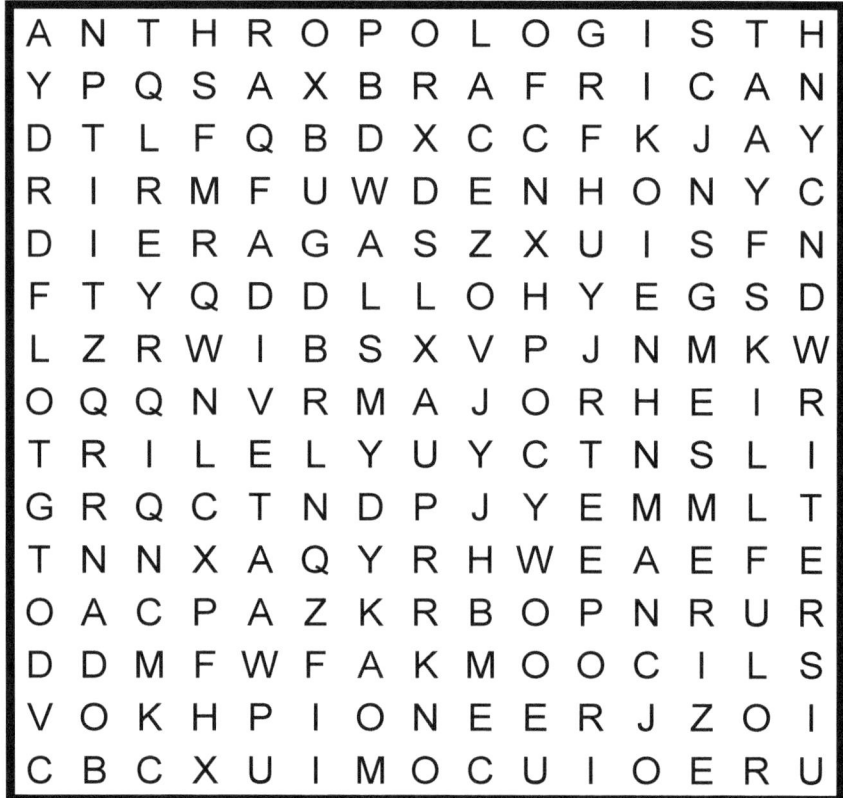

A	N	T	H	R	O	P	O	L	O	G	I	S	T	H
Y	P	Q	S	A	X	B	R	A	F	R	I	C	A	N
D	T	L	F	Q	B	D	X	C	C	F	K	J	A	Y
R	I	R	M	F	U	W	D	E	N	H	O	N	Y	C
D	I	E	R	A	G	A	S	Z	X	U	I	S	F	N
F	T	Y	Q	D	D	L	L	O	H	Y	E	G	S	D
L	Z	R	W	I	B	S	X	V	P	J	N	M	K	W
O	Q	Q	N	V	R	M	A	J	O	R	H	E	I	R
T	R	I	L	E	L	Y	U	C	T	N	S	L	I	
G	R	Q	C	T	N	D	P	J	Y	E	M	M	L	T
T	N	N	X	A	Q	Y	R	H	W	E	A	E	F	E
O	A	C	P	A	Z	K	R	B	O	P	N	R	U	R
D	D	M	F	W	F	A	K	M	O	O	C	I	L	S
V	O	K	H	P	I	O	N	E	E	R	J	Z	O	I
C	B	C	X	U	I	M	O	C	U	I	O	E	R	U

Birthdate:
November 29, 1919

Birthplace:
Trinidad

Key Facts:
➢ She was a dancer, choreographer, and anthropologist.
➢ She founded her own dance company.
➢ She also created performances based on the work of several Black writers.

Word Bank:

African

Anthropologist

Company

Dancer

Major

Mesmerize

Pioneer

Rhythm

Skillful

Writers

Trinidad

Queen Yaa Asantewaa

A Warrior Queen

Birthdate:
Around 1863

Birthplace:
Ghana

Key Facts:
➢ She was named the Mother of the Ejisu, part of the Ashanti Empire.
➢ She led the Ashanti-British "War of the Golden Stool."
➢ This war was a rebellion against British Colonization.

Word Bank:

Brave	Queen
British	Stool
Colonization	Mother
Empire	Valor
Fight	War
Golden	

Queen Nefertiti

One of the Most Famous Queens of Ancient Egypt

Birthdate:
Around 1390 B.C.

Birthplace:
Egypt

Key Facts:
➢ Her name means "Beautiful One has come."
➢ She was the wife of Pharaoh Akhenaton during the 14th Century B.C.
➢ She helped her husband establish a monotheistic religion.

```
G H J X Q L O Z H U S B A N D
O Y B U L T T S C U V B Q P I
A N Z J R H I W O H P H K L E
W I U Q U L W M F A R P U N C
I D Y M B S A X N K E F O F P
F W L A B F K O V R I V Q G G
B M T N K C T H Q T G H R X L
G S Q L W A F S U V N N K U E
E Q F W N H O A Q E Z L F S G
J Y Z E D D E J F U P R A H Y
A U H Q Y B A N C I E N T O P
X K T U Q B K G Y W K E J G T
A C F T Q H B A O F H K N O Y
P P N N E P B P U M S S L D C
P I X W D P G R E L I G I O N
```

Word Bank:

Akhenaton	Husband
Ancient	One
Beautiful	God
Egypt	Powerful
Establish	Queen
Famous	Reign
Religion	

Queen Hatshepsut

First Woman Pharaoh who Ruled Egypt Alone

```
R  H  Y  J  Y  K  J  C  W  T  X  Q  P  L  N
V  V  A  V  U  E  J  Z  U  T  L  L  A  H  C
H  M  B  W  P  G  T  P  U  E  E  B  T  T  S
H  G  G  D  F  S  T  C  O  Y  H  W  T  O  U
B  D  H  R  D  H  I  G  K  P  O  P  N  P  C
Q  L  W  L  V  M  K  L  F  R  Y  P  Y  A  C
A  A  S  L  O  J  D  N  G  G  P  Y  Q  M  E
R  L  O  N  V  A  L  L  E  Y  G  P  R  E  S
C  B  O  C  K  R  H  N  M  H  V  J  U  Q  S
V  C  W  N  E  F  O  Z  M  C  Q  I  L  H  F
E  V  T  D  E  R  K  I  N  G  S  U  E  S  U
B  B  A  W  H  J  Z  T  Q  R  A  S  D  M  L
N  E  H  T  S  I  I  D  T  W  E  N  T  Y  B
L  P  S  R  U  D  M  W  U  F  U  I  Z  T  H
H  D  T  E  M  P  L  E  D  P  X  L  I  U  Z
```

Birthdate:
Around 1508 B.C.

Birthplace:
Egypt

Key Facts:
➢ She reigned in Egypt for over 20 years in the 14th Century B.C.
➢ She was the chief wife of Thutmose Ii.
➢ She was one of Egypt's most successful pharaohs.

Word Bank:

Alone	Ruled
Economic	Successful
Egypt	Temple
Growth	Throne
Kings	Twenty
Leader	Valley

Queen Nzinga

17th Century Queen of Ndongo & Matamba Kingdoms of the Mbundu people in Angola

Birthdate:
Around 1583

Birthplace:
Africa

Key Facts:
➤ She formed alliances with former rival states.
➤ She led a 30 year war against the Portuguese's quest to expand slavery.
➤ With the assistance of the Dutch, she was able to defeat the Portuguese.

```
A L L I A N C E S J Y O J W X
S R U J D Y K G L E G W O R P
K K S J U L E A L N A Z I S Z
I H N D T C B A O U W J X S C
L V L D C R N D R V J R R M E
L L C F H E N S V S N Y V E O
F U J M S I M N B N Q B M P R
U C O P N G O M B I F X A Y H
L L V D L N R S C I Z Z T Z W
C Q R E S I L M V K I X A J I
T I A F P V H P G S I N M G U
R A A E F N B R L S E D B G Z
R A B A A E S L N E C N A L K
C F W T V Y T W U X X X Y E V
K I N G D O M Q O R M C W J W
```

Word Bank:

Alliances	Queen
Defeat	Reign
Dutch	Sixty
Kingdom	Skillful
Matamba	Wise
Ndongo	Years

Queen Amina

16th Century Warrior Queen of Zazzau (now Zaria, Nigeria)

Birthdate:
Not Known

Birthplace:
Africa

Key Facts:
- She ruled for three decades.
- She built walls around the territory that she ruled in order to protect it.
- She greatly expanded the territory of her people.

```
T P X E N E M I E S I L K W Z
E Z R D N V C I E U Z A N F V
R W N O N G L Z H U D E A A B
R I A Y T Y A G J T Y H Z N E
I E T L J E L K F T D V N G E
T M S D L P C O M H Y R Q B Q
O Z N S Z S V T Q M I C U A R
R B U I L T R Z U R O A M C T
Y S Q I A O R N E S E L A N D
M L G U I L G D E K X L A J W
X A D R V I A N N V P U T P S
X B R J E E L J T P A R K B K
M A B R L K M J E M N H D B Z
W K L Y W N Y L C T D S O Q B
Q K C S G M U B M U S L I M Y
```

Word Bank:

Built	Protect
Enemies	Queen
Expand	Reign
Land	Territory
Leader	Walls
Muslim	Warrior

Mansa Musa

One of the Richest Men of All Times

```
C U Q V P K A C Y E O N N A Z
M M C A E P L V G B N G C F F
L W W Q R S Z A H W I I E L L
B A Z F I Z M H T E R B M S F
J J R N O I W I R F T T P T Y
J G U G R J U T A I S M I J M
B R M G E H T D G E P A R J U
C M L K B S J Z H H B L E S S
Y I K J P X T C P A L I V H L
P U B F K Q I A L Q R Q J M I
M E C C A R Q E W E R M E N M
R U W E A L T H Y P B U V G D
P K A X V Z S Y S Y R F H O Q
K T I A N M H M O C Y W A L D
O V F U B D Y U I S W O E D C
```

Birthdate:
Around 1280

Birthplace:
Mali, Africa

Key Facts:
➢ He was the emperor of the Mali Empire during the 14th Century.
➢ Mali became one of the largest empires under his reign.
➢ He is most known for his elaborate pilgrimage to Mecca.

Word Bank:

Africa	Men
Empire	Muslim
Gold	Pilgrimage
Largest	Reign
Mali	Richest
Mecca	Wealthy

Queen Tiye

The Great Royal Wife of Amenhotep III

P	Y	F	P	X	N	U	M	L	A	E	P	I	K	A
S	B	Z	Y	J	T	X	B	T	Y	V	G	N	F	K
T	P	B	Z	Y	I	E	A	N	S	I	H	F	I	A
A	H	U	S	B	A	N	D	A	A	U	P	L	G	B
N	J	O	H	I	N	Q	W	J	O	N	O	U	U	E
D	E	F	A	V	D	P	X	I	G	M	W	E	R	A
A	C	E	N	T	R	A	L	I	F	Y	E	N	E	U
R	O	Y	A	L	A	G	E	Y	M	E	R	T	W	T
D	Q	L	M	X	I	R	D	U	B	S	F	I	N	Y
I	X	S	F	K	R	E	W	D	Z	Y	U	A	N	Q
K	S	V	K	I	E	A	S	R	Z	G	L	L	F	O
L	X	F	P	I	G	T	X	C	J	E	O	L	Z	N
I	F	G	E	R	Y	F	F	R	B	E	L	V	L	T
N	R	O	T	O	P	G	S	W	N	W	F	S	P	K
X	S	P	N	L	T	I	V	H	N	S	B	Q	J	J

Birthdate:
1398 B.C.E

Birthplace:
Egypt

Key Facts:
➤ She was a central figure during her husband's reign.
➤ She was one of the most powerful and influential women in the history of Ancient Egypt.
➤ She set the standard of beauty during her time.

Word Bank:

Beauty	Powerful
Central	Reign
Egypt	Royal
Figure	Standard
Great	Wife
Husband	Influential

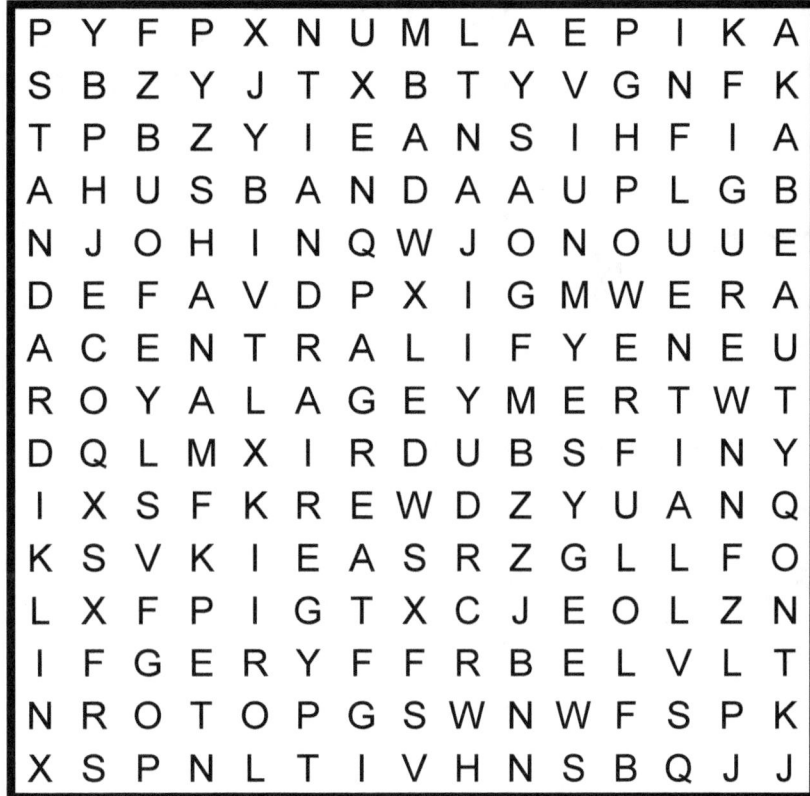

King Menes

United Upper and Lower Egypt

Birthdate:
Around 3180 B.C.E

Birthplace:
Egypt

Key Facts:
- He is credited as the founder of the First Dynasty.
- He established the capital Memphis.

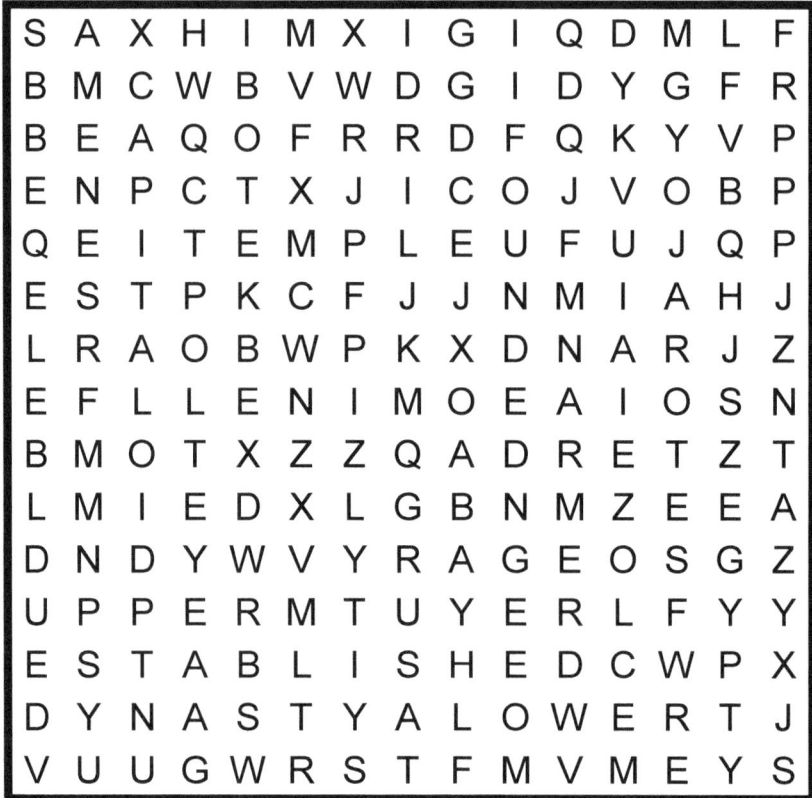

S	A	X	H	I	M	X	I	G	I	Q	D	M	L	F
B	M	C	W	B	V	W	D	G	I	D	Y	G	F	R
B	E	A	Q	O	F	R	R	D	F	Q	K	Y	V	P
E	N	P	C	T	X	J	I	C	O	J	V	O	B	P
Q	E	I	T	E	M	P	L	E	U	F	U	J	Q	P
E	S	T	P	K	C	F	J	J	N	M	I	A	H	J
L	R	A	O	B	W	P	K	X	D	N	A	R	J	Z
E	F	L	L	E	N	I	M	O	E	A	I	O	S	N
B	M	O	T	X	Z	Z	Q	A	D	R	E	T	Z	T
L	M	I	E	D	X	L	G	B	N	M	Z	E	E	A
D	N	D	Y	W	V	Y	R	A	G	E	O	S	G	Z
U	P	P	E	R	M	T	U	Y	E	R	L	F	Y	Y
E	S	T	A	B	L	I	S	H	E	D	C	W	P	X
D	Y	N	A	S	T	Y	A	L	O	W	E	R	T	J
V	U	U	G	W	R	S	T	F	M	V	M	E	Y	S

Word Bank:

Capital	Temple
Dynasty	Unite
Egypt	Upper
Established	Narmer
First	Lower
Founded	Menes

Oliver Lewis

First African American Thoroughbred Horse Racing Jockey to Win the Kentucky Derby

Birthdate:

In 1856

Birthplace:

Fayette County, Kentucky

Key Facts:

➤ He rode in the first Kentucky Derby.
➤ His racing horse's name was Aristides.
➤ He set an American record of 2 minutes and 3.775 seconds in racing a mile and a half.

```
A Y S O G V R S S S Q S L Z C
T R L K W H C B C P U J S O V
R S G L O N H X U G J X G Z K
U I V X M K O X E D H X Z R X
F J F I P M R Y Q M D Y Q E V
Y O G E F I S J E O E C X C A
D U Y Z A L E G J Y R N J O M
Q Z W W S E H F E O B B W R E
T F X T T S E K A Z Y B M D R
J H L R J B C B Q M P A S J I
W K V A K O W M X F I V J L C
L T W I J A R I S T I D E S A
P K E N T U C K Y J A V F M N
R A C I N G C O M P E T E G G
V E Q F J R G H U D W H H J S
```

Word Bank:

American	Miles
Aristides	Racing
Compete	Record
Derby	Train
Fast	Kentucky
Horse	Jockey

Moses Fleetwood Walker

Credited as the First African American to Play Major League Baseball in the 19th Century

Birthdate:
October 7, 1856

Birthplace:
Mt. Pleasant, Ohio

Key Facts:
- He was also an inventor and author.
- He published the pamphlet, *Our Home Colony: A Treatise on the Past, Present, and Future of the Negro Race*.
- He edited the newspaper, *The Equator*.

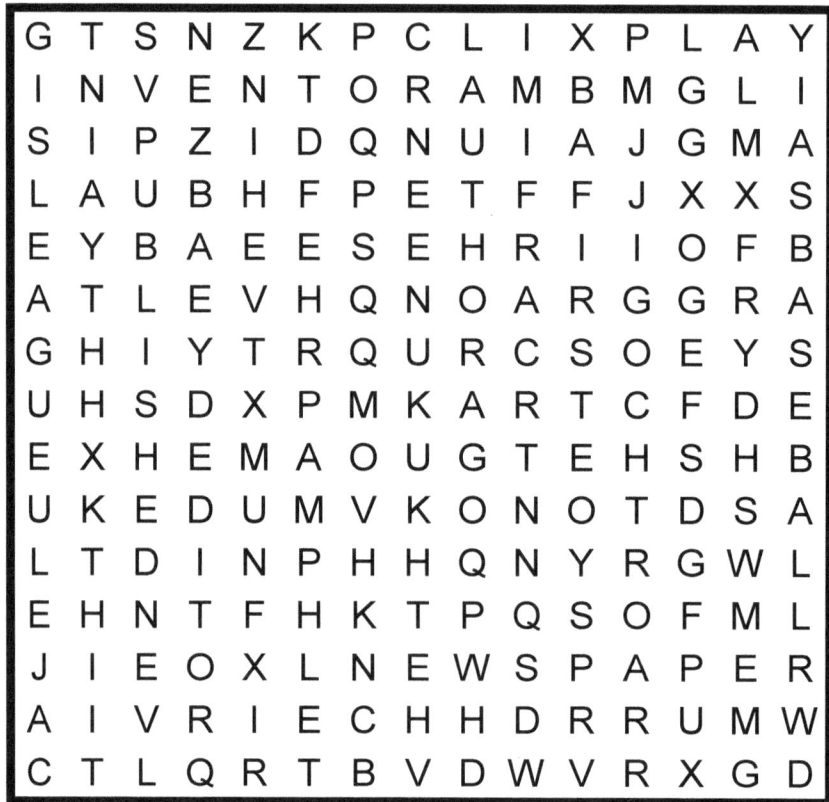

```
G T S N Z K P C L I X P L A Y
I N V E N T O R A M B M G L I
S I P Z I D Q N U I A J G M A
L A U B H F P E T F F J X X S
E Y B A E E S E H R I I O F B
A T L E V H Q N O A R G G R A
G H I Y T R Q U R C S O E Y S
U H S D X P M K A R T C F D E
E X H E M A O U G T E H S H B
U K E D U M V K O N O T D S A
L T D I N P H H Q N Y R G W L
E H N T F H K T P Q S O F M L
J I E O X L N E W S P A P E R
A I V R I E C H H D R R U M W
C T L Q R T B V D W V R X G D
```

Word Bank:

Author	Major
Baseball	Newspaper
Editor	Play
Equator	Pamphlet
First	League
Inventor	Published

John Matthew Shippen, Jr.

First African American Professional Golf Player

I	W	P	O	N	F	B	Y	D	F	C	X	F	S	L
H	S	R	K	P	A	D	T	E	R	Y	X	U	E	Q
J	R	O	I	L	Y	N	Q	S	Y	Q	R	C	V	D
D	K	F	N	A	X	E	A	I	B	E	U	W	E	A
F	A	E	K	Y	K	R	J	G	E	W	K	F	R	X
M	L	S	Z	E	W	A	D	N	W	L	M	G	A	X
O	X	S	Y	R	Q	J	O	E	J	O	B	O	L	K
E	A	I	R	W	G	I	N	D	S	K	I	L	L	F
Q	E	O	M	Q	P	F	S	S	O	D	S	T	T	Z
H	F	N	K	B	L	M	C	U	L	S	P	T	D	L
F	R	A	F	O	G	Q	R	L	D	P	W	E	V	D
E	I	L	G	E	B	N	W	X	U	G	E	O	E	O
Y	Q	E	N	T	K	K	C	G	P	B	J	H	H	P
O	N	F	L	U	W	Z	Z	P	M	C	S	H	P	E
O	I	S	E	D	V	H	N	G	S	U	T	Y	L	N

Birthdate:
December 5, 1879

Birthplace:
Long Island, New York

Key Facts:
➢ He was a pioneer in the field of golf.
➢ He designed and sold his own golf clubs.
➢ He played in several U.S. Opens.

Word Bank:

Clubs

Designed

Field

Golf

Open

Professional

Several

Skill

Sold

Player

Pioneer

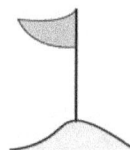

Marshall Taylor

African American
Pioneer in Early Sports

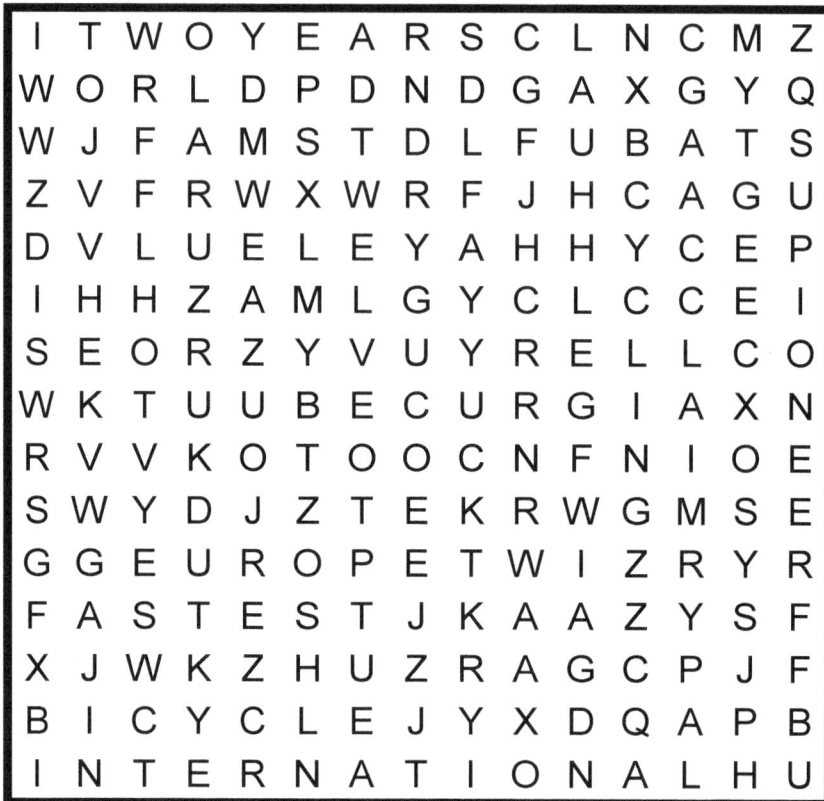

```
I T W O Y E A R S C L N C M Z
W O R L D P D N D G A X G Y Q
W J F A M S T D L F U B A T S
Z V F R W X W R F J H C A G U
D V L U E L E Y A H H Y C E P
I H H Z A M L G Y C L C C E I
S E O R Z Y V U Y R E L L C O
W K T U U B E C U R G I A X N
R V V K O T O O C N F N I O E
S W Y D J Z T E K R W G M S E
G G E U R O P E T W I Z R Y R
F A S T E S T J K A A Z Y S F
X J W K Z H U Z R A G C P J F
B I C Y C L E J Y X D Q A P B
I N T E R N A T I O N A L H U
```

Birthdate:
November 26, 1878

Birthplace:
Indianapolis, Indiana

Key Facts:
➢ He broke several world records in bicycle racing.
➢ He was the world's fastest bicycle racer for 12 years.
➢ He received international recognition during a tour in Europe.

Word Bank:

Acclaim	Race
Bicycle	Tour
Cycling	Twelve
Europe	World
Fastest	Pioneer
International	Years

Lisa Leslie

First WNBA All-time Leading Scorer

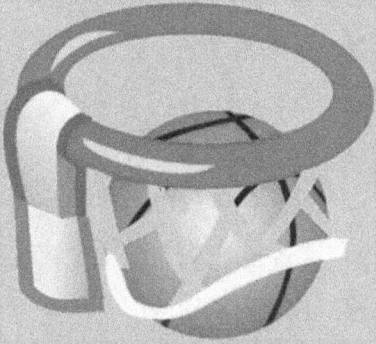

```
Q B Z A B I M L B C W S X K X
Y A Z F V W R E I O B M H D K
Y N E X C L H P D W O J B K P
K O C D U Z M C W A Y K D E N
X Z Q J M Y R H L S L A B V P
X R D D L E N A K L W S R N G
W T Z O B Y N C L F E V O R N
I P O M U O S A X M Y O U R D
N I E I I J B H I J A O D T G
N M S T P T M T G F F G O L D
E W A C E J W L P S M R Q A K
R N O K O L E A D I N G W A A
J V S M V R D X G D L A Y T A
N A P W A X E B S Y A K L A R
B E B U A N O R M C X O O V K
```

Birthdate:
July 7, 1972

Birthplace:
Gardina, California

Key Facts:
➢ She was an All Star Basketball Player.
➢ She was a member of several U.S. Olympic Teams.
➢ She is a four time Olympic Gold winner.

Word Bank:

Basketball	Olympic
Four	Scorer
Gold	Times
Leading	Winner
Medal	Woman
Member	National

Bobo Brazil

First African American to Win the NWA World Heavyweight Title

M	P	M	J	V	X	N	M	V	C	C	Z	D	V	C	
C	A	R	B	Z	S	N	J	D	L	F	P	M	E	M	
L	A	T	O	Q	F	I	S	B	M	Y	W	H	U	T	
Q	V	K	C	F	G	A	N	V	O	X	N	T	H	T	
M	M	H	J	H	E	Z	M	C	V	C	D	G	K	P	
J	X	S	F	X	Z	S	F	O	E	X	I	K	Z	Z	
I	L	W	Z	Q	V	F	S	T	U	E	W	G	A	X	
G	F	T	H	W	C	L	E	I	W	S	N	Q	I	K	
D	A	P	I	D	Z	L	A	Y	O	I	G	D	N	D	
N	N	U	V	T	T	L	V	X	L	N	L	I	D	O	
A	Q	F	Q	S	L	A	Q	T	L	R	A	B	U	N	
M	W	Z	E	A	E	E	S	L	O	Y	N	L	C	F	
M	U	R	H	H	J	E	B	W	F	Z	K	N	T	A	
Y	W	E	H	A	R	Y	B	U	D	G	J	W	E	M	
F	M	F	O	W	E	K	Z	A	Z	P	N	A	D	E	

Birthdate:

July 10. 1924

Birthplace:

Little Rock, Arkansas

Key Facts:

➢ He was one of the first successful African American professional wrestlers.
➢ He was inducted into the WWE Hall of Fame.
➢ His birth name was Houston Harris.

Word Bank:

Fame	Match
Famous	Move
Hall	Professional
Heavyweight	Title
Inducted	World
World	Wrestle

Jack Johnson

First African American World Heavyweight Boxing Champion

Birthdate:
March 31, 1878

Birthplace:
Galveston, Texas

Key Facts:
- He was nicknamed Galveston Giant.
- He is credited as one of the greatest boxers of all time.
- He held the heavyweight title from 1908-1915.

```
H C H A M P I O N N G C F O A
E M L U O L H T U Y I I A N G
A R W A I Y K X D Z X Y A G D
V H K V D I X I I Y E W V N H
Y E Z G M N J L K V Y V R N T
W G R E A T E S T O H X E C R
E G R P P R V V C K O S T U T
I C A E I O N U N X V T N F W
G V D L C N P L R T B J X E T
H P H N V O F I G H T I K C E
T N X H X E R B T X A S X Q O
R E I G N B S D C R I X J Q M
E Q U L T S E T V L I N E Z D
L A S T E D G L O G P N I V I
B O X E R L V Q T N V L G B F
```

Word Bank:

Belt	Greatest
Boxer	Heavyweight
Champion	Lasted
Fight	Record
Galveston	Reign
Giant	Ring

Fritz Pollard

First African American NFL Head Coach

Birthdate:
January 27, 1894

Birthplace:
Chicago, Illinois

Key Facts:
➤ He was one of the first African Americans to play on a professional sports team.
➤ He was the first African American to play in the Rose Bowl.
➤ He was a successful businessman.

```
F S U C C E S S F U L H A A H
W N Y E T F C Z B J C R E W Z
L A Y G I C S C P F J I G A T
M T L E K W W M R S I U K L D
N I H Y M Y B P O Q R R W D L
P O X J W H U C F S K O S L O
E N R J F P S Y E E B E A T D
P A O A Y Z I Z S X U B W Q H
W L S X M R N X S R T R A E X
K E E N L Q E J I O G Q Z F C
L E A G U E S X O M E W N T O
C F W Q P P S F N N G L Z J A
Q I B N O L M W A U L L L Q C
V G I J P A A I L Z Q R D M H
W A C I W Y N Q Y D V F A X A
```

Word Bank:

Bowl

Businessman

Coach

First

Football

Head

League

National

Play

Rose

Successful

Professional

Rajo Jack Desoto

African American Pioneer in Automobile Racing

Birthdate:
July 28, 1905

Birthplace:
Tyler, Texas

Key Facts:
- He was one of the first professional African American automobile racers.
- He was inducted into the West Coast Stock Car Hall of Fame and the National Sprint Car Hall of Fame.

```
S M E C H A N I C E S K D T H
Z N H R Z L X X H F A M E M D
K O P Y D U C C V A M E T Q L
I W Q Q U F W G W W R O X H A
N I V P L W X K W S X A K U G
U C B P W E R F X T A U C T P
Z L Y J K S W H T Y Q O S E I
H A L L R T H Z O D C A R K O
Y U Q L H J G V E G F G O Z N
J Y J D L C K T R E Y M J U E
Y X J O I Y C C G V Q O S R E
S T O C K U P J C X M W F I R
W Q J C D R R G Y X T V O V R
I T R N I A U T O M O B I L E
N F I R S T B M B M V T P I M
```

Word Bank:

Automobile	Hall
Car	Inducted
Fame	Mechanic
Fast	Pioneer
First	Stock
Race	West
Win	

Venus Williams

Champion Women's Tennis Player

Birthdate:
June 17, 1990

Birthplace:
Lynwood, California

Key Facts:
- She has been ranked No.1 in the Singles by the WTA three times.
- She has won four Olympic medals
- She has written several books.

Word Bank:

Association	Player
Books	Ranked
Champion	World
Gold	Wrote
Medal	Tennis
Olympic	

Serena Williams

Champion Women's Tennis Player

Birthdate:
September 26, 1981

Birthplace:
Saginaw, Michigan

Key Facts:
➢ She has been ranked No.1 in the Singles by the WTA.
➢ She has won three Olympic gold medals.
➢ She has her own clothing line.

```
G R A N D A D W C X L C C F G
S L A M F S G K C D E I Q X C
C M W G W S R Z T E J Z N W H
L Y N C K O L N N I R H G E A
O E K K P C H O R N H J V P M
T T E N N I S C J L A T J F P
H O I U W A C G G M J U O B I
I E Q M M T C X E K J K V P O
N L B B U I Q E L J D B H C N
G C T E G O F F Q O B E D F S
D S K R M N J J J X W O M E N
Y Q A D I P F Y W J X I B B I
J N J Q A R P Y P V W Z S C V
E N A T K P M N F X Y U W N Q
P L A Y E R A E F W X U F W V
```

Word Bank:

Association	Number
Champion	One
Clothing	Player
Grand	Slam
Line	Tennis
Women	

Maurice Ashley

First Black International Chess Grandmaster

Birthdate:
March 6, 1966

Birthplace:
St. Andrew, Jamaica

Key Facts:
➢ He wrote the book, *Chess for Success*.
➢ He also served as a coach.
➢ He started playing at the age of 12.

M	S	R	A	J	R	N	W	V	H	K	M	H	P	O
W	Y	B	X	T	R	W	G	C	C	T	J	D	V	I
V	V	M	V	S	S	A	G	L	T	U	Y	H	J	N
B	C	H	A	M	P	I	O	N	R	Z	G	G	I	T
G	R	M	M	R	A	E	J	V	C	J	K	G	N	E
L	A	V	O	L	O	S	C	F	Q	T	S	R	V	R
H	Q	F	S	U	C	C	E	S	S	S	C	A	E	N
G	N	X	Q	Z	A	S	K	Y	E	D	U	N	N	A
P	I	I	U	Z	X	G	E	H	C	R	G	D	T	T
Z	Z	L	Y	L	X	L	C	Z	C	I	C	M	O	I
V	E	W	N	W	Z	Z	W	O	S	R	O	A	R	O
B	A	Y	J	Z	J	Z	J	E	P	V	A	S	A	N
C	E	G	U	A	K	Y	D	H	L	G	C	T	K	A
B	V	P	I	D	F	P	D	O	A	B	H	E	W	L
K	V	H	U	D	V	M	F	L	Y	P	T	R	B	A

Word Bank:

Champion	International
Chess	Inventor
Coach	Play
Designer	Puzzle
For	Success
Grandmaster	

Alice Coachman

First Black from Any Country to Win an Olympic Gold Medal

Birthdate:
November 9, 1923

Birthplace:
Albany, Georgia

Key Facts:
➤ She won 34 National Titles.
➤ She specialized in high jump.
➤ She has been inducted into 9 Halls of Fames, including the U.S. Olympic Hall of Fame.
➤ She was the first African American to earn an endorsement deal with Coca-Cola.

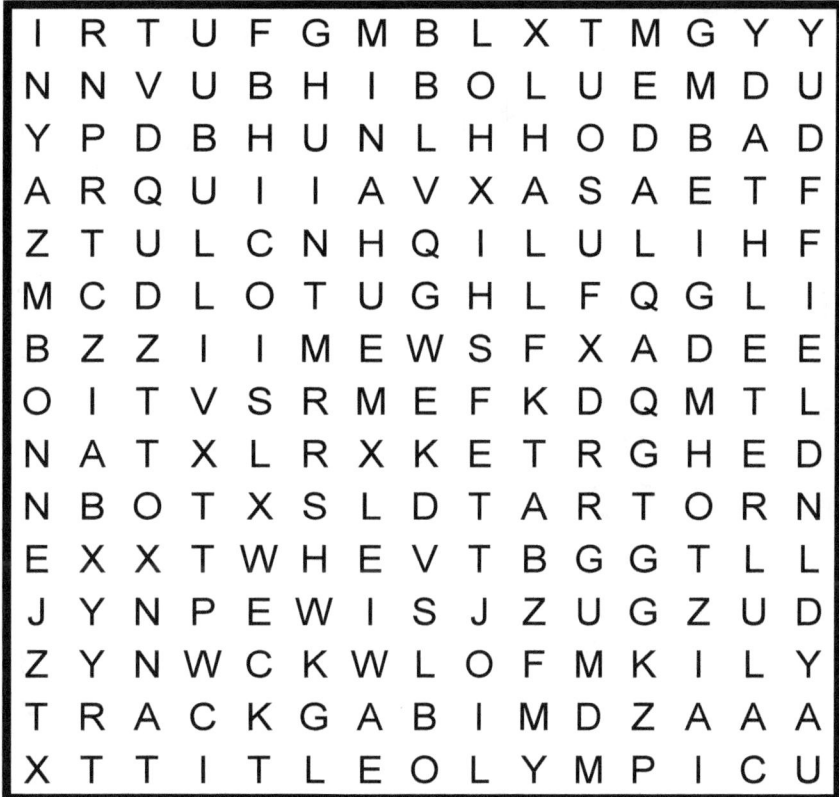

```
I  R  T  U  F  G  M  B  L  X  T  M  G  Y  Y
N  N  V  U  B  H  I  B  O  L  U  E  M  D  U
Y  P  D  B  H  U  N  L  H  H  O  D  B  A  D
A  R  Q  U  I  I  A  V  X  A  S  A  E  T  F
Z  T  U  L  C  N  H  Q  I  L  U  L  I  H  F
M  C  D  L  O  T  U  G  H  L  F  Q  G  L  I
B  Z  Z  I  I  M  E  W  S  F  X  A  D  E  E
O  I  T  V  S  R  M  E  F  K  D  Q  M  T  L
N  A  T  X  L  R  X  K  E  T  R  G  H  E  D
N  B  O  T  X  S  L  D  T  A  R  T  O  R  N
E  X  X  T  W  H  E  V  T  B  G  G  T  L  L
J  Y  N  P  E  W  I  S  J  Z  U  G  Z  U  D
Z  Y  N  W  C  K  W  L  O  F  M  K  I  L  Y
T  R  A  C  K  G  A  B  I  M  D  Z  A  A  A
X  T  T  I  T  L  E  O  L  Y  M  P  I  C  U
```

Word Bank:

Athlete	Inductee
Fame	Medal
Field	National
Gold	Olympic
Hall	Title
Star	Track

Jackie Joyner-Kersee

African American Track and Field Star

X	M	T	R	A	C	K	V	G	U	Q	Q	N	Q	K
T	W	F	Y	B	C	B	S	P	O	L	Q	X	T	K
V	D	F	I	T	K	E	C	V	Q	L	R	P	Y	O
Z	R	N	Z	F	T	J	M	O	V	Z	D	E	P	L
B	B	E	M	E	P	S	N	Z	N	V	V	K	A	I
I	X	G	L	M	T	Q	I	O	Q	Z	D	E	U	H
L	S	H	O	A	I	M	O	S	T	B	Z	C	D	H
K	T	P	O	L	X	H	B	T	C	N	I	E	W	U
A	S	Z	Y	E	G	Y	G	P	O	P	T	R	B	V
Y	I	T	U	F	T	Q	K	R	M	A	H	D	R	Z
N	L	X	P	R	Q	K	B	Y	R	C	A	A	N	F
G	V	F	A	C	W	C	L	O	R	J	T	S	S	I
N	E	D	I	P	B	O	C	B	S	S	P	O	V	E
W	R	L	Y	B	I	E	W	B	K	Z	O	G	S	L
J	G	A	G	M	D	M	E	D	A	L	S	K	U	D

Birthdate:
March 3, 1962

Birthplace:
East St. Louis, Illinois

Key Facts:
➤ She won three gold, one silver, and two bronze Olympic medals.
➤ She is one of the most decorated female track and field athletes in Olympic history.

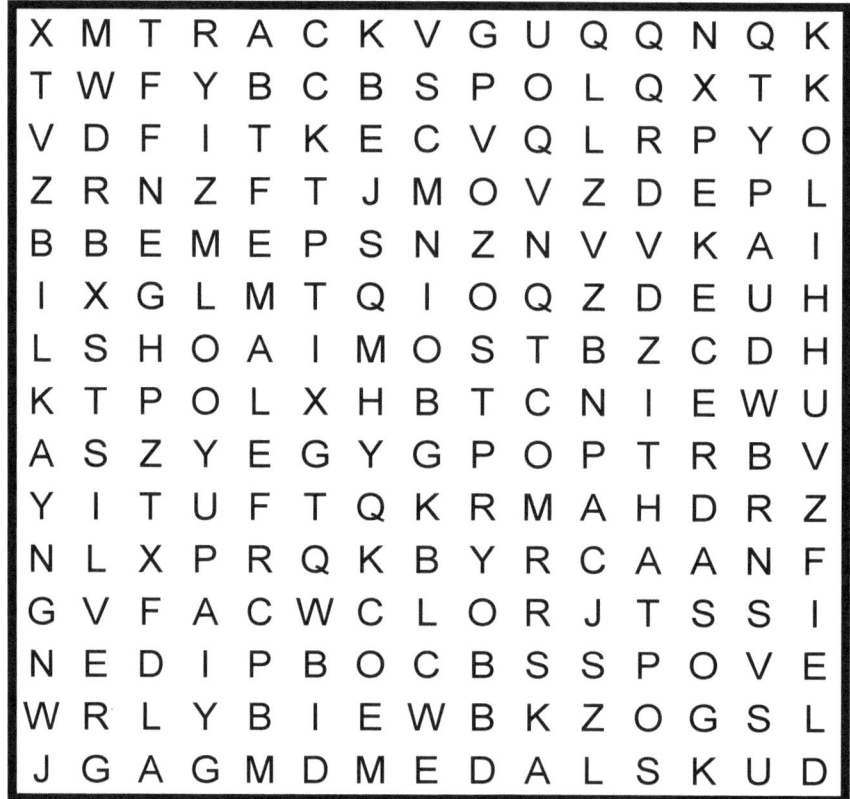

Word Bank:

Athletes	Gold
Bronze	Medals
Decorated	Most
Female	Olympic
Field	Silver
Star	Track

Fannie M. Richards

First African American Teacher in Detroit

Birthdate:
October 1, 1840

Birthplace:
Fredericksburg, Virginia

Key Facts:
- She fought against segregation in schools.
- She founded a private elementary school for African American children.

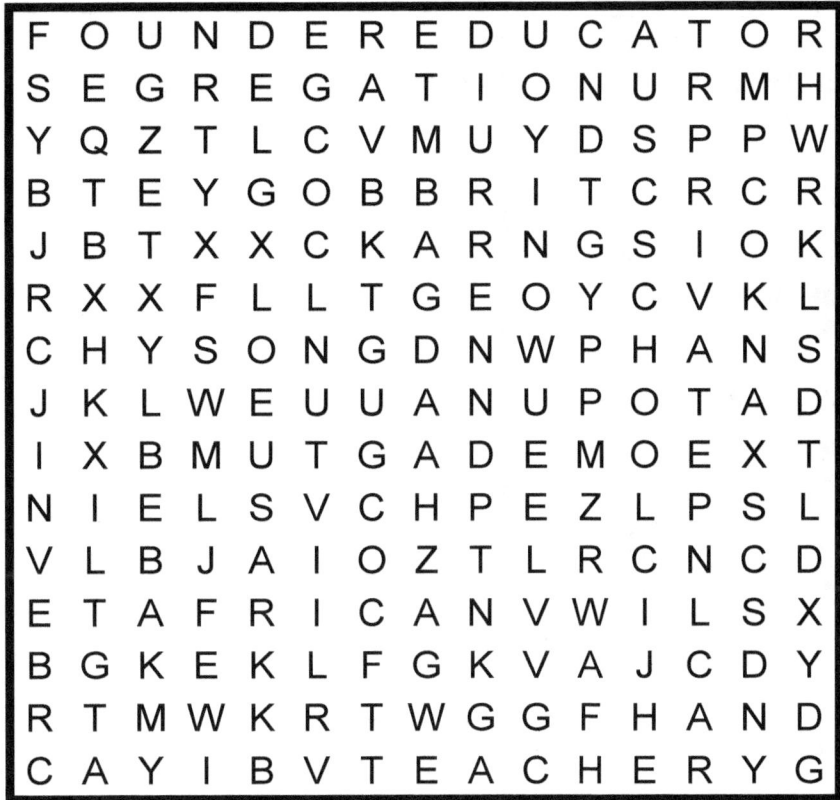

```
F O U N D E R E D U C A T O R
S E G R E G A T I O N U R M H
Y Q Z T L C V M U Y D S P P W
B T E Y G O B B R I T C R C R
J B T X X C K A R N G S I O K
R X X F L L T G E O Y C V K L
C H Y S O N G D N W P H A N S
J K L W E U U A N U P O T A D
I X B M U T G A D E M O E X T
N I E L S V C H P E Z L P S L
V L B J A I O Z T L R C N C D
E T A F R I C A N V W I L S X
B G K E K L F G K V A J C D Y
R T M W K R T W G G F H A N D
C A Y I B V T E A C H E R Y G
```

Word Bank:

African	Fought
Against	Founder
American	Private
Educator	School
Elementary	Students
Segregation	Teacher

Charlotte Hawkins Brown

First African American Woman Named to National Board of YWCA

Birthdate:
June 11, 1883

Birthplace:
Henderson, North Carolina

Key Facts:
➢ She started teaching at Bethany Institute.
➢ She founded the Palmer Memorial Institute.
➢ Palmer Institute was a successful boarding school that enrolled students from all over the country.

```
U W T D T Q H R K Y K W L D Q
M B E S T R W L T X J E M F J
X J A X F U H P Z E A Q Q M Z
E G C M E M O R I A L V E W W
D M H M I B K H D F G P P P K
U H E F S I E C F X R N Z F K
C K R L K N S S Z F O A N F S
A P E N R O L L E D K T Z O T
T J A X I L K B L K J I L C U
E D G L G U D Z M B B O A R D
T I S E M J D M E O O N X J E
I N F L U E N C E H H A R U N
F O U N D E R I C B L L Z V T
U X S B O I N S T I T U T E S
C K N N J D T D A M N M E E S
```

Word Bank:

Board

Educate

Enrolled

Founder

Influence

Palmer

Institute

Memorial

National

Students

Teacher

School

Charlotte Forten-Grimke

First African American Northern Educator to Move to the South to Teach Former Slaves

X M R D I A R I E S D V A F E
S A V T J Q W L Y Z J L M X V
W L F Y N X O P A Q C C M Z Y
J F A D H K H G Q O N Q X N S
B W N V X D O P Y O R N K U U
V Y O M E D U C A T O R O Y H
D N N A R S I P P F O R M E R
I T E A C H Q S O P C S S C C
O G K B F T N R E U C L U G U
S S G Y K O I Z T B G B Q P U
K F X B I M I V I L G C U L K
Q E M T L O Q J I I K I E E Y
P X I N Y W S B J S V V J R Q
W D J K J U J N U H T I A H A
E V T L R R L M Q T J L O S Z

Birthdate:
August 17, 1837

Birthplace:
Philadelphia, Pennsylvania

Key Facts:
➢ She was also a poet and anti-slavery activist.
➢ Her diaries shared the life of a free African American woman and were published in numerous editions.

Word Bank:

Activist	Former
Civil	Poet
Diaries	Publish
Editions	Slaves
Educator	Teach
Era	War

Daniel A. Payne

First African American President of a College in the United States

Birthdate:
February 24, 1811

Birthplace:
Charleston, South Carolina

Key Facts:
- He was the President of Wilberforce University.
- He was also a historian and minister.
- He wrote several books including *Recollections of Seventy Years*.

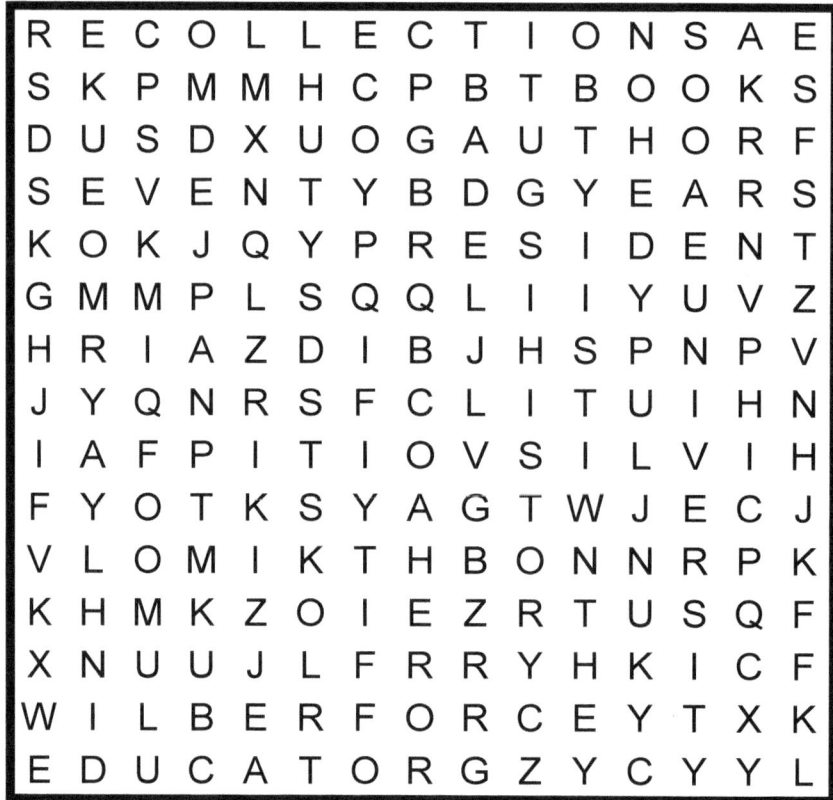

```
R E C O L L E C T I O N S A E
S K P M M H C P B T B O O K S
D U S D X U O G A U T H O R F
S E V E N T Y B D G Y E A R S
K O K J Q Y P R E S I D E N T
G M M P L S Q Q L I I Y U V Z
H R I A Z D I B J H S P N P V
J Y Q N R S F C L I T U I H N
I A F P I T I O V S I L V I H
F Y O T K S Y A G T W J E C J
V L O M I K T H B O N N R P K
K H M K Z O I E Z R T U S Q F
X N U U J L F R R Y H K I C F
W I L B E R F O R C E Y T X K
E D U C A T O R G Z Y C Y Y L
```

Word Bank:

Author

Books

Church

Educator

History

Wilberforce

Minister

President

Recollections

Seventy

University

Years

Dwight O.W. Holmes

First African American President of Morgan State University

A L I I J A I E W X M K R Q G
M Y N E B L G Q O C T N E U J
E X O Q A W T C Q N X O V T N
R L B G M F S R E R Q E O J L
I L E A D E R D H Y P S L N Q
C N L S U U I I T Z P T U H X
A H F O U S C I C D G A T H K
N R H L E M S E B A H T I I I
R V W R U R T C O B N E O S Z
Z Y P P E E F M O R G A N S F
C N Q V K Z N O L L I D Z Z N
Q I I B X V F C B W L C P P E
P N N H I H B L E L F E R M G
U Z E B F M T X Q K Q U G X R
H S E K B N U U N W V L V E O

Birthdate:
November 18, 1877

Birthplace:
Lewisburg, West Virginia

Key Facts:
➤ He was an influential leader in Black Higher Learning.
➤ He led the transition of Morgan State becoming a state institution.
➤ He published the book, *Evolution of the Negro College*.

Word Bank:

African

American

College

Evolution

Influence

Leader

Morgan

Negro

President

State

University

Sarah G. Thompson- Garnet

First African American Female Principal in New York Public Schools

Birthdate:
July 31, 1831

Birthplace:
Brooklyn, New York

Key Facts:
➢ She started in the education field as a teacher's assistant at the age of 14.
➢ She was also a businesswoman and activist.
➢ She was the wife of Henry Highland Grant.

B J B G F H L J S Q M Y N O B
V L X P B U S I N E S S S B J
O M Q G J S K U S I B V U T M
A T N J D L X C P W K X F E W
S L H F Q T P R I N C I P A L
S H N M D S E A M E R I C A N
I K Q E D U C A T O R M K D G
S R W O M E N S C J L H F V Y
T H I P O V G A Y H G Z F O D
A I R G T A G F G T E Y Z C G
N X O N H O V R Y A K R F A L
T X W U D T K I H D M M I T V
L U F H Y D S C Y X N P R E N
Q P S U F F R A G E O B S M L
D I C Q Z Z S N V S Z R T E P

Word Bank:

Advocate	First
African	Principal
American	Rights
Assistant	Suffrage
Business	Teacher
Educator	Women

Halle Quinn Brown

Founder of the Colored Women's League of Washington, D.C.

Birthdate:
March 10, 1845

Birthplace:
Pittsburg, Pennsylvania

Key Facts:
➤ She was a professor at Wilberforce University.
➤ She traveled as a well-respected lecturer on African American and women suffrage rights.
➤ She was the author of several noted works.

```
S R H O I M T O V V P D F K R
A U W L F A M H J S R B F K Z
R E F V T B U J L R O F V E L
U E I F Q I Z E O E F O U F L
W D M F R U Z J G S E U F M E
Y U P W X A E N M P S N A N A
B C N Z T F G Z R E S D A M G
Z A P X I R B E Q C O E U L U
X T L B A F A Z E T R R T E E
L O W L C H U V T E D I H C T
M R W C R G B K E D Z X O T G
H X O B I F N B I L V I R U N
V Q M T X V G Q Z V O O T R S
U F E Q N R I G H T S P S E U
X R N A D C T L S N E H Y R V
```

Word Bank:

Author	Rights
Civil	Respected
Educator	Professor
Founder	Suffrage
League	Travel
Lecturer	Women

Fannie M. Jackson-Coppin

First African American Female School Principal

Birthdate:
October 15, 1837

Birthplace:
Washington, D.C.

Key Facts:
➤ She established housing for working and poor women.
➤ She was a columnist for the Philadelphia newspaper.
➤ Coppin State University in Baltimore, Maryland was named after her.

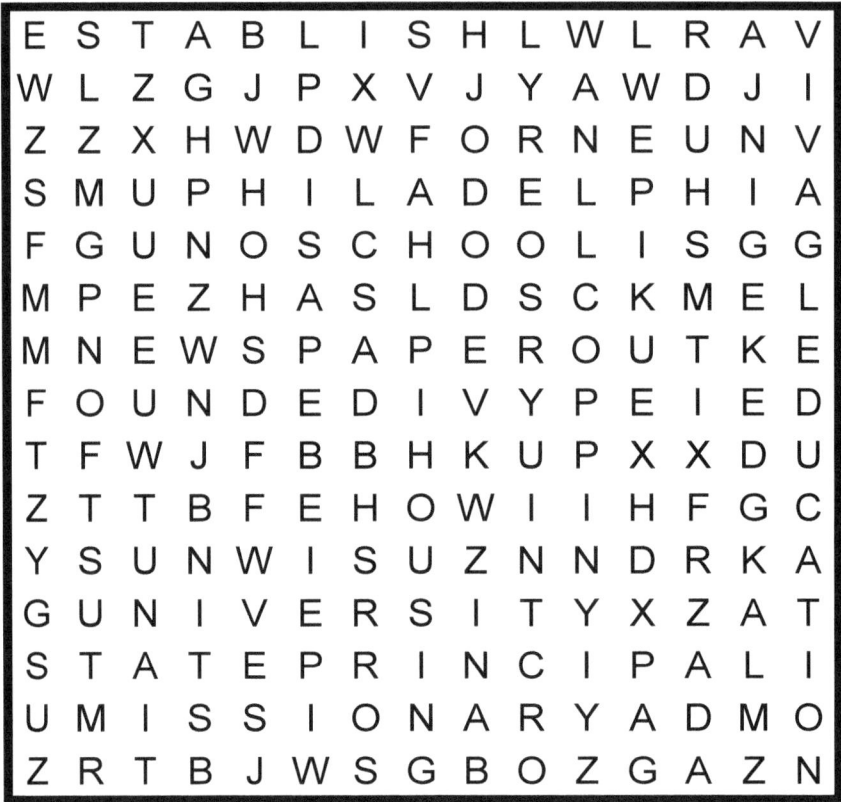

```
E S T A B L I S H L W L R A V
W L Z G J P X V J Y A W D J I
Z Z X H W D W F O R N E U N V
S M U P H I L A D E L P H I A
F G U N O S C H O O L I S G G
M P E Z H A S L D S C K M E L
M N E W S P A P E R O U T K E
F O U N D E D I V Y P E I E D
T F W J F B B H K U P X X D U
Z T T B F E H O W I I H F G C
Y S U N W I S U Z N N D R K A
G U N I V E R S I T Y X Z A T
S T A T E P R I N C I P A L I
U M I S S I O N A R Y A D M O
Z R T B J W S G B O Z G A Z N
```

Word Bank:

Coppin	Newspaper
Education	Philadelphia
Establish	Principal
Founded	School
Housing	State
Missionary	University

Estevanico

First Known African born Person to Land in the Continental U.S.

```
E V O L O I Q Z M B K T M V D
I X P U Z Q V E O T R A V E L
W C P Q T R R I Y D L Y A J X
I O Y L F B I U C M L V A D R
N Z R K O O F D Q Y L K Z N D
B H X L X R R I P F A M K I
P H F C D Y E C R T Z G N L S
G J T L I A N R L S H M A D C
E G X U C H E S N O T Y Q S O
E Y H I E S W G Q E B U W Y V
Q D R V B N P B K A J S V X E
P F A G W N U A Z V R W V V R
A L S F V N T A I I K L W C N
S W K I G T N Q H N N H I I C
W L E A D E R V F M P O M K T
```

Birthdate:
Around 1500

Birthplace:
Morocco

Key Facts:
- He is known as the First Black Conquistador in the New World.
- He led an expedition north into New Mexico.

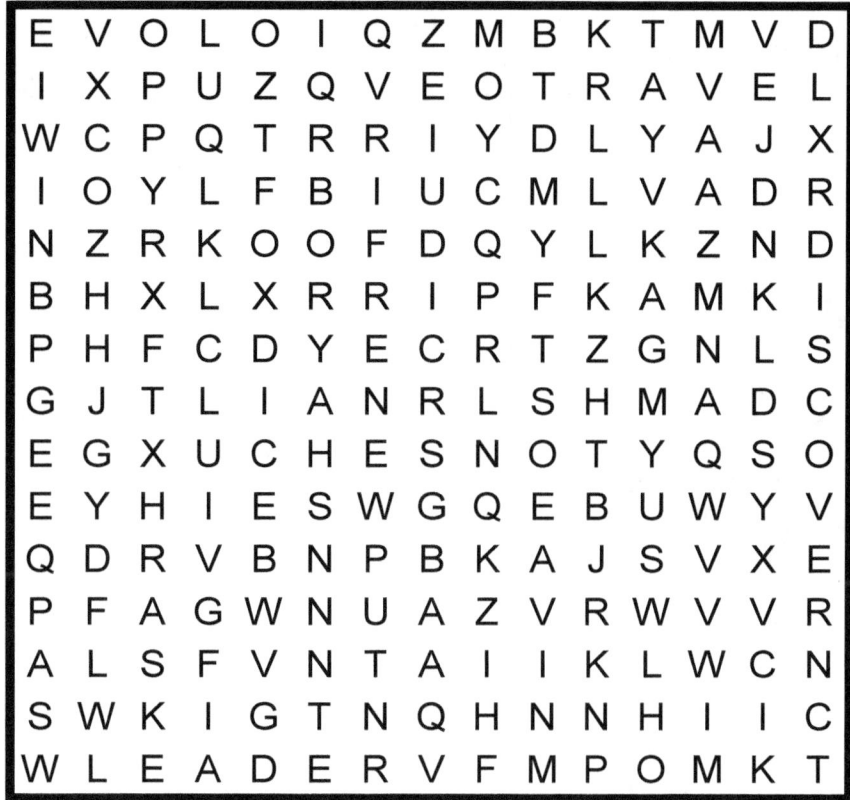

Word Bank:

Africa	Leader
Discover	New
Explorer	Slave
First	Travel
Land	World
Spain	

George Washington Bush

African-Irish American Pioneer

R	N	D	E	S	C	E	N	T	P	O	X	R	Y	E
U	I	C	Q	R	V	B	B	G	M	Z	I	V	L	H
F	K	V	M	E	L	H	U	U	U	N	F	Z	E	Y
I	L	D	E	L	G	M	U	F	O	O	Y	A	A	F
T	Z	V	N	R	K	C	T	H	N	P	U	Q	D	I
R	P	I	O	N	E	E	R	D	P	M	N	M	E	R
A	D	V	F	W	V	H	S	U	E	M	F	A	R	S
P	Z	T	P	N	V	N	P	W	A	R	T	B	L	T
P	Q	D	L	D	E	Y	X	L	Y	X	D	S	T	E
E	U	L	O	Z	S	C	O	L	U	M	B	I	A	P
R	N	Q	I	H	D	D	F	O	S	C	S	Z	R	X
I	K	T	G	O	R	F	F	V	K	R	A	B	U	H
O	I	W	U	W	P	T	X	R	U	C	N	K	U	R
C	C	O	P	I	E	Y	V	F	G	R	O	U	P	R
F	O	U	G	H	T	Z	K	U	Y	K	Q	Z	D	V

Birthdate:
Around 1779

Birthplace:
Pennsylvania

Key Facts:
- ➤ He fought in the War of 1812.
- ➤ He also worked as a fur trapper and voyageur.
- ➤ He led the first group of U.S. Citizens to settle north of the Columbia River.

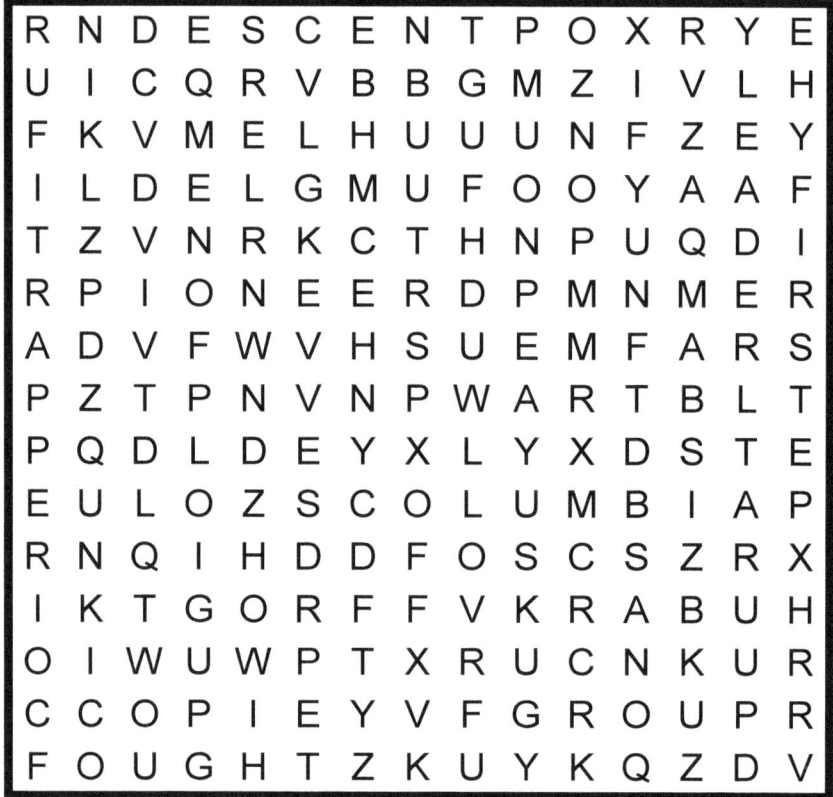

Word Bank:

Citizens	Group
Columbia	Leader
Descent	Pioneer
First	River
Fought	Trapper
Fur	War

James Beckwourth

An African American Explorer

Birthdate:
April 6, 1798

Birthplace:
Frederick County, Virginia

Key Facts:
- He was also a fur trader.
- His experiences in the American West were documented in his autobiography.
- He was named Chief of All Chiefs by the Crow Nation.

```
R A C E C A P E G N V J Y O J
S C F A Y H F R G F D H K E E
C B T S D A Y G N C P M M O L
S N Z W E J X A L A R K G U Y
Y A I Z F G C N R O W O P I H
V T Z V W I A G E I F W W T L
B I Z D R Q O V E C E L X R Y
U O V E X I M D J U T M H A E
P N M S B M O A H L A N D D X
N A P O F N R S W E S T W E P
F D T O B L E G E N D V D R L
F U M O X P Z Z Q I V F P J O
A D V E N T U R E S J C U G R
A T W I F O E T R D K R T R E
E O S N L P R M U C H I E F R
```

Word Bank:

Adventures

American

Autobiography

Chief

Crow

Explorer

Land

Legend

Nation

West

Trader

Fur

George Stiebel

Jamaica's First Black Millionaire

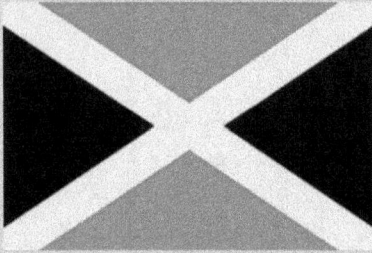

Birthdate:
Born 1820

Birthplace:
Kingston, Jamaica

Key Facts:
➤ He purchased extensive land and property.
➤ He invested in gold mines, which yielded a great fortune.
➤ He developed a trading business in Venezuela.

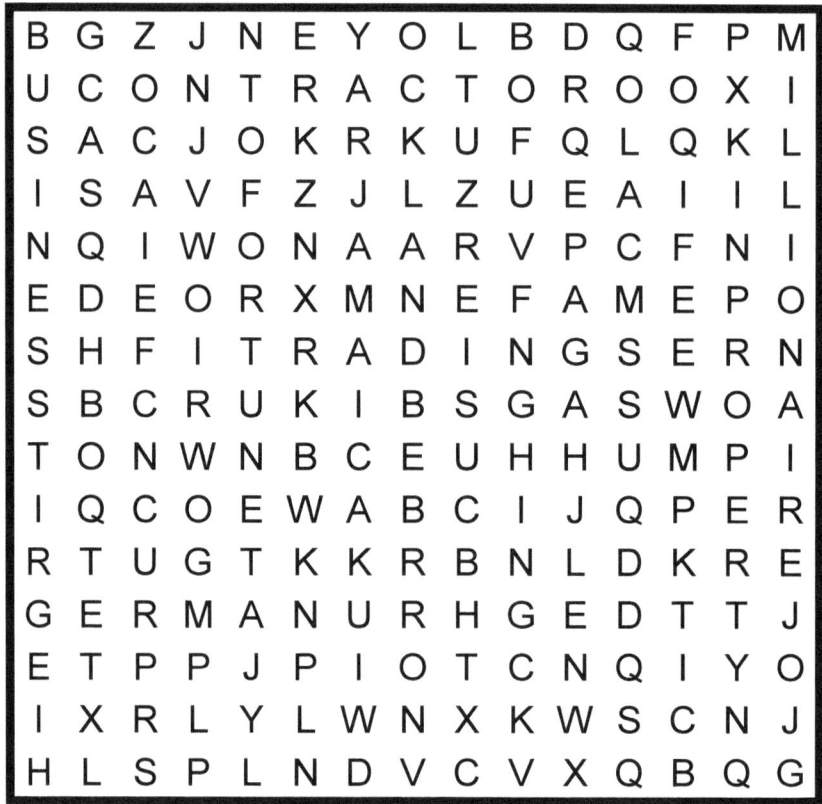

```
B G Z J N E Y O L B D Q F P M
U C O N T R A C T O R O O X I
S A C J O K R K U F Q L Q K L
I S A V F Z J L Z U E A I I L
N Q I W O N A A R V P C F N I
E D E O R X M N E F A M E P O
S H F I T R A D I N G S E R N
S B C R U K I B S G A S W O A
T O N W N B C E U H H U M P I
I Q C O E W A B C I J Q P E R
R T U G T K K R B N L D K R E
G E R M A N U R H G E D T T J
E T P P J P I O T C N Q I Y O
I X R L Y L W N X K W S C N J
H L S P L N D V C V X Q B Q G
```

Word Bank:

Building	German
Business	Jamaica
Contractor	Land
Develop	Millionaire
Fortune	Property
Purchase	Trading

Bose Ikard

Famous African American Cowboy

W	C	M	F	A	M	O	U	S	W	C	F	W	Q	E
U	F	G	Y	Y	P	Q	Q	Z	E	A	O	N	G	R
V	Z	D	G	I	V	W	R	J	Z	U	E	I	V	O
J	L	W	M	L	G	V	C	E	D	S	S	G	L	W
K	M	J	P	Q	R	N	I	L	I	F	L	H	N	E
E	M	S	G	G	G	K	P	K	P	D	R	T	L	D
Q	K	J	A	N	C	D	T	E	J	J	T	I	P
I	Q	V	I	E	S	O	X	K	W	T	T	E	W	R
A	Z	V	U	S	K	Q	W	Y	K	A	F	B	E	T
I	O	C	K	O	L	K	L	B	C	O	N	L	S	X
L	Q	G	X	L	F	S	H	I	O	Q	W	A	T	K
O	N	N	I	A	G	G	X	F	Q	Y	D	C	E	X
X	I	A	K	F	L	O	I	R	T	H	O	K	N	M
Y	R	A	V	T	H	O	I	N	D	U	C	T	E	D
T	D	R	I	V	E	D	P	I	O	N	E	E	R	E

Birthdate:
Around 1840

Birthplace:
Summerville, Mississippi

Key Facts:
- He pioneered cattle drives.
- His efforts led to the opening of the Good Night-Loving Trail.
- He was inducted into the Hall of Great Westerners.

Word Bank:

Black	Good
Cattle	Inducted
Cowboy	Loving
Drive	Night
Famous	Trail
Pioneer	West

Ambrosio Echemendia

A Distinguished Cuban Poet

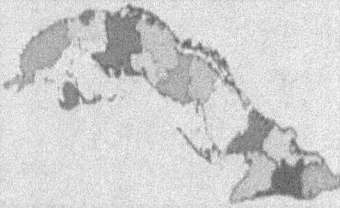

I	Y	P	O	E	T	Q	I	I	W	S	P	H	V	E
V	N	F	Y	J	U	F	N	Q	A	D	S	N	Y	R
L	O	T	T	M	M	G	T	G	E	I	Z	A	P	K
K	G	W	E	E	S	Z	S	A	U	R	M	T	S	E
V	V	R	W	L	I	Z	I	G	L	R	E	P	L	S
E	S	R	W	U	L	M	N	I	U	E	A	O	W	O
R	T	A	H	W	Z	I	T	Y	S	A	N	Q	Q	Y
S	R	N	P	Z	T	L	G	M	L	G	I	T	B	M
E	U	F	Q	S	T	Y	T	E	V	Q	N	K	E	U
S	C	S	I	A	R	N	P	Z	N	B	G	F	K	D
C	T	D	L	Y	O	B	D	C	G	T	I	A	M	Y
L	U	T	G	A	I	A	B	L	A	C	K	M	M	B
N	R	B	E	D	V	T	G	M	E	Q	Q	O	C	R
S	E	D	A	U	M	E	M	Y	W	A	L	U	F	F
C	E	F	L	N	M	K	W	R	O	T	E	S	S	E

Birthdate:
Not Known

Birthplace:
Cuba

Key Facts:
➤ He was a slave.
➤ He became a distinguished poet who was known for his well-written verses.
➤ He wrote the poems, "Al Damuji and Un Incredulo de mis Verses."

Word Bank:

Black	Poet
Cuban	Slave
Distinguish	Structure
Famous	Talented
Intelligent	Verses
Meaning	Wrote

Octave Rey

Southern Police Pioneer

Birthdate:
In 1837

Birthplace:
New Orleans, Louisiana

Key Facts:
➤ He was a well-respected and known police officer.
➤ He served from 1868-1877.
➤ He was promoted to a captain.

Word Bank:

Black	Patrol
Captain	Pioneer
Friendly	Police
Known	Promoted
Model	Respected
Officer	Served

Samuel Lewis

First West African Knight

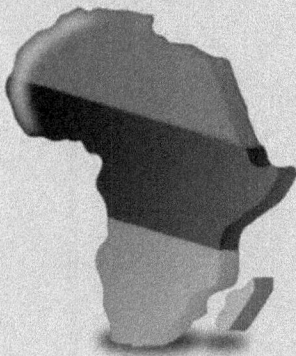

```
K L W Y M Q D W G E X W T E C
N I N T E L L I G E N T R C I
I M Q V B G T R X O B U B G P
G M X E Z B P D I K T D M I Y
H J U S B C R T P L I Y T H G
T T M J V E A P U I W B D L L
S A T C D C J C O Y O N F A S
A F K A U U I T Y L P N T W K
F Y E D D R L I B Z I M E Y N
R L E K G L G T B M X T J E K
I P V A M H W P Z I W I I R R
C X U H E L H Q I D I W W C U
A V M W Y V D M H Y S J E R S
N S P J R H W J O L E Z D S Y
X D W N J M A Y O R W S U I T
```

Birthdate:
1843

Birthplace:
Sierra Leone in Africa

Key Facts:
➢ He was a leader in various fields including politics, agriculture, and education.
➢ He was the mayor of Freetown.

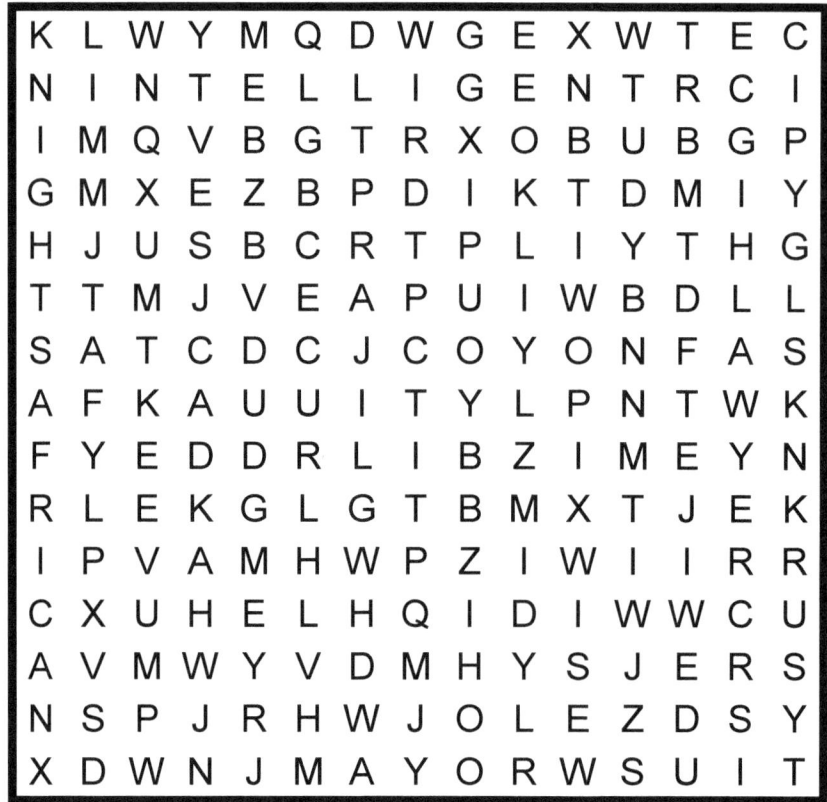

Word Bank:

African	Leader
Agriculture	Mayor
Education	Pioneer
Intelligent	Politics
Knight	West
Lawyer	Wise

John Jones

One of the Wealthiest African Americans in Ante-Bellum U.S.

```
L I N F L U E N C E S C C Q Z
S P P T Y C L A B Y H D D C R
Q K M U W F D E W H Z E Q U D
T U N J P R Y F E T L Y J S H
L A Q N P N W O V X H Y L R H
L R R G O O Q B T T X T B W D
J E G D L J K S L K D A A F Y
B S A C I B I A S L E I R L K
U X K D T V E Q D A V L B J X
S N U E I W J K A P E O E R M
I J M T C N R E R N L R R R Q
N H C O I X G V Y J O W N E R
E A H D A F O U I M P K J F X
S J L N N T K P R O P E R T Y
S U C C E S S F U L W F K I G
```

Birthdate:
1817

Birthplace:
Greene County, North Carolina

Key Facts:
- He started a tailoring business.
- As a politician, he developed some of the first laws of Chicago.
- He was also an anti-slavery activist.

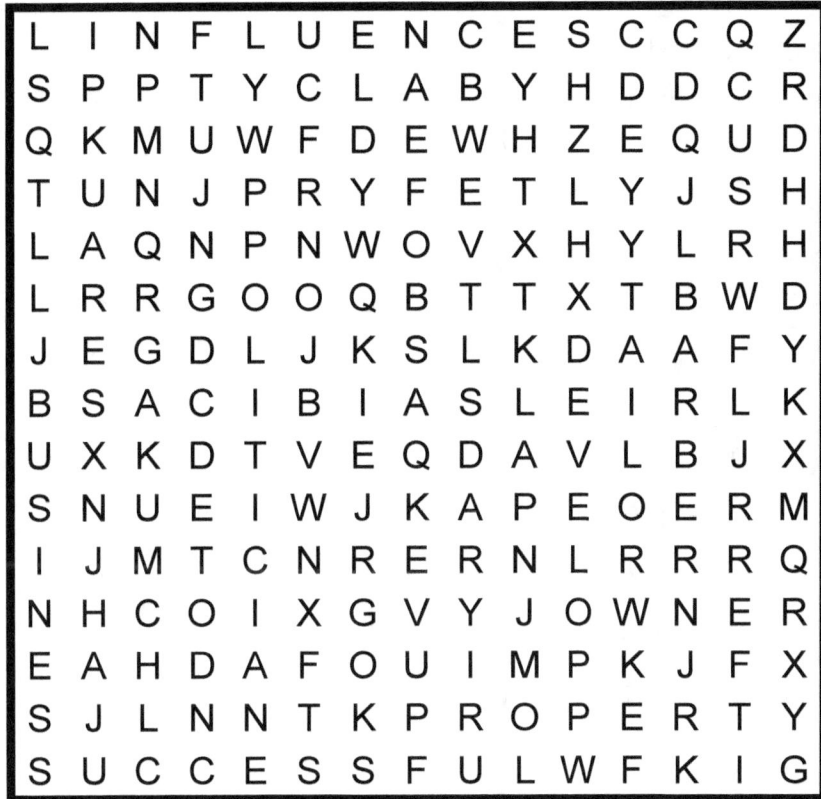

Word Bank:

Activist	Owner
Barber	Politician
Business	Property
Develop	Successful
Influence	Tailor
Leading	Wealthy

Pierre Cazenave

One of the First Successful African American Undertakers

Birthdate:
Not Known

Birthplace:
New Orleans, Louisiana

Key Facts:
➢ He developed a method of embalming that was very successful.
➢ He started a successful funeral home.
➢ He was a leading undertaker and embalmer during the mid-1880s.

```
U W A U K Y J Z J H T P F E F
X D E M B A L M F S O T R S R
P Q S T E M Q X Q L O O H E Y
K R O N C I A Z E B T X E I S
J K E P W V C V V C U N F K G
F Y Q P S P E R E W O U Y U L
B O D Y A D I R E I U K J N E
O A J I X R I A P A X S D D A
K F G X P D E W M B T O O E D
O P U R D B K H A S H E B R I
U N V N D V Q Z G T G D Y T N
I Z F S E P R L E D X E S A G
Z X B Z B R F M R S A A J K Z
X Y B D H J A R K Y A T G E Q
P V U T D H R L J G Z H S R K
```

Word Bank:

Body	Funeral
Create	Leading
Death	Method
Develop	Prepare
Director	Pioneer
Embalm	Undertaker

Ida B. Wells-Barnett

Crusader of Civil Rights

Birthdate:
July 16, 1862

Birthplace:
Holly Springs, Mississippi

Key Facts:
- She was a journalist and editor.
- She helped found several organizations, including the National Association for the Advancement of Colored People.
- She advocated for civil rights, women's rights, and against lynching.

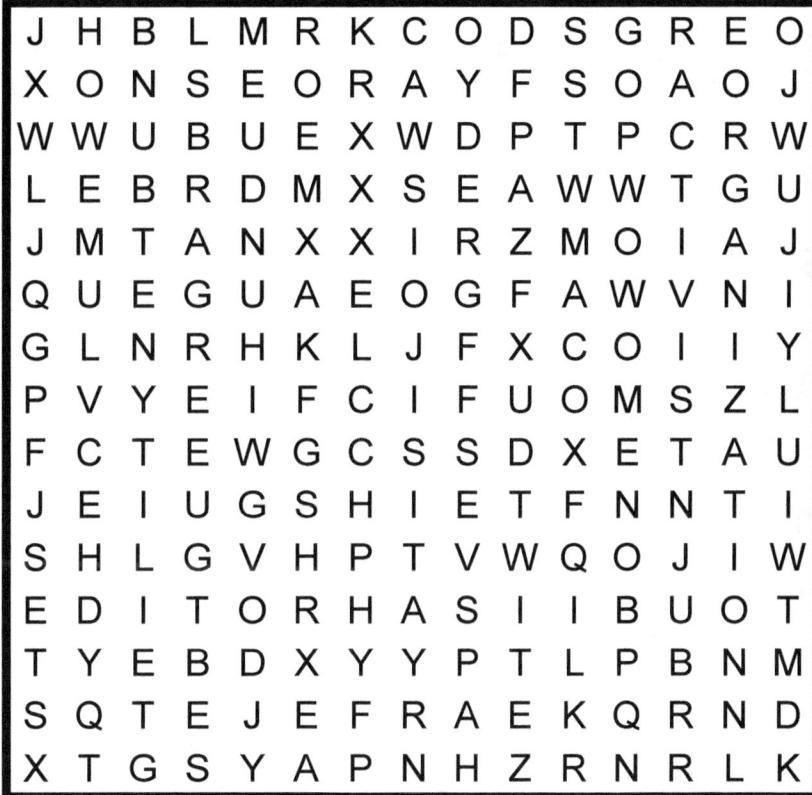

```
J H B L M R K C O D S G R E O
X O N S E O R A Y F S O A O J
W W U B U E X W D P T P C R W
L E B R D M X S E A W W T G U
J M T A N X X I R Z M O I A J
Q U E G U A E O G F A W V N I
G L N R H K L J F X C O I I Y
P V Y E I F C I F U O M S Z L
F C T E W G C S S D X E T A U
J E I U G S H I E T F N N T I
S H L G V H P T V W Q O J I W
E D I T O R H A S I I B U O T
T Y E B D X Y Y P T L P B N M
S Q T E J E F R A E K Q R N D
X T G S Y A P N H Z R N R L K
```

Word Bank:

Activist	Leader
Civil	National
Editor	Newspaper
Found	Rights
Journalist	Women
Orator	Organization

Mary Burnett Talbert

Influential Civil Rights Leader

```
F O U N D I N G S V L R O C K
D V U M R I P O W E R F U L J
L I C O G F R R W H H O K Y E
E X Z U R X V G B X A K D E I
A U O N L A R J R M E M B E R
D W G A E E T Q O D J R R M F
E J D L Q F U O F Z O Q P W T
R D M K S V R T R A N D T B R
Z Z T O C V S S T U Q B P W L
U Q F F W I T O A P L U F O I
P D X U V H W C D E O M E M T
H Z M I G G A H P T C G O E T
R N T I N F K O P M Y Y B N L
J C R S Q I N F L U E N C E E
A C I V I L M Q B G I Y B F L
```

Birthdate:
September 18, 1866

Birthplace:
Oberlin, Ohio

Key Facts:
➢ She was nicknamed the "best known Colored Woman in the United States."
➢ She was one of the founding members of the Phyllis Wheatley Club of Colored Women.
➢ She was the first African American woman selected to be Assistant Principal of Little Rock High School.

Word Bank:

Activist	Powerful
Civil	Orator
Founding	Rights
Influence	Rock
Leader	Women
Little	Member

William Still

Abolitionist and Conductor of the Underground Railroad

Birthdate:
October 7, 1821

Birthplace:
Burlington County, New Jersey

Key Facts:
➤ He was a writer and historian.
➤ He was the chairman of the Vigilance Committee of the Pennsylvania Anti-Slavery Society.
➤ He wrote the book, *The Underground Railroad*.

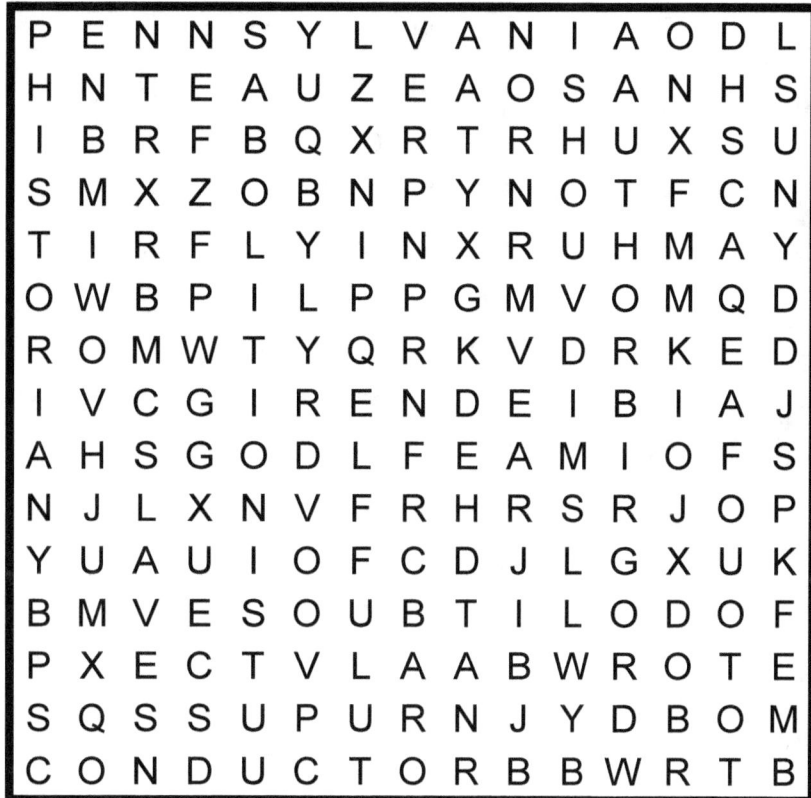

```
P E N N S Y L V A N I A O D L
H N T E A U Z E A O S A N H S
I B R F B Q X R T R H U X S U
S M X Z O B N P Y N O T F C N
T I R F L Y I N X R U H M A Y
O W B P I L P P G M V O M Q D
R O M W T Y Q R K V D R K E D
I V C G I R E N D E I B I A J
A H S G O D L F E A M I O F S
N J L X N V F R H R S R J O P
Y U A U I O F C D J L G X U K
B M V E S O U B T I L O D O F
P X E C T V L A A B W R O T E
S Q S S U P U R N J Y D B O M
C O N D U C T O R B B W R T B
```

Word Bank:

Abolitionist

Author

Book

Chairman

Conductor

Railroad

Freedom

Historian

Pennsylvania

Slaves

Underground

Wrote

David Walker

Abolitionist and Civil Rights Activist

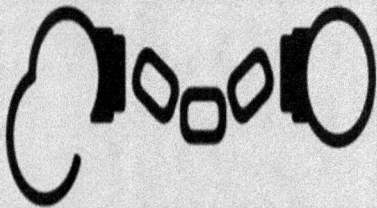

F	N	E	F	R	E	E	D	O	M	E	N	I	D	M
A	N	C	T	L	G	S	U	V	Q	U	L	Y	K	X
W	K	O	B	B	A	N	C	I	S	L	F	K	Y	E
P	P	T	V	L	C	H	R	A	M	E	L	X	J	Z
K	B	N	W	A	T	V	R	T	Z	A	C	A	A	M
S	N	U	C	C	I	D	R	P	E	D	E	P	H	C
J	I	N	I	K	V	D	I	I	Q	E	N	P	P	K
B	T	Y	V	D	I	Z	G	W	G	R	U	E	I	J
S	V	H	I	A	S	D	H	X	Y	H	T	A	E	Q
O	A	B	L	H	T	N	S	R	C	O	T	L	D	C
G	R	G	B	F	U	V	E	J	R	H	K	S	O	C
Q	Q	W	F	U	M	I	G	W	W	O	R	L	D	W
F	Q	L	C	Q	F	K	H	A	V	I	U	W	X	D
C	I	T	I	Z	E	N	S	X	K	D	X	G	T	I
D	T	P	N	J	D	E	Z	U	N	I	T	Y	M	S

Birthdate:
In 1796

Birthplace:
Wilmington, North Carolina

Key Facts:
- ➤ He is most known for his pamphlet, "Walker's Appeal to the Colored Citizens of the World."
- ➤ He advocated for black unity and self-help.

Word Bank:

Activist	Freedom
Appeal	Leader
Black	Rights
Citizens	Unity
Civil	World
Fiery	Wrote

Anna Julia Cooper

Co-founder of Several Civil Rights Organizations

F	Z	B	H	F	Y	R	R	G	Q	Z	P	U	V	V
R	O	L	L	T	W	O	W	H	R	R	Y	I	C	B
G	K	U	V	A	M	G	P	V	U	I	J	C	H	B
K	O	F	N	C	C	R	R	G	L	K	G	P	I	B
I	R	V	X	D	E	K	I	B	N	X	N	H	S	E
Z	G	B	F	L	E	S	N	A	A	V	M	X	T	B
W	A	O	I	A	M	R	C	C	H	S	I	Q	O	S
L	N	V	E	K	M	T	I	T	F	H	R	P	R	G
W	I	Q	Q	R	B	E	P	I	V	S	P	A	Y	J
C	Z	J	U	L	A	A	A	V	B	O	O	L	B	X
O	A	C	R	B	U	C	L	I	H	U	I	U	R	T
O	T	O	A	N	T	H	D	S	O	M	X	C	T	M
V	I	C	G	P	H	E	M	T	H	T	D	W	E	H
Y	O	X	G	H	O	R	Z	R	M	G	D	N	V	J
U	N	V	F	H	R	A	A	Q	J	P	A	F	J	Z

Birthdate:
August 10, 1838

Birthplace:
Raleigh, North Carolina

Key Facts:
➢ She was a teacher and principal.
➢ She was the author of *A Voice from the South: By a Black Woman*.
➢ She received her PhD in history from the University of Paris-Sarbone.

Word Bank:

Activist	Organization
Author	Principal
Black	Rights
Civil	South
Founder	Teacher
History	Voice

Fannie Lou Hammer

Leader in the Civil Rights Movement

```
C S W C K A P L B Y L E L Q B
U U V Z Y W S X V J D F Z C R
B V A K H P N F S G U O D R I
D E M O C R A T I C A U R U D
Y Q T U B A M A L H D N I F G
J X F A L O H X N M G D G U E
R A U T O B I O G R A P H Y M
N P N H M B C W Z V A M T A O
I R V R A S F I S A I V S C V
Q A K H A H Y S V N C U W T E
S I H C N Z Z E O I N H U I M
E S T R E N G T H L L S X V E
S E F R E E D O M W R A G I N
K Z Q L B Z B G D U E Z P S T
G U W Y T W L W E V U A I T L
```

Birthdate:
October 6, 1917

Birthplace:
Montgomery County, Mississippi

Word Bank:

Activist

Autobiography

Freedom

Bridge

Found

Strength

Movement

Democratic

Civil

Rights

Praise

Key Facts:
➢ She advocated for voting rights.
➢ She helped found the Mississippi Freedom Democratic Party.
➢ She wrote, *Praise to My Bridges: An Autobiography*.

Denmark Vessey

Slave Revolt Leader and Planner

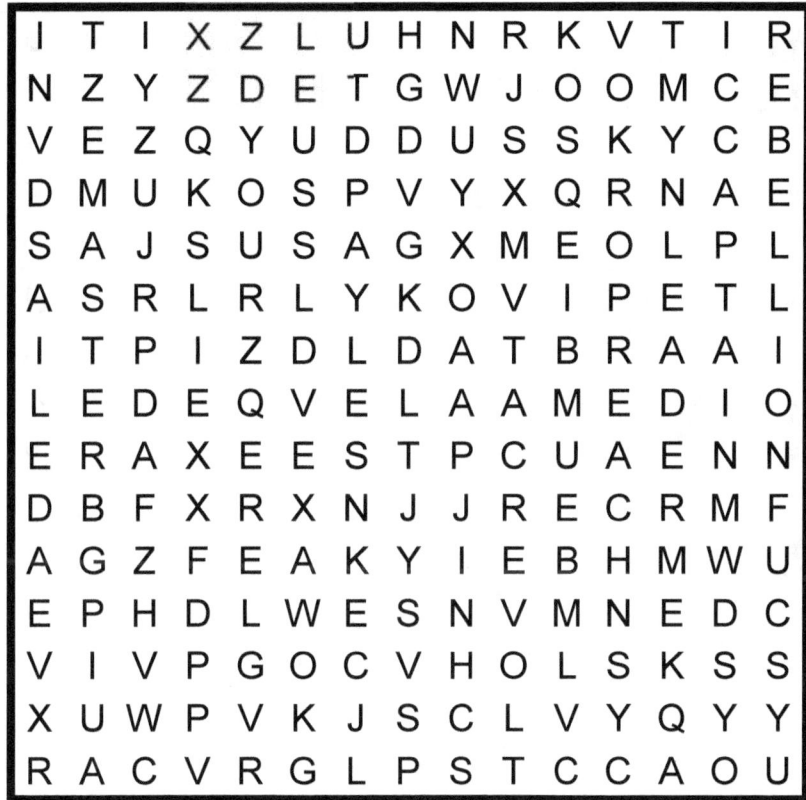

```
I T I X Z L U H N R K V T I R
N Z Y Z D E T G W J O O M C E
V E Z Q Y U D D U S S K Y C B
D M U K O S P V Y X Q R N A E
S A J S U S A G X M E O L P L
A S R L R L Y K O V I P E T L
I T P I Z D L D A T B R A A I
L E D E Q V E L A A M E D I O
E R A X E E S T P C U A E N N
D B F X R X N J J R E C R M F
A G Z F E A K Y I E B H M W U
E P H D L W E S N V M N E D C
V I V P G O C V H O L S K S S
X U W P V K J S C L V Y Q Y Y
R A C V R G L P S T C C A O U
```

Birthdate:
In 1767

Birthplace:
St. Thomas, West Indies

Key Facts:
➤ He sailed for twenty years with his master.
➤ He purchased his own freedom.
➤ He planned a slave revolt that would have involved 9,000 African Americans in the South.

Word Bank:

Captain	Preach
Freedom	Rebellion
Leader	Revolt
Master	Sailed
Plantation	Slavery
South	

Asa Phillip Randolph

Leader in Civil Rights and Labor Movements

Birthdate:
April 5, 1889

Birthplace:
Crescent City, Florida

Key Facts:
➤ He organized the Brotherhood of Sleeping Car Porters.
➤ He was also a journalist and editor.
➤ He led a march on Washington that included 10,000 people in 1941

X	Q	H	E	Z	A	Q	M	G	Q	Q	K	P	P	G
Z	K	E	M	O	C	C	Z	F	D	D	C	F	Q	G
F	U	Z	P	R	O	T	E	S	T	C	J	H	F	C
B	O	Y	C	O	T	T	L	K	N	C	O	U	Q	N
C	V	Q	L	D	S	J	H	O	U	L	U	A	J	Q
M	O	V	E	M	E	N	T	U	U	Q	R	N	S	O
A	K	Z	E	L	J	G	L	M	I	J	N	P	W	E
D	T	E	Q	F	N	Y	A	A	R	P	A	E	X	G
F	A	E	A	I	M	R	B	R	V	C	L	A	U	W
H	K	O	H	H	Q	B	O	C	J	L	I	C	P	E
X	O	S	F	J	E	H	R	H	I	V	S	E	U	D
B	A	C	E	B	Z	T	Y	V	H	P	T	F	W	I
W	L	L	H	R	N	T	I	Q	C	O	J	U	S	T
R	I	G	H	T	S	C	S	F	L	V	G	L	W	O
O	R	G	A	N	I	Z	E	T	M	V	R	M	D	R

Word Bank:

Boycott

Civil

Editor

Journalist

Labor

Rights

March

Movement

Organize

Peaceful

Protest

Washington

Lillie M. Carroll-Jackson

Pioneer in the Civil Rights Movement

Z	W	I	G	C	J	X	D	D	R	A	B	D	F	B
E	D	O	L	G	J	P	K	E	E	E	C	O	A	O
M	J	D	L	V	Q	Q	Z	T	V	N	Q	T	D	M
N	H	E	H	F	W	I	S	E	H	Q	I	M	D	M
X	U	F	X	D	N	O	T	R	E	B	I	K	T	B
W	Q	U	J	A	B	L	R	M	C	B	U	X	F	A
L	Q	F	G	G	H	S	E	I	D	I	O	Q	E	L
K	H	R	E	C	T	T	N	N	W	T	V	G	A	T
Q	O	C	N	P	A	S	G	E	R	C	R	I	R	I
C	X	A	R	C	I	F	T	D	O	Q	I	T	L	M
R	R	V	O	R	U	O	H	V	Q	K	G	H	E	O
B	F	V	G	F	O	N	N	U	N	S	H	C	S	R
E	D	P	R	E	S	I	D	E	N	T	T	K	S	E
A	M	B	V	B	M	E	M	B	E	R	S	H	I	P
G	J	P	L	V	X	T	X	A	K	R	S	K	D	W

Birthdate:
May 25, 1889

Birthplace:
Baltimore, Maryland

Key Facts:
➢ She was the organizer and president of the Baltimore Branch of the NAACP.
➢ She became known as "Fearless Lil."
➢ The membership of her branch grew to 20,000 people under her leadership.

Word Bank:

Advocate	Fearless
Baltimore	Membership
Branch	Organizer
Civil	Pioneer
Determined	President
Rights	Strength

Benjamin Pelham

Proprietor and Editor of the African American Newspaper, the Plaindealer

Birthdate:
In 1862

Birthplace:
Detroit, Michigan

Key Facts:
- He was a journalist and influential politician.
- He held several government positions.
- He was nicknamed the Wayne County Czar.

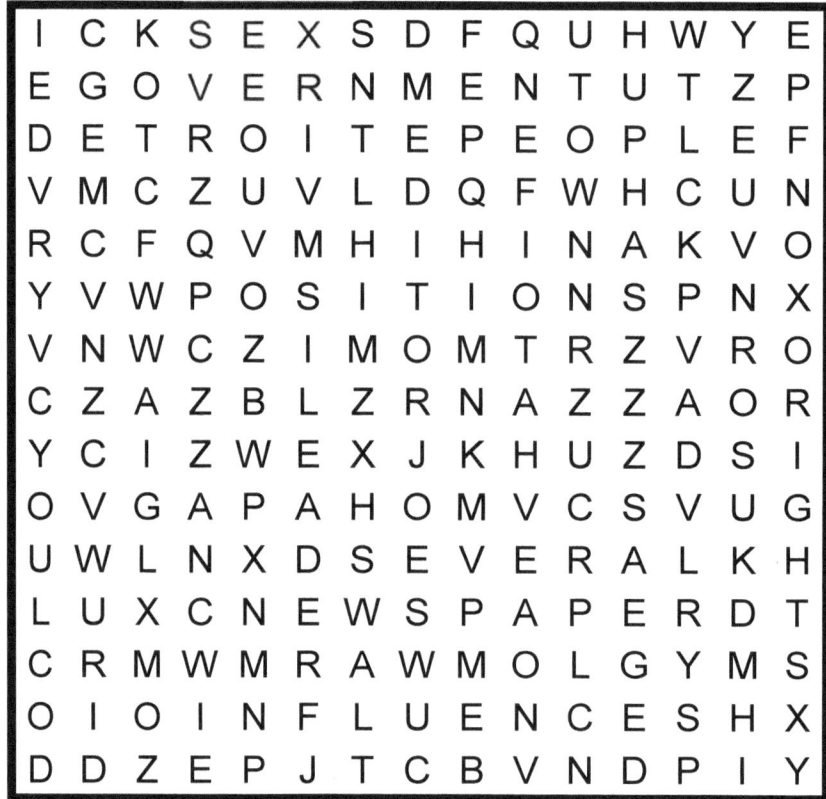

I	C	K	S	E	X	S	D	F	Q	U	H	W	Y	E
E	G	O	V	E	R	N	M	E	N	T	U	T	Z	P
D	E	T	R	O	I	T	E	P	E	O	P	L	E	F
V	M	C	Z	U	V	L	D	Q	F	W	H	C	U	N
R	C	F	Q	V	M	H	I	H	I	N	A	K	V	O
Y	V	W	P	O	S	I	T	I	O	N	S	P	N	X
V	N	W	C	Z	I	M	O	M	T	R	Z	V	R	O
C	Z	A	Z	B	L	Z	R	N	A	Z	Z	A	O	R
Y	C	I	Z	W	E	X	J	K	H	U	Z	D	S	I
O	V	G	A	P	A	H	O	M	V	C	S	V	U	G
U	W	L	N	X	D	S	E	V	E	R	A	L	K	H
L	U	X	C	N	E	W	S	P	A	P	E	R	D	T
C	R	M	W	M	R	A	W	M	O	L	G	Y	M	S
O	I	O	I	N	F	L	U	E	N	C	E	S	H	X
D	D	Z	E	P	J	T	C	B	V	N	D	P	I	Y

Word Bank:

Czar	Law
Detroit	Leader
Editor	Rights
Government	Several
Influence	People
Newspaper	Positions

John Russworm

Co-Founder of the *Freedman's Journal*

Birthdate:
October 1, 1799

Birthplace:
Antonio, Jamaica

Key Facts:
➤ *Freedman's Journal* was the first African American newspaper in America.
➤ He was the second Black in America to earn a college degree.
➤ He later took a position in Liberia.

Word Bank:

Edit	Journal
Educate	Liberia
Founded	Newspaper
Freedom	Position
Jamaica	Write
Present	Published

Claude A. Barnett

Known as the "Father of the Negro Press"

NEWS

Birthdate:
In 1889

Birthplace:
Sanford, Florida

Key Facts:
- He founded the Associated Negro Press (ANP).
- ANP provided news outlets with reliable news.
- ANP grew to include over 200,000 subscribers and 100 newspapers.

```
W A R G A S H X F B Y V W Z W
R X O C J P F O O J E J L S C
I K J I K Y K A U R G N Z H P
T W G H N E S R N D E T R G N
E Q P P H F X R D U S P D X Y
C F L R C R O T E E M E O I Z
N R Q E M C G R R L D L B R F
H E T S M C E R M I I A Y X T
S O G S I H X K V A O A J Z G
N F P R T C P O S W T Q B T D
L D Y A O A R E D Z J I T L E
F P F T V P N R X E L P O K E
S U B S C I B E R B Y Y N N F
M A H Z N P H R D G F A C T S
A S S O C I A T E D E V S H V
```

Word Bank:

Associated	Press
Facts	Provided
Father	Reliable
Founder	Write
Information	Report
Negro	

The News

Andre Reboucas

Inventor of a Torpedo

Birthdate:
January 13, 1838

Birthplace:
Cachoeira, Brazil

Key Facts:
➢ He was a military engineer, teacher, and inventor.
➢ He actively participated in the abolitionist movement.
➢ He was named a lieutenant in the Brazilian engineering corps.

U	I	K	Q	P	X	V	U	C	Z	Z	E	I	S	U
N	A	U	T	R	W	U	H	P	U	F	R	N	Z	W
P	F	K	C	L	R	U	V	J	C	A	N	V	F	S
U	X	G	X	N	Z	J	O	Z	W	L	B	E	O	H
S	U	C	C	E	S	S	F	U	L	T	V	N	U	A
T	P	L	N	K	C	R	E	A	T	E	F	T	T	R
A	Q	M	I	L	I	T	A	R	Y	A	J	O	B	P
C	Z	Z	U	F	A	A	M	B	P	C	H	R	C	O
U	A	F	T	I	H	C	F	C	M	H	G	U	D	N
P	T	T	E	V	J	W	T	A	O	E	Y	E	V	U
U	H	I	K	L	F	W	P	I	T	R	P	N	H	Q
I	A	A	Z	H	Q	F	E	P	V	R	O	O	H	Z
B	R	A	Z	I	L	X	R	L	O	E	J	E	K	B
E	N	G	I	N	E	E	R	T	B	L	L	Q	I	H
P	A	R	T	I	C	I	P	A	T	E	L	Y	U	A

Word Bank:

Actively	Military
Brazil	Participate
Create	Sharp
Engineer	Successful
Inventor	Teacher
Torpedo	War

David Crosthwait, Jr.

Mechanical and Electrical Engineer

M	E	C	H	A	N	I	C	A	L	T	D	B	D	E
M	O	G	W	A	I	C	Y	R	J	K	S	I	T	L
K	U	L	P	K	X	B	E	G	O	T	E	U	J	E
Q	A	O	G	Q	H	E	T	O	B	H	C	V	A	C
G	B	T	A	R	N	J	N	U	V	I	J	Q	V	T
C	E	I	M	I	O	C	R	E	Q	Z	V	E	T	R
E	O	H	G	U	A	N	T	S	M	Q	E	N	J	I
C	K	N	E	C	L	I	M	A	T	E	E	S	C	C
V	E	K	T	A	W	A	T	K	P	T	I	Y	S	A
U	R	G	C	R	T	P	S	R	A	I	A	S	Z	L
T	B	C	D	J	O	I	F	P	G	X	B	T	R	L
O	L	U	Z	B	I	L	N	I	D	E	L	E	T	U
Q	J	H	F	Q	W	A	C	G	E	Q	J	M	Z	S
C	O	O	L	I	N	G	G	F	V	L	H	O	L	D
C	O	M	F	O	R	T	A	B	L	E	D	X	L	T

Birthdate:
May 27, 1827

Birthplace:
Nashville, Tennessee

Key Facts:
➤ He was an inventor in the field of heating and cooling systems.
➤ He held 39 U.S. Patents.

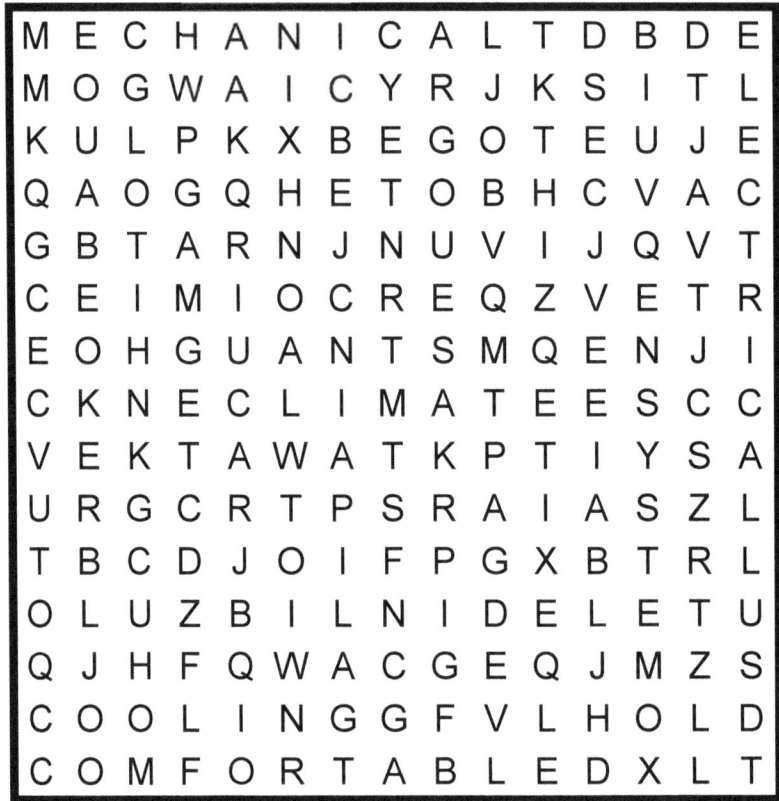

Word Bank:

Climate	Field
Comfortable	Heating
Control	Hold
Cooling	Patent
Electrical	System
Engineer	Mechanical

Mark Dean

Helped Launch the Personal Computer Age

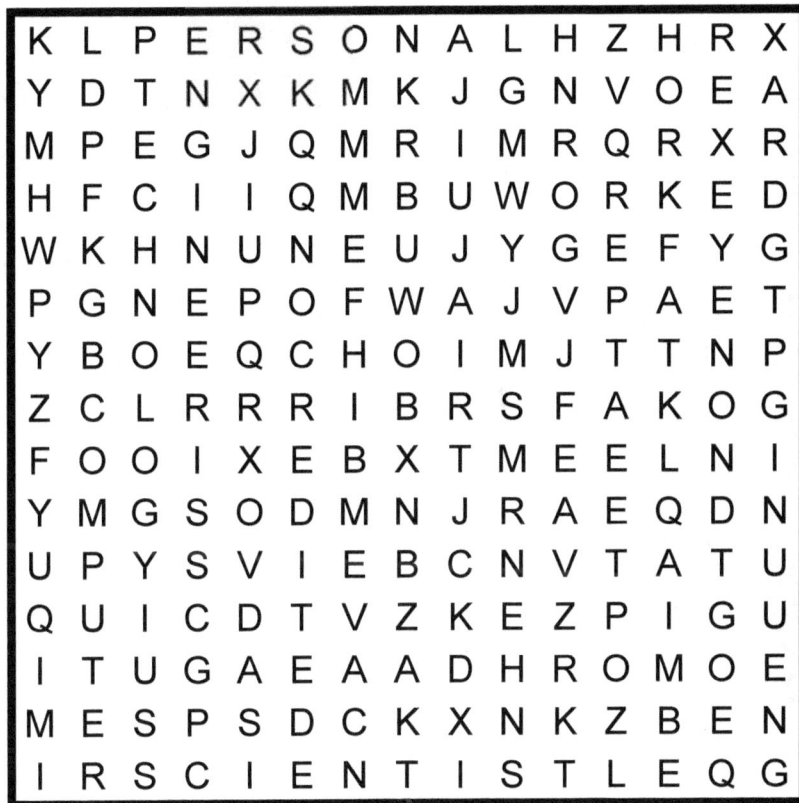

K	L	P	E	R	S	O	N	A	L	H	Z	H	R	X
Y	D	T	N	X	K	M	K	J	G	N	V	O	E	A
M	P	E	G	J	Q	M	R	I	M	R	Q	R	X	R
H	F	C	I	I	Q	M	B	U	W	O	R	K	E	D
W	K	H	N	U	N	E	U	J	Y	G	E	F	Y	G
P	G	N	E	P	O	F	W	A	J	V	P	A	E	T
Y	B	O	E	Q	C	H	O	I	M	J	T	T	N	P
Z	C	L	R	R	I	B	R	S	F	A	K	O	G
F	O	O	I	X	E	B	X	T	M	E	E	L	N	I
Y	M	G	S	O	D	M	N	J	R	A	E	Q	D	N
U	P	Y	S	V	I	E	B	C	N	V	T	A	T	U
Q	U	I	C	D	T	V	Z	K	E	Z	P	I	G	U
I	T	U	G	A	E	A	A	D	H	R	O	M	O	E
M	E	S	P	S	D	C	K	X	N	K	Z	B	E	N
I	R	S	C	I	E	N	T	I	S	T	L	E	Q	G

Birthdate:

March 2, 1957

Birthplace:

Jefferson City, Tennessee

Key Facts:

➢ He is a computer scientist and engineer.
➢ He worked for IBM.
➢ He holds 3 of IBM's original 9 personal computer patents.

Word Bank:

Age	Patents
Computer	Personal
Create	Scientist
Credited	Technology
Develop	Worked
Engineer	Information

Kelly Miller

Known as the "Bard of the Potomac"

T	S	T	U	D	E	N	T	H	O	P	K	I	N	S
C	E	L	J	K	M	O	C	R	Q	P	E	I	P	N
Z	M	A	H	Y	Y	S	N	W	M	X	J	H	F	Q
Z	X	T	C	U	Z	J	Y	Q	J	O	H	N	S	O
S	A	V	R	H	L	A	F	L	X	F	M	G	Z	K
E	U	N	I	V	E	R	S	I	T	Y	I	V	Q	Y
V	L	A	C	T	U	R	T	G	N	D	D	C	B	S
R	Q	X	S	W	O	S	M	T	Q	R	A	B	C	V
R	N	R	Y	A	I	B	L	N	I	M	X	X	T	C
F	I	K	W	Y	V	Y	O	W	O	H	G	B	Y	Q
F	Y	D	A	U	B	H	O	T	H	K	A	U	X	Q
V	H	S	H	Z	M	H	O	X	J	F	V	E	L	Q
G	S	X	F	F	T	P	D	E	G	R	E	E	S	E
E	A	D	V	A	N	C	E	D	B	A	R	D	V	X
N	E	W	S	P	A	P	E	R	I	A	R	L	I	P

Birthdate:
July 18, 1863

Birthplace:
Winnsboro, South Carolina

Key Facts:
➤ He was a great mathematician.
➤ He was also a teacher, essayist, and newspaper columnist.
➤ He was the first African American to attend Johns Hopkins University.

Word Bank:

Advanced	Hopkins
Bard	Johns
Degrees	Student
Essayist	Teacher
First	University
Newspaper	Potomac

Paul Revere Williams

Known as the "Architect of Hollywood"

```
G O V E R N M E N T M V F S Q
M Z C M V R P N C L I E N T S
W E F N J B N E U M B G F R P
B D R U I L T H O M E S S G E
Q Y P O W I S A Q S E J F H D
C S O K H E Z M N L U R M U Q
I D G C N Y A A T S A J O G V
W T R M R D L L U X Y K P U N
B A Z G A P D E T A I L E D S
H F V O O X Z K J H L K T G Z
F N G N V O Q S F U Y S O W F
U V Z S W I P G U S E R V E D
B U I L D I N G S D E S I G N
H O L L Y W O O D O L Y L L G
I W G F C W O J O T F W M F M
```

Birthdate:
February 18, 1899

Birthplace:
Los Angeles, California

Key Facts:
- He designed homes for the wealthy.
- He designed over 3,000 buildings.
- He also served on numerous government commissions.

Word Bank:

Architect	Hollywood
Buildings	Homes
Clients	Plans
Design	Served
Detailed	Wealthy
Government	Numerous

Frederick D. Gregory

First African American to Command a Space Shuttle Mission

A	S	F	G	P	D	C	P	S	A	Q	R	F	K	B
O	J	A	A	T	Y	C	M	Z	I	Q	R	A	T	Z
A	O	R	S	D	U	M	O	P	R	A	T	T	N	E
L	E	R	X	L	T	B	P	O	G	S	T	N	C	K
Y	I	C	Q	D	N	D	B	W	C	H	S	R	H	V
F	R	Q	V	Z	E	F	S	C	O	Y	O	N	F	G
E	M	U	L	D	T	L	P	V	M	F	H	U	D	N
E	V	I	R	G	J	Y	K	G	M	X	F	M	S	V
I	Z	A	S	V	J	I	Z	M	A	A	W	E	H	Z
L	W	H	V	S	Z	N	L	D	N	T	S	R	U	N
A	Y	J	Y	Z	I	G	K	S	D	I	P	O	T	J
R	D	L	C	O	L	O	N	E	L	I	A	U	T	I
T	W	F	B	F	E	N	N	Y	H	B	C	S	L	J
P	P	W	A	H	W	N	E	L	G	U	E	K	E	G
K	S	Y	R	Q	O	V	F	D	Q	W	R	W	A	X

Birthdate:
January 7, 1941

Birthplace:
Washington, D.C.

Word Bank:

Air	Force
Awarded	Mission
Colonel	Numerous
Command	Shuttle
First	Space
Flying	Rank

Key Facts:
➤ His first mission with NASA was in 1977.
➤ He was promoted to the rank of Colonel in the United States Air Force.
➤ He has been awarded numerous honors, including 2 Distinguished Flying Crosses and 16 Air Medals.

Charles W. Chappelle

African American
Aviation Pioneer

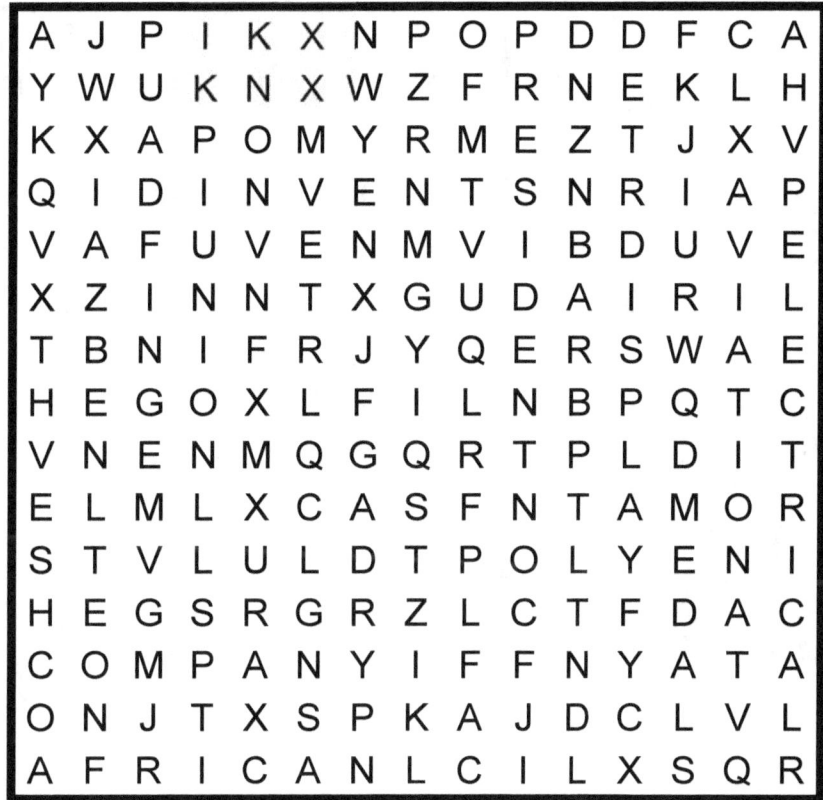

A	J	P	I	K	X	N	P	O	P	D	D	F	C	A
Y	W	U	K	N	X	W	Z	F	R	N	E	K	L	H
K	X	A	P	O	M	Y	R	M	E	Z	T	J	X	V
Q	I	D	I	N	V	E	N	T	S	N	R	I	A	P
V	A	F	U	V	E	N	M	V	I	B	D	U	V	E
X	Z	I	N	N	T	X	G	U	D	A	I	R	I	L
T	B	N	I	F	R	J	Y	Q	E	R	S	W	A	E
H	E	G	O	X	L	F	I	L	N	B	P	Q	T	C
V	N	E	N	M	Q	G	Q	R	T	P	L	D	I	T
E	L	M	L	X	C	A	S	F	N	T	A	M	O	R
S	T	V	L	U	L	D	T	P	O	L	Y	E	N	I
H	E	G	S	R	G	R	Z	L	C	T	F	D	A	C
C	O	M	P	A	N	Y	I	F	F	N	Y	A	T	A
O	N	J	T	X	S	P	K	A	J	D	C	L	V	L
A	F	R	I	C	A	N	L	C	I	L	X	S	Q	R

Birthdate:
July 11, 1872

Birthplace:
Edmonton, Georgia

Key Facts:
➢ He won a medal for being the only African American to invent and display an airplane at the 1911 First Industrial Air Show.
➢ He was also an electrical engineer and businessman.

Word Bank:

Aviation	Invent
African	Electrical
Air	Company
Display	President
Engineer	Medal

Eugene J. Bullard

First African American Army Military Pilot

Birthdate:
October 9, 1895

Birthplace:
Columbus, Georgia

Key Facts:

➤ He was a French Army Corporal.
➤ He was awarded the Croix de Guerre.
➤ He also owned and managed nightclubs in Paris.

```
P A R I S D V F R N O W N E D
V Y P N U L P I L O T S L U Z
U N B W F R E N C H Z L A H V
D Q Q K S C Q O X I E P I E O
N I G H T B L P J V H K F E Y
A B C T M S W U L R Q P E V J
O D W Q F F F P B R I M I M T
I D G S H P U K X S M A N H W
D B L T L V O Z I I I C F A A
V O G I M Z M R D G L P A U R
T O M A N A G E D K I X N B L
V K E I M H P R J E T Z T L I
H T Y N Q S T R H U A B R C E
P H R M W K J W S B R C Y N U
S E R V E D D O P Q Y W U I L
```

Word Bank:

Clubs	Owned
French	Paris
Infantry	Pilot
Managed	Served
Military	War
Night	

Thomas Wyatt Turner

Pioneer in Biology

N	J	D	D	U	S	K	V	S	D	N	C	A	Q	M
U	N	S	S	E	N	W	T	C	N	W	W	H	P	D
S	J	H	P	I	O	N	E	E	R	B	X	S	P	H
A	L	D	W	E	E	T	P	L	A	N	T	S	N	S
T	F	C	T	I	M	B	W	J	L	F	S	E	E	D
K	D	M	R	D	O	S	W	M	F	R	I	V	E	S
O	H	T	I	I	Z	H	L	F	C	X	Y	O	M	L
L	U	C	C	N	W	B	I	O	L	O	G	Y	D	F
N	Z	Q	L	L	E	Q	G	R	O	W	T	H	L	M
K	P	F	E	K	P	R	A	Y	S	O	U	M	T	S
V	V	D	Z	C	T	Q	A	R	G	E	F	O	T	X
A	C	T	I	V	I	S	T	L	L	Z	O	H	O	V
W	H	K	Z	G	K	V	C	F	S	R	G	V	E	Z
D	M	E	S	P	E	C	I	A	L	I	Z	E	A	H
C	B	R	W	Y	K	A	K	L	R	H	J	Q	P	W

Birthdate:
March 16, 1877

Birthplace:
Hyattsville, Maryland

Key Facts:
➢ He specialized in plant physiology.
➢ He was also a civil rights activist who helped found the NAACP.
➢ He served as a professor.

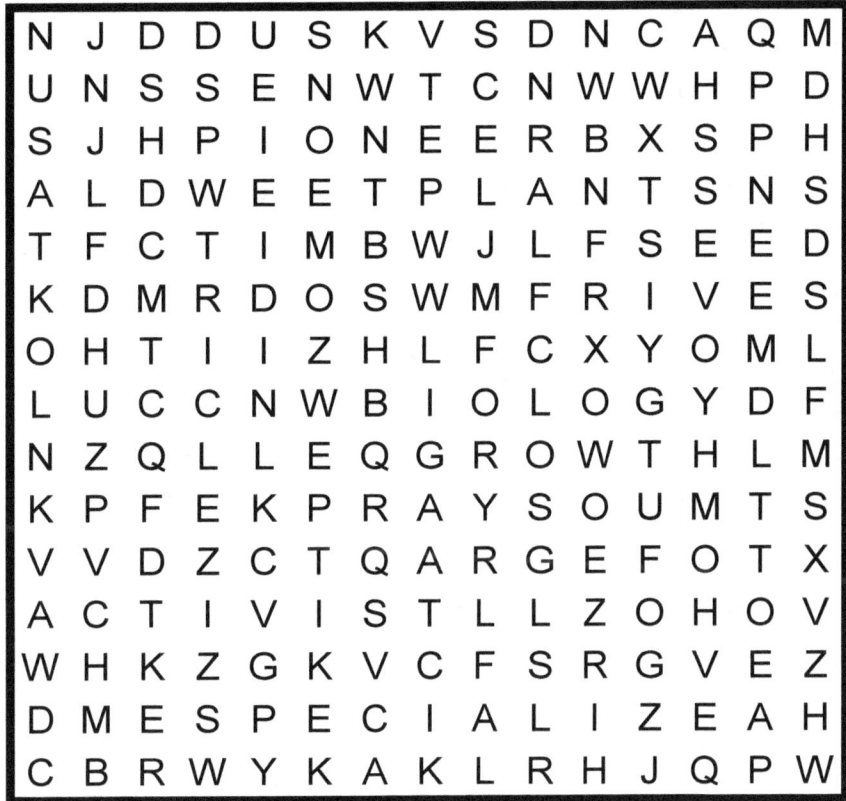

Word Bank:

Activist	Pioneer
Biology	Plants
Civil	Rights
Growth	Root
Mineral	Seed
Nutrients	Specialize

Lucas Sontomee

One of the First Physicians in the United States

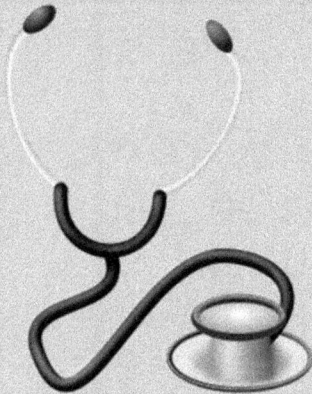

R	D	O	Q	J	S	R	Q	P	Y	P	Q	E	I	W
E	L	K	Z	F	J	N	Y	A	F	Z	U	C	F	G
F	X	I	B	O	P	I	I	N	O	Q	T	X	V	Q
J	S	D	A	C	L	H	G	L	T	R	E	A	T	T
F	P	H	C	R	C	B	Y	P	O	R	E	Q	R	H
I	E	K	L	X	D	Q	S	S	U	P	U	B	L	R
U	B	U	B	M	E	D	I	C	I	N	E	F	A	E
S	R	E	J	O	U	P	E	E	N	C	D	C	N	D
M	J	A	L	T	W	Q	R	J	B	W	I	S	D	H
G	C	Z	S	G	F	N	D	A	O	V	K	A	Q	D
M	S	R	Z	L	S	C	E	H	C	M	B	W	N	G
C	I	H	S	S	K	G	I	R	V	T	H	T	W	F
F	B	T	E	D	U	C	A	T	E	D	I	X	T	R
Y	A	S	I	A	E	P	A	A	F	R	I	C	A	A
P	H	Q	D	M	L	K	H	Y	J	R	Y	U	E	Q

Birthdate:
Not Known

Birthplace:
Africa

Word Bank:

Africa	Owner
Cure	Practice
Educated	Treat
First	Medicine
Heal	Physician
Land	

Key Facts:
- He was educated in Holland in 1604.
- He practiced medicine in America under the Dutch.
- He was a major land owner in present day New York.

Abdurrahman Es-Sadi

African Scholar, Historian, and Author

C	H	X	Q	X	W	A	T	E	P	T	J	K	D	D
Y	K	C	Z	H	I	S	T	O	R	I	A	N	M	E
O	B	E	W	X	W	D	Q	C	C	Z	L	A	S	T
C	A	U	T	H	O	R	S	T	U	E	N	F	O	A
L	C	W	K	F	Z	M	A	T	E	O	E	R	U	I
I	J	K	C	H	O	U	K	R	V	H	A	I	R	L
K	Z	U	B	D	I	U	L	U	A	L	G	C	C	E
H	P	H	G	B	B	S	B	E	O	B	W	A	E	D
Q	Z	N	T	M	I	L	T	H	C	W	I	N	Z	J
C	I	P	I	T	P	K	C	O	B	Q	P	C	B	W
K	G	T	H	N	C	S	M	P	R	D	L	U	S	J
B	K	R	E	L	I	A	B	L	E	Y	G	J	L	B
O	W	F	N	G	C	G	P	J	G	T	C	Q	B	S
O	N	S	A	W	M	S	E	R	T	N	T	D	B	A
K	J	X	P	C	E	G	I	C	I	I	H	Y	D	U

Birthdate:
May 28, 1596

Birthplace:
Timbuktu, Africa

Key Facts:
➤ He wrote the book, *Tarik es Soudan.*
➤ It is one of the most detailed and reliable sources on the history of African Kingdoms.
➤ It was written in Arabic.

Word Bank:

African	History
Arabic	Kingdoms
Author	Reliable
Book	Scholar
Detailed	Source
Historian	Timbuktu

Cato Howe

A Revolutionary War Hero

Birthdate:
In 1756

Birthplace:
Not Known

Key Facts:
➤ He served in the 23rd Continental Infantry and the Plymouth Militia Regiment.
➤ He was given a land grant of 94 acres of land.
➤ With three other veterans, he used the land to establish a free Black Settlement near Plymouth, Massachusetts.

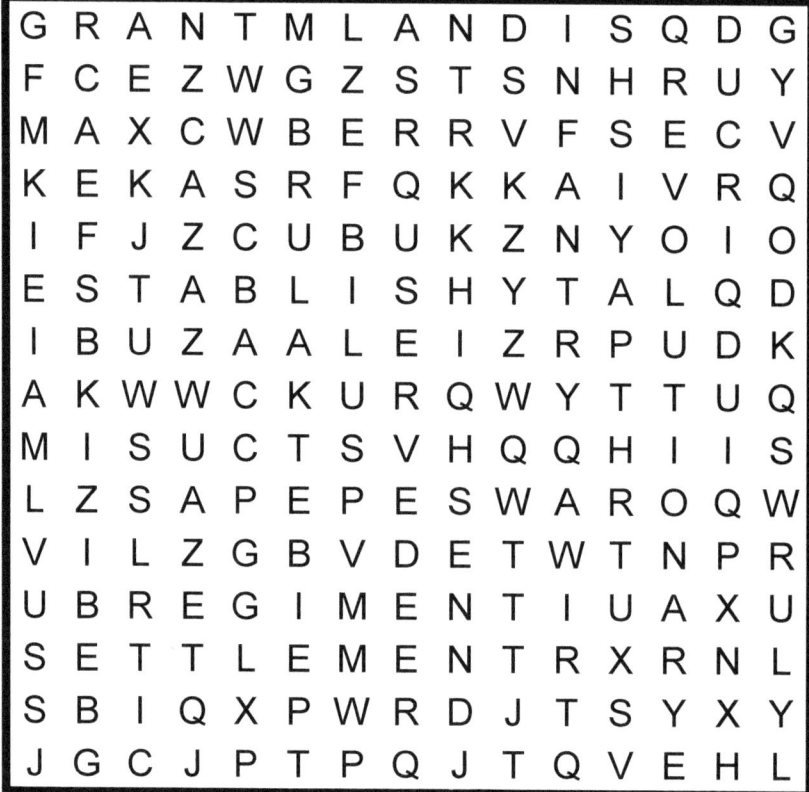

```
G R A N T M L A N D I S Q D G
F C E Z W G Z S T S N H R U Y
M A X C W B E R R V F S E C V
K E K A S R F Q K K A I V R Q
I F J Z C U B U K Z N Y O I O
E S T A B L I S H Y T A L Q D
I B U Z A A L E I Z R P U D K
A K W W C K U R Q W Y T T U Q
M I S U C T S V H Q Q H I I S
L Z S A P E P E S W A R O Q W
V I L Z G B V D E T W T N P R
U B R E G I M E N T I U A X U
S E T T L E M E N T R X R N L
S B I Q X P W R D J T S Y X Y
J G C J P T P Q J T Q V E H L
```

Word Bank:

Acres	Land
Black	Regiment
Establish	Revolutionary
Grant	Served
Hero	Settlement
Infantry	War

Marie Therese dite Coincoin

The Founder of Isle Brevelle

```
K W E M K E Z E V C Y S V C M
I B H Z P I Z K A C R E J R Q
B N U M N I D Y Z R B H Q E U
Y M H S N F U I B X L G U O A
C H R A I F G E U G A F T L R
X L G H O N N V X T C U B E N
M R C G L I E E L W K F U G Z
O K S O C Y S S I S S K G L D
W W T I M B B F S G A I N E D
Q K D E E M P L A N T E R J U
O E J Z N O U X X G X C E Z T
M G S E K R R N P O X P A V P
D B X M H D M X I Y X J K X C
S E T T L E M E N T F R E E E
P N I Y E B D T D K Y W E P V
```

Birthdate:
In 1742

Birthplace:
Natchitoches, Louisiana

Key Facts:
➢ She gained her freedom in 1778.
➢ She became a medicine planter and businesswoman.
➢ She organized a 13,000 acre settlement of Free Blacks in Louisiana to develop a Creole community known as Isle Brevelle.

Word Bank:

Acre

Blacks

Business

Community

Creole

Settlement

Free

Gained

Medicine

Organize

Planter

Thomas L. Jennings

First Known African American to Receive a U.S. Patent

Birthdate:
1791

Birthplace:
New York City, New York

Key Facts:

➤ He was awarded his patent on March 3, 1821.
➤ He invented the process of dry scouring.
➤ Dry scouring was the forerunner of dry cleaning.
➤ He was also an abolitionist, tailor, and businessman.

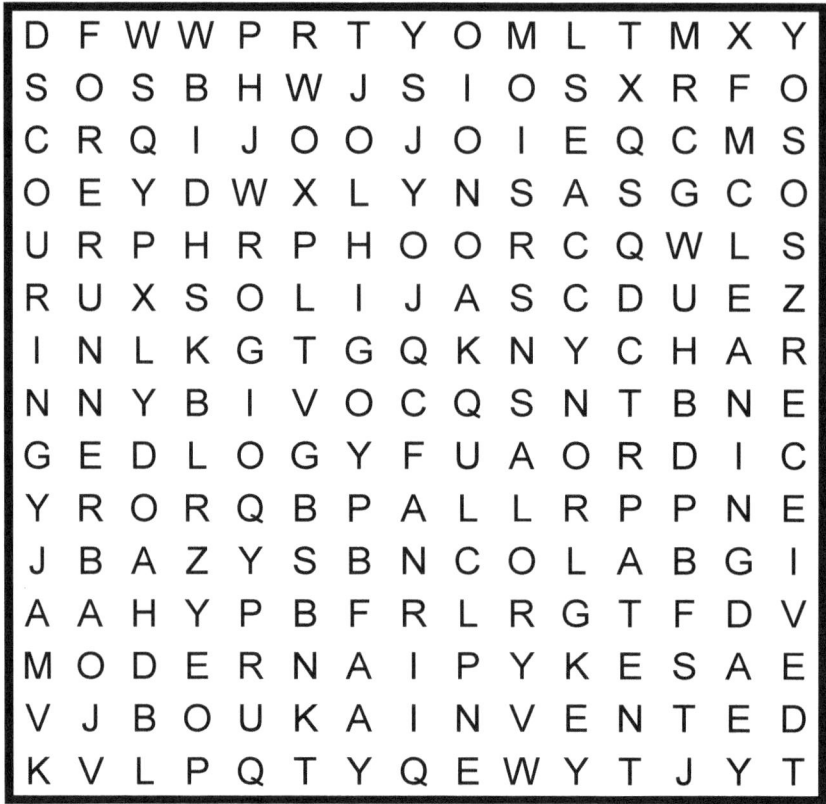

```
D F W W P R T Y O M L T M X Y
S O S B H W J S I O S X R F O
C R Q I J O O J O I E Q C M S
O E Y D W X L Y N S A S G C O
U R P H R P H O O R C Q W L S
R U X S O L I J A S C D U E Z
I N L K G T G Q K N Y C H A R
N N Y B I V O C Q S N T B N E
G E D L O G Y F U A O R D I C
Y R O R Q B P A L L R P P N E
J B A Z Y S B N C O L A B G I
A A H Y P B F R L R G T F D V
M O D E R N A I P Y K E S A E
V J B O U K A I N V E N T E D
K V L P Q T Y Q E W Y T J Y T
```

Word Bank:

Abolitionist	Patent
Cleaning	Receive
Clothes	Scouring
Dry	Tailor
Forerunner	Invented
Modern	

Josiah Henson

Abolitionist, Author, and Minister

Birthdate:
June 15, 1789

Birthplace:
Charles County, Maryland

Key Facts:
➤ He escaped slavery and settled in Canada.
➤ He wrote his widely read autobiography, *The Life of Josiah Henson, Formerly a Slave, now an Inhabitant of Canada, Narrated by Himself.*

```
I A U T O B I O G R A P H Y L
R N B Z M A E D R O Q V O E R
Z L H O Q C A N A D A E L N S
F G U A L F A U T H O R S W N
K T A O B I N A R R A T E D Z
J V G O Z I T C N R Z O B N M
K T F G H M T I E R T C T A O
D G O G U B Q A O R Q X R I Y
E F R E E D O M N N U T A C J
X A M B T T Q W X T I P Y T G
N R E L N W N P R F Y S G T G
A C R V O T R T S O V R T W G
M S L A V E R Y A F T A T H A
B H Y X S K S E T T L E D A J
N Q H M I N I S T E R D X C H
```

Word Bank:

Abolitionist	Freedom
Author	Inhabitant
Autobiography	Minister
Canada	Slavery
Formerly	Wrote
Narrated	Settled

Mary Prince

First Black Woman to Write and Publish a Slave Narrative Autobiography

Birthdate:
Around 1788

Birthplace:
Devonshire Parish, Bermuda

Key Facts:

➢ Her autobiography was called *The History of Mary Prince*.

➢ She was also the first Black woman to present an anti-slavery petition to Parliament.

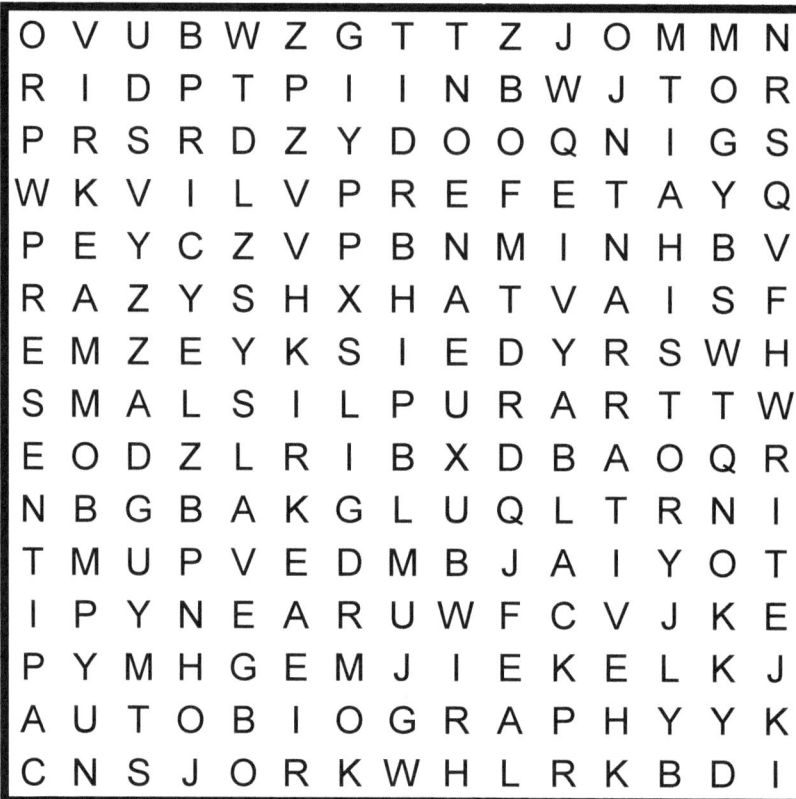

```
O V U B W Z G T T Z J O M M N
R I D P T P I I N B W J T O R
P R S R D Z Y D O O Q N I G S
W K V I L V P R E F E T A Y Q
P E Y C Z V P B N M I N H B V
R A Z Y S H X H A T V A I S F
E M Z E Y K S I E D Y R S W H
S M A L S I L P U R A R T T W
E O D Z L R I B X D B A O Q R
N B G B A K G L U Q L T R N I
T M U P V E D M B J A I Y O T
I P Y N E A R U W F C V J K E
P Y M H G E M J I E K E L K J
A U T O B I O G R A P H Y Y K
C N S J O R K W H L R K B D I
```

Word Bank:

Autobiography	Petition
Bermuda	Present
Black	Publish
History	Slave
Narrative	Write
Parliament	

Lewis Temple

Whaling Industry Inventor

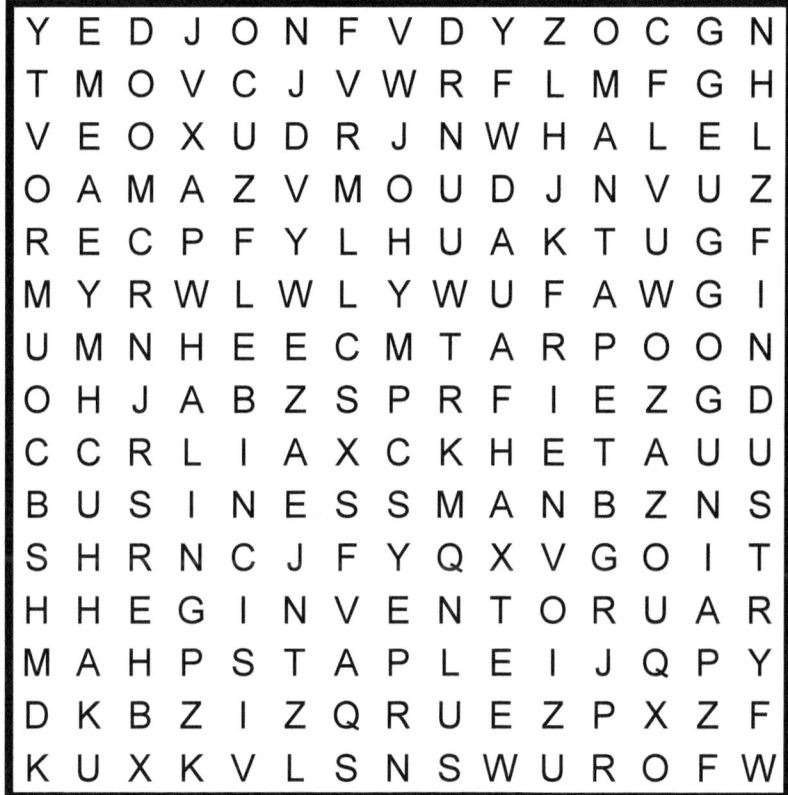

```
Y E D J O N F V D Y Z O C G N
T M O V C J V W R F L M F G H
V E O X U D R J N W H A L E L
O A M A Z V M O U D J N V U Z
R E C P F Y L H U A K T U G F
M Y R W L W L Y W U F A W G I
U M N H E E C M T A R P O O N
O H J A B Z S P R F I E Z G D
C C R L I A X C K H E T A U U
B U S I N E S S M A N B Z N S
S H R N C J F Y Q X V G O I T
H H E G I N V E N T O R U A R
M A H P S T A P L E I J Q P Y
D K B Z I Z Q R U E Z P X Z F
K U X K V L S N S W U R O F W
```

Birthdate:
In 1800

Birthplace:
Richmond, Virginia

Word Bank:

Businessman	Temples
Craft	Whale
Industry	Whaling
Inventor	Tarpoon
Iron	Staple

Key Facts:

➢ He invented the Whaling Tarpoon and the Temples Iron.
➢ It became a staple of the whaling industry.
➢ He was a successful businessman who operated a whale craft shop on the waterfront of New Bedford.

Mme. Gabriel B. Couvent

Founder of a School

A	R	I	K	L	Q	G	E	R	U	I	P	I	K
T	C	Y	J	N	R	E	G	A	R	D	L	E	S	S
H	H	A	L	H	K	H	A	P	A	Y	L	J	B	L
S	I	D	J	J	R	G	F	Y	I	N	C	O	M	E
P	D	F	D	F	V	O	R	O	H	C	I	V	I	L
F	R	O	E	P	U	R	I	W	S	S	W	A	R	Y
Z	E	H	N	O	K	P	C	S	J	Q	T	F	X	D
A	N	H	W	V	R	H	A	O	C	N	K	B	E	S
E	M	A	K	W	F	A	E	O	E	N	I	D	Z	E
T	R	Q	O	Y	R	N	U	V	U	F	N	S	Y	R
D	N	U	E	X	V	S	U	S	Z	U	K	C	H	V
K	K	T	W	V	Z	O	B	M	O	H	J	H	A	I
Q	Y	F	G	N	C	G	T	F	N	N	I	O	D	C
Q	G	V	Q	T	V	U	G	B	B	K	C	O	T	E
B	V	W	Y	H	Y	B	L	A	C	K	J	L	R	D

Birthdate:
In 1757

Birthplace:
Africa

Word Bank:

Africa	Founded
Black	Income
Chidren	Orphans
Civil	War
Couvent	Serviced
Regardless	School

Key Facts:

➢ She was a pre-Civil War philanthropist.
➢ She founded a school for Black orphans, but it serviced children from all economic backgrounds.
➢ She named her school the Couvent House and it is still in existence.

Answer Key

Jarena Lee

Usman dan Fodio

Leontine T.C. Kelly

Charles Boothe

Richard Allen

Absalom Jones

Desmond Tutu

Albert Cleage

Eliza Healy

Alexander Crummell

Akhenaton

Peter Spencer

Rebecca C. Jackson

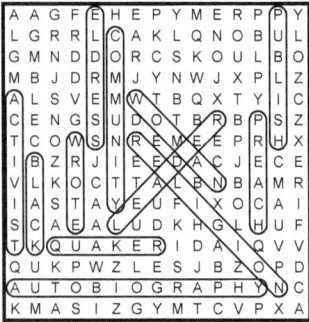

Catherine Ferguson

Vernon Johns

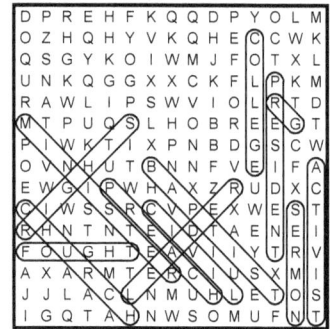

Robert Bogle

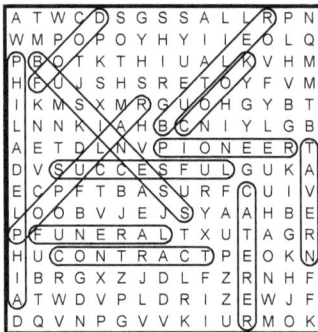

Thomas Day

William Whipper

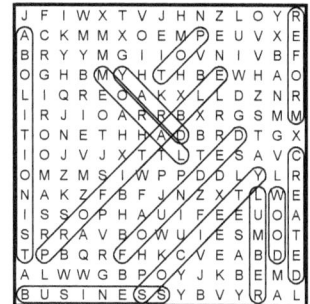

Paul Cuffee

Elizabeth Keckley

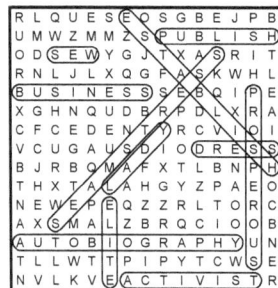

Madame C. J. Walker

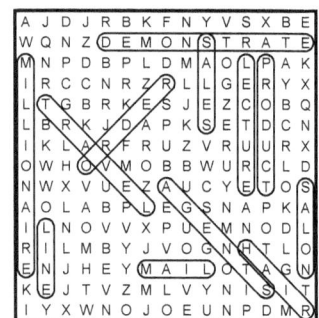

Rose Morgan

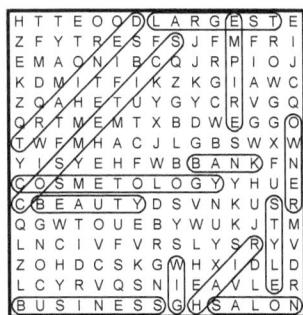

Biddy Mason

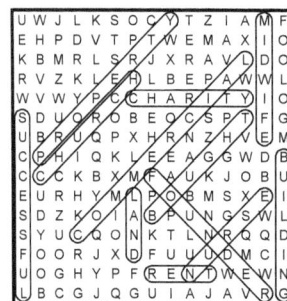

A.G. Gaston

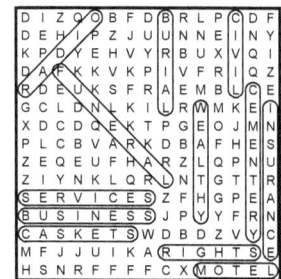

Jehu Jones

```
N T S H O P E D H G O W N E R
S R T J J V L D F H W G W C Y
U W Q D A E W E A L T H Y I G
G G M L T A I L O R A N P R A
D W S O H Z V N Y Z O O U Y L
B I H A W F O X B J R S R O P
B F G K G M L W K B Q X C X Y
U V V B K K L W M O Q E H O R
S S U C C E S S F U L E A E I
I H E Z J N P U P I V S S A W
N K H W Z T T Z B C T T E C W
E M H G Y A M T S E I A K B U
S T C C B W B Q E Z Y T N V D
S V M D T D D W O V E F V X
S P F R E E D O M S E A S E O
```

Wiley Jones

```
P P U A S B H I P J R Y Z R A
U N N P A U X O G A K L R C I
R B V B L S U D C L L Z M Y
C B T N O I T J L T T M W F
H R K P O N E O P U H C M A H
A H T B N E A R M E V J Q J X
S O K D R S D T Y J M Z V W U
E R K T F S I P J R U J B R R
D S S P G U N Q G O R H J W K
K E D B O M G V M G T L X R B
T K X I B V X K Q U U A Z R
T O P F B K C P O B I P D O T
V D K Y C C X S J L S L A V E
O P E R A T E Q T R A C I N G
F R A N C H I S E H E Y V V Y
```

Constance Motley

```
G B G C A N G K I N T Q E D F
D X F W K I R E M R D W L A R
I A I A F G E G U H G S E P V
D F R E U H X O L N E C C O N
W D S L L H C Y I N N T S E Y
J O T B I A K T A B A N E I
R Z O R O K W M M T E A D P
D V F I G C O E T D A P A I W
A Q X G I W R A L U J O D
Y Q D H U P H S E I V S E N J
N Z E T U N E N V K X U C S U
J H S A R T I G O G O U Z D
G W N M P Y C L W R P O R G
N U E A F D X I A W X P Y L E
R D C F U G G A S W W Q U K Y
```

P.B.S. Pinchback

```
T E M P O R A R Y W T V B I F
Y H X B W Y J Q A I U N A Z
W N R G S V N G F U L A W B Z
A F G Z G I R M Y E C F Z D D
A O W X G Z S C S I U T V M S
P O L I T I C S L O T B G U T
S S O C V E P B G R U L O W A
M V N B I U U J G N B V A T
S H R N A P B M L A I M E E
K E N M E I L A E N O X R X
K B R R I Q I A U I R D I O
A U Q V O L S R D Z F Q O J S
R G X D E V H M E E Z B R O H
J R U M M D E Y R D P U W F
D D Z E T L R R I O D U E B F
```

Charles Douglass

```
D D L V L O T G L R E S O R T
I G H S Y I S K Q O Q U S Y Z
S W D H R P W L F I R S T J B
C O R I P I W Q P U E J H W E
R Q E G L U B H R N T B L B A
I S G H J H W O I K T L E L C
M V I L T S J S U X I G N A H
N I Z M A X A U K G Y H T F C P
N N E N M B W Y S L H E O K L
A P N D V L U F T F K T U F H
T I T Q I Q J S Y Q B P N M X
I W N Y X D G P N X H M D A P
O G A P R O P E R T Y T E X O
N S U R K Y K X U Y B R R T U
M U E V V G I R E K U Z U W C
```

Thomy Lafon

```
B F Y P U D Y Q W U A F Z B F
L O L Y N L H J T F U N D S A
N E W E Y D E A M B O D C Z C
H R L O X Z W O R O H X D O
O I R G M U E F N B F L O M
X Y V J T I A W E V V G A N
Y U U X W W L F V W W E Q E A
L C M B D D T U B A R N B S
T N Z A M K H G J K U Z U D
E E U W F M T W E S M K S Y
S B R O K E R G Q A D R I M O
T K V O Y R F I Z Z X T S N B N
A N H L M Q S Y W V C C E K A
T S L E P R F N M Y X D S V T
E P R O S P E R O U S Z S C E
```

Robert Wood

```
S H V M Q K I X C T W A E W P
H W N H M B R P E C L V G A
I W E D M B L A C K O W R A V
Y N S R S N O X E V L G S R J
T C X M J N O O M I G O L U N D B
R Y N I N F Z A E L E C T E D
O S N W L A F E R N C E P S E
C R V B B E T B F U T F U C T
N T H B M S T C Y G O B G H O
B C R E A T E P H S R X P O Y
P O L I T I C S E S R Q O S
F X V E M X T R J Z C O U L
F C U U H Y P A K J U B L A W
W V K R J E U X Q N O R K H P
B E C E N F O R C E M A Y O R
```

Pierre C. Landry

```
J O J I C S S B Y R X R T X M
E G W X T P P R M P E V A Y I
L C N M T W L T Q B A T A K N
E S I H Q E V T M O U A E Q I
C A K J G H U E W P J M B V S
T L M O M E M J K R M Y K C T
E A U X N A T Y S Q U H L K E
D W X N G Z Y G L B H Z W N R
J Y I W G T Q O N U M S V P Z
V E K J Y Y T T R S A E F S B
N R O M R L H X S I O R V H U
I E I X F O H D Z N W V T E N
E D U C A T O R Q E R E R G S
F I R S T M P Z N S E N A T E
Z N S P O S T M A S T E R N H
```

William Henry Brown

```
E O M K B P O R A Z J H C P G
Z Z D U D W V Q N O W A W F W
F K J R D C U Y C O M P A N Y
K W P G W F H F J R B R A G P
E C P M L F V T H E A T E R N
O C K V T U I X C V Y P O O C
O V S U S D T R A P Y E L V L
H V E C O N E Q S U R G E W
N U A N I M D N T T C F L S P
M K T B S E O P S Q S O S E R
G F C S N R T J L U M R S B T
A F R I C A N U U A P M H K T
X L C P W Q I F U E Y M D K K
O R R B J R V D C W K M M M X
E N T E R T A I N B L A C K
```

Free Frank McWorter

```
V V V N Z P L B T P N Q N E F
B K O R K D D K F R E E D O M
M G K J S N V O O N M Q L R A
U B I O C H J I C U F E B Z N
N V C G H W R K G B N E U R U
I Y U D O I N N E F R X L U F
C V K L O X S A O U K A C A
I H U Y U N A R C U A L N C C
P U F S H L J X N Y W D U T
A W L M C K A H B D C D U D U
L B B R K B Q H T E R I A F R
I S U W G M D G R R Q T S H
T P S U C C E S S F U L O G
Y I G N W S L A V E R Y W T G
I N C O R P O R A T E W N I I
```

Hiram Rhodes Rivals

```
A G R I C U L T U R A L S O E
M P U U D T W B K Y W K K I
F R M V O J N O N W N G N U Z
L W C F Z D T H Z M P S U O
L C P I X A F N D O O V E R W
A E R X N J E X X N R R G
M D E E J L T F D Y U Q V O I
I U S B N C V P C O L L E G E
N C I E E Y A H J Z P A D X H
A D F P O L I T I C S C X
S T E C V I B D A T H X A O V
E O T Y J E J S A U J F E S O
R N D N Y C O I T P J F J L F
M E C H A N I C A L E H L X S
```

Macon Allen

```
M Z S E R V E D K B J L D A B
M U P R O B A T E F P E E X R
I V I Q U F E C R V S J D P G
J Z S U D O T U D S U P F C I
I O D O J P C R A H Y Y U S O
V D R R Z V R P M K P Z Q G J
I B D V Y C L A S D A N Y J G
B Q L B S W X C Y C Y A L Q Z S
S B L I C E N S E T B D K S D
H O S Z I A F O D M Y V H L
S Z W K R B U K H X L C G F A
L I N D I A N A J P E I W
I U D L V F K J U D G E B R
S D W A U C P A R T N E R M G
P P R W Q C G F R Z C O U R T
```

Barack Obama

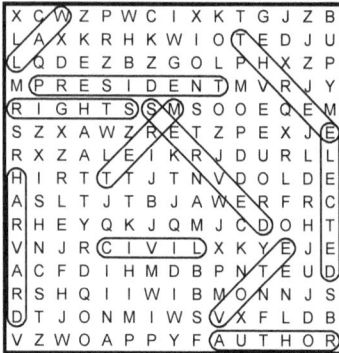

Charlotte Ray

Dennis Archer

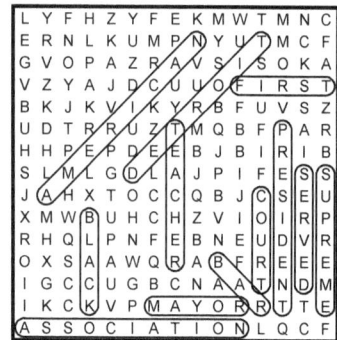

Robert Sutherland

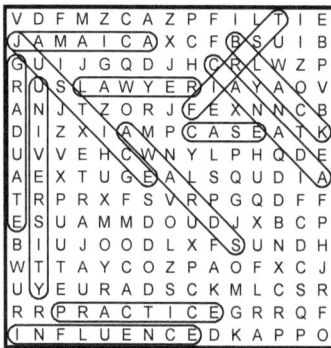

Taharqa

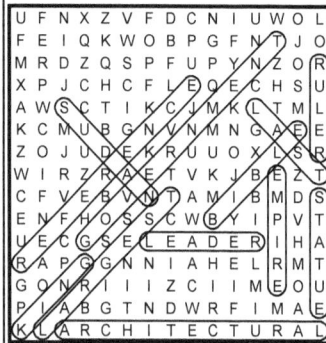

Septimus Severus

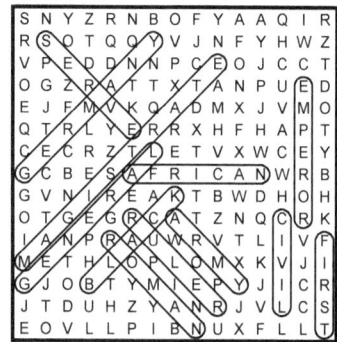

Robert H. Terrell

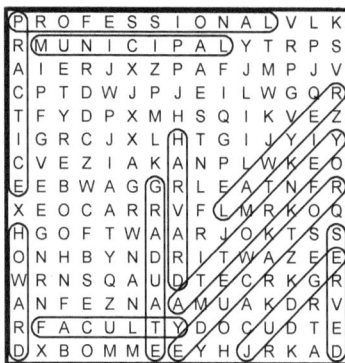

Patricia Harris

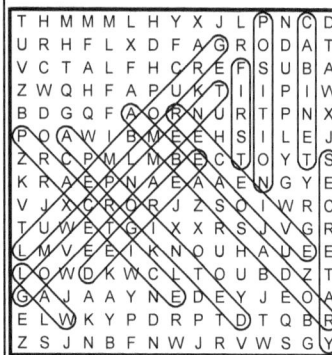

Clifton R. Wharton, Sr.

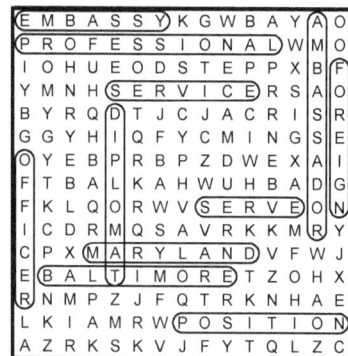

James McCune Smith

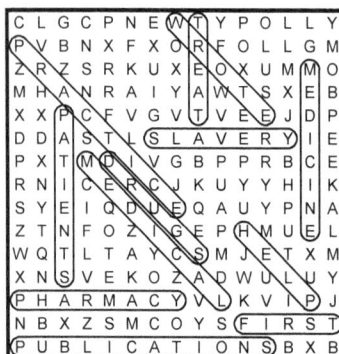

David Jones Peck

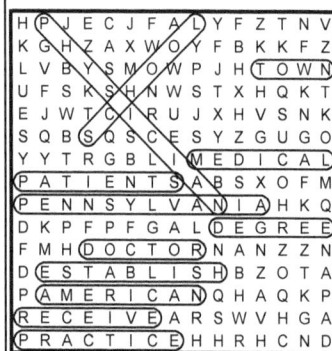

Rebecca Lee Crumpler

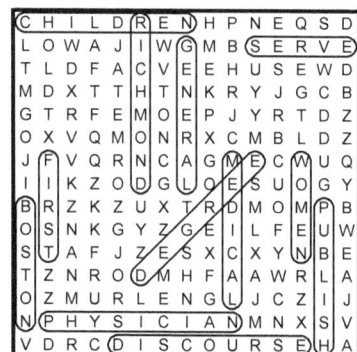

Daniel Hale Williams

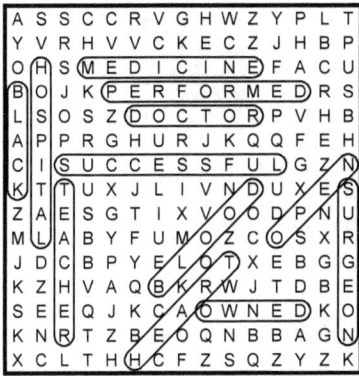

```
A S S C C R V G H W Z P L T
Y V R H V C K E C Z J H B P
O H S M E D I C I N E F A C U
B O J K P E R F O R M E D R S
L A C S O S Z D O C T O R P V H B
A C I P R G H J R K Q Q F E H
C I S U C C E S S F U L G Z N
K T T U X J L I V N D U X E S
Z A E S G T I X V O O D P N U
M L A B Y F U M O Z C O S X R
J D C B P Y E L O T X E B G
K Z H V A Q B K R W J T D B E
S E E G J K C A O W N E D N B
K N R T Z B E O N B B A G N
X C L T H H C F Z S Q Z Y Z K
```

James Durnham

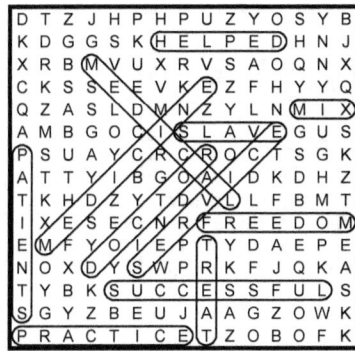

```
D T Z J H P H P U Z Y O S B
K D G G S K H E L P E D H N J
X R B M V U X R V S A O Q N X
C K S S E E V K E Z F H Y Y Q
Q Z A S L D M N Z Y L N G U S
A M B G O C I S L A V E G U S
P S U A Y C R C R O C T S G K
A T T Y I B G O A I D K D H Z
T K H D Z Y T D V L L F B M T
I X E S E C N R F R E E D O M
E M F Y O E P T Y D A E P E
N O X D Y S W P R K F J Q K A
T Y B K S U C C E S S F U L S
S G Y Z B E U J A A G Z O W K
P R A C T I C E T Z O B O F K
```

Caroline V. Anderson

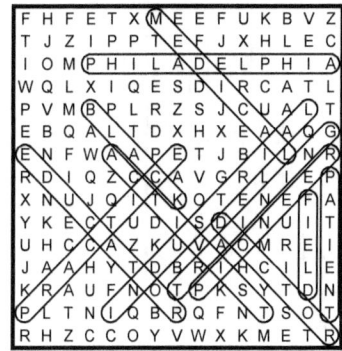

```
F H F E T X M E E F U K B V Z
T J Z I P P T E F J X H L E C
I O M P H I L A D E L P H I A
W Q L X S D I R C A L T
P V M B P L R Z S J C U A L T
E B Q A L T D X H E A Q G
N F W A A P E T J B I U N R
R D I Q Z C C A V G R I E P
X N U J O I N K O T E N E F A
Y K E C T U D I S D I I U I T
U H C C A Z K U V A O M R E I
J A A H Y T D B R I H C I L E
K R A U F N O T P A S Y T D N
P L T N I Q B R Q F N T S O T
R H Z C C O Y V W X K M E T R
```

George C. Hall

```
D E M O N S T R A T I O N P H
M R I Z V F D P D O N E P R P
J G C H I C A G O A A U N A Q
D O R O Q M O H C L H O Q A
W S P V S I M B H O Z F M S H
W D F N E S I N D H O T U C
Q W J M D S I N D H O T U C
Y W W L Y P K A H F S A P C S
Z U V H I X C F P I T Y R C U
R H P V E I O W H L X A A R G
F O U N D E R I P Q L N C S E
B A K E N G T S S N R Z T S R
R P M K N C O Y A S N S I F R
Q O S V A H G N M H Y I C U
P R O V I D E N T Y B I E L M
```

Ulysess G. Dailey

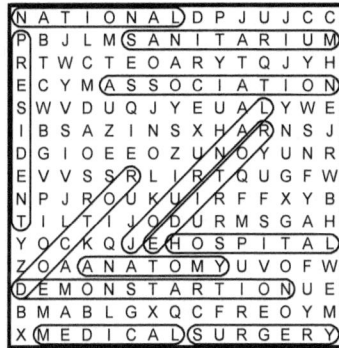

```
N A T I O N A L D P J U J C C
P B J L M S A N I T A R I U M
R T W C T E O A R Y T Q J Y H
E C Y M A S S O C I A T I O N
S W V D U Q J Y E U A Y W E
I B S A Z I N S X H A R N S J
D G I O E E O Z U N O Y U N R
E V V S S R L I R T Q U G F W
N P J R O U K U I R F F X Y B
T I L T I J O D U R M S G A H
Y O C K Q U E H O S P I T A L
Z O A A N A T O M Y U V O F W
D E M O N S T A R T I O N U E
B M A B L G X Q C F R E O Y M
X M E D I C A L S U R G E R Y
```

Lloyd Augustus Hall

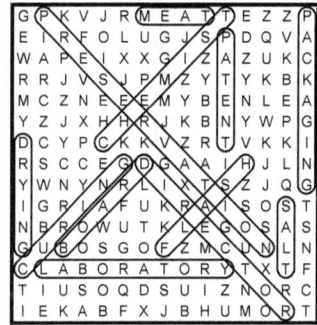

```
G P K V J R M E A T E Z Z P
E I R F O L U G J S P D Q V A
W A P E I X X G I Z A Z U K C
R R J V S J P M Z Y T Y K B K
M C Z N E E N H M I B F A A E
Y Z J X H R J K B N Y W P G
D C Y P C K X V Z R T V K K I
R S C C E G D G A A I P J L N
W N Y N R L I X T S Z J Q G
I G R I A F U R R A I S O S T
N B R O W U T K L E G O S A S
G U B O S G O F Z M C L N
C L A B O R A T O R Y T X T F
T I U S O Q D S U I Z N O R C
I E K A B F X J B H U M O R T
```

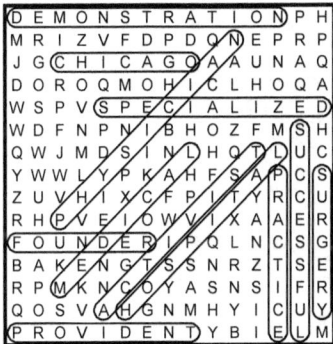

William H. Hinton

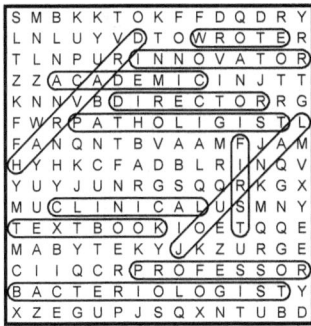

```
S M B K K T O K F F D Q D R Y
L N L U Y V D T O W R O T E R
T L N P U R I N N O V A T O R
Z Z A C A D E M I C I N J T T
K N N V B D I R E C T O R R G
F W R P A T H O L O G I S T L
F A N Q N T B V A A M F J A M
H Y H K C F A D B L R I N Q V
Y U Y J U N R G S Q O R N Y X
M U C L I N I C A L U S M N Y
T E X T B O O K J O E T Q Q E
M A B Y T E K Y J K Z U R G E
C I I Q C R P R O F E S S O R
B A C T E R I O L O G I S T Y
X Z E G U P J S Q X N T U B D
```

Percy Julian

```
P R O D U C T S F P L A N T S
C G E S U S O V O H Y H Y U H
I H D O L B C P U I S A G I P
U N S B G O I Q N V J D R S Y
U G L N N R J Q D T Y D Q C N
X U L A L J V H E X H O K D
J R K D B N W M D O Q I L E
F L W E L O C H E M I S T M
A K L V Q R A D Q I C E C A
H V G E Z I L A S K U A A E C
J R D L P D P U T D R G C S A
A G S O Y B E A N O O G H U D
V X G P O A X H R N E G R M
N A T I O N A L R N S Y R M
C X S Q K J Y O C E J J L J Y
```

Ernest Just

```
G P Y V K C R C I G A D W H F
L P X L K L W A I S M K N P E
P G O R L U A E D I T O R K R
U X T E G M E O L L M J O S T
Z B C S P Q K G W E U O S C I
O Y I G Q G H A G S B C C I L
O I R O O H V Y S Z S H I E I
L U K A L P A P E R S X E N Z
Q C Y C O Y G B S O A R C I T
Y T H W O A R I L C O M P R L
F C O N C E P T X E I Y R Y I O
M Y E F B V B H T P S G F C N
N O O S L J D G W U N H O V L
L F H V S X E W S C N B R A X
```

Mary Eliza Mahoney

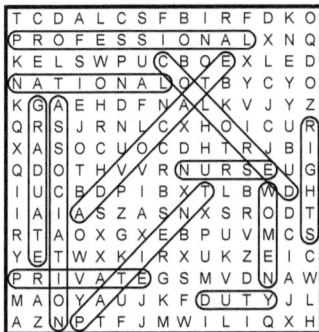

```
T C D A L C S F B I R F D K O
P R O F E S S I O N A L X N Q
K E L S W P U C B O E X L E D
N A T I O N A L O T B Y C Y O
K G A E H D F N A L K V J Y Z
Q R S J R N L C X H O I C U R
X A S O C U O C D H T R J B I
Q D O T H V V R N N U X H W J
I U C B D P I B X T L B W D
I A I A S Z A S N X S R O D T
R T A O X G X E B P U V M C S
Y E T X H U S K U X K Z E I C
S P R I V A T E G S M V D N A W
M A O Y A U J K F D U T Y J L
A Z N P T F J M W I L I Q X H
```

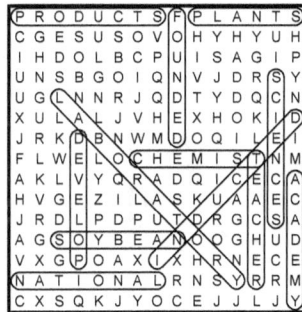

Charles H. Turner

```
Z X M S F E D X B L Z S F A P
G X F B T R I N I J G W X Z H
C B C K P H P B E H A V I O R
Z C W P U B L I C A T I O N S
N O U N I V E R S I T Y X C Z
D Y O S E V E N T Y F Q N C
R K E L K U N P B I P C T N Z
C T X R O C R Y B Z H Y A S R
G C A F U G D H N V S G U E A
W L O E F U Y J L E Q J G C L
C A W G T C G N B B M Z H T T
Q P R S C D K D H B O U T S E
S A O I H S Y N F E J Z X E R
S X T T S E W U A X A U Q P S
F J E Z H U H J Q F M R K S S
```

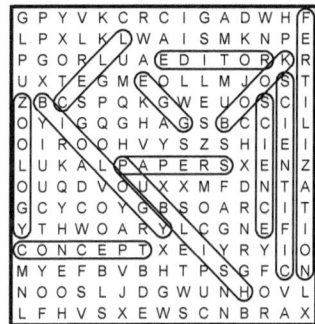

Norbert Rillieux

```
I P A S U N C S J P C S Y K M
Y N R R C V L A J Q D Y M A X
W U V O E I W Y C N J Z E K A
E F F E C T E X X E E T U K M
N X Z D N E V N R D S P H I Y
Q C E E X T S C T N J M E D
B R V Y P T I O S I I J Y K F
Y E A E A F T R I D S L G R S
L A P L W X S P I M E T T E U
Z T O O F C G T H O H I S F G
D E R P E C K W C B P P I I I
T I A H D P G Z C V L J N N J
J F T K O Z O T S R L E T T T
X L O A J R L A T N O Z N N B
E Y R Z Q I X H O S U P D G J
```

Thomas Wiggins

Flora Baston

Le Chavelier de Saint Georges

James Bland

George Bridgetower

Harry T. Burleigh

Samuel Coleridge-Taylor

Will Marion Cook

Elizabeth Taylor-Greenfield

Duke Ellington

Matilda S. Jones

Bessie Smith

Scott Joplin

Lucy Terry

Juilen Raimond

Victor Sejour

Marie S. Williams

Antar

Alexandre Pere Dumas

Alice Dunbar Nelson

Justin Holland

Jupiter Hammon

Alexander Pushkin

Pauline Elizabeth Hopkins

George Moses Horton

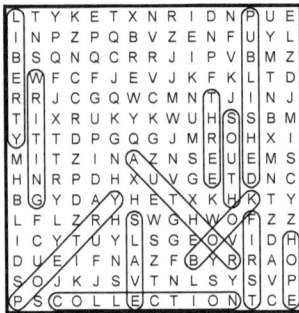

Wole Soyinka

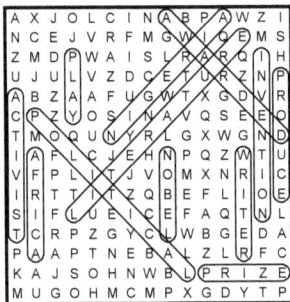

David B.Bowser

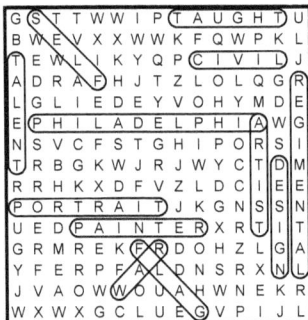

Edmonia Lewis

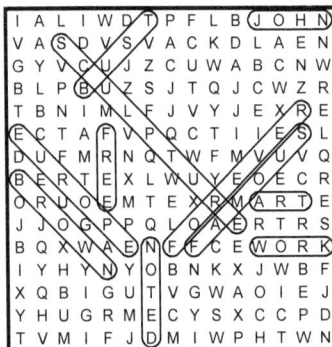

Ann Plato

Claude McKay

Juan de Pareja

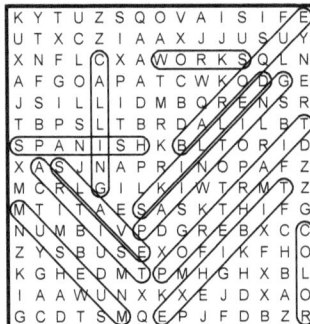

Augusta Savage

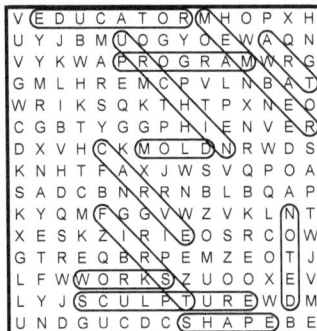

Willis Richardson

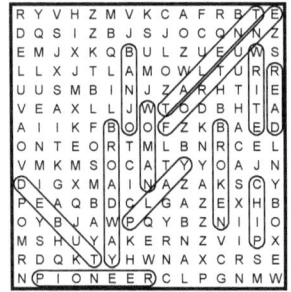

Toni Morrison

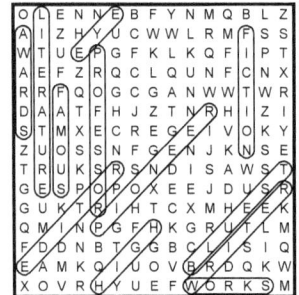

Edward Bannister

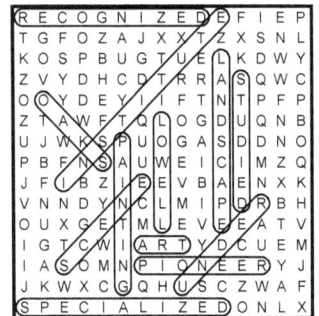

Meta V.W. Fuller

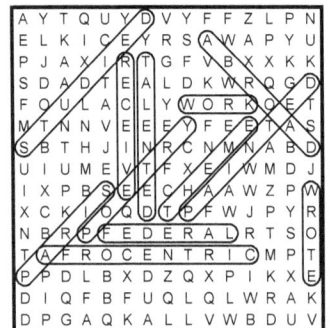

Scipio Moorehead

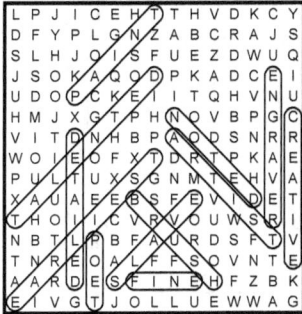

```
L P J I C E H T T H V D K C Y
D F Y P L G N Z A B C R A J S
S L H J O I S F U E Z D W U Q
J S O K A Q O D P K A D C E I
U D O P C K E I I T Q H V N U
H M J X G T P H N O V B P G C
V I T D N H B P A O D S N R R
W O I E O F X T D R T R A A V
P U L T U X S G N M T E H V A
X A U A E E B S F E V I D E T
T H O I I C V R V O U W S R I
N B T L P B F A U R D S F T V
T N R E O A L F P S Q V N T E
A A R D E S F I N E H F Z B K
E I V G T J O L L U E W W A G
```

Joshua Johnston

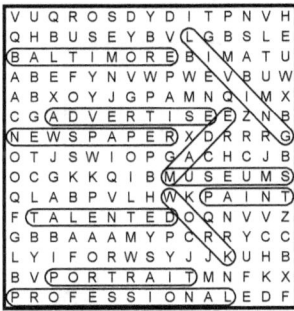

```
V U Q R O S D Y D I T P N V H
Q H B U S E Y B V L G B S L E
B A L T I M O R E B I M A T U
A B E F Y N V W P W E V B U W
A B X O Y J G P A M N Q I M X
C G A D V E R T I S E E Z N B
N E W S P A P E R X D R R R G
O T J S W I O P G A C H C J B
O C G K K Q I B M U S E U M S
Q L A B P V L H W K P A I N T
F T A L E N T E D O Q N V V Z
G B B A A A M Y P C R R Y C C
L Y I F O R W S Y J J K U H B
B V P O R T R A I T M N F K X
P R O F E S S I O N A L E D F
```

Simmie Knox

```
T P C F K H L X X P A R P W U
A A O S G I V Y X I U K C K R
U M L R O C F Y Y L H O U S E
G D L E T Y K Z C O Y L A B M
H H E U N R I B O X G X E P H
T O G U T A U H Y V T T O R
Q F E P R E E A O I P X Y L
T F S L R F W D T L H S D W V
C I Q M J E J C A R T I S T F
T C R O M K S X C Z G P E F N
F I R W V G R W H I T E E T
W A K U D G T U D O W S A I B R
T L V R T P E V Y E N A I B R
V J I R H M W E D T N A R M R
S P E C I A L I Z E D T P A O
```

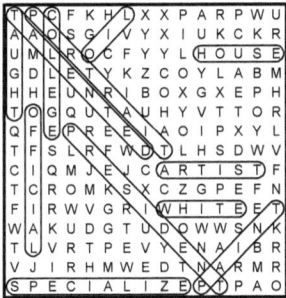

Walter Moses Burton

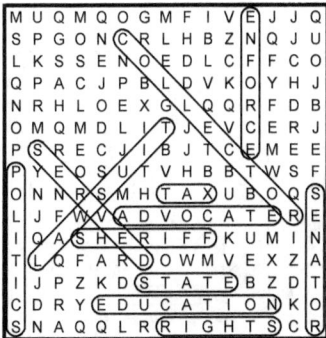

```
M U Q M Q O G M F I V E J J Q
S P G O N C R L H B Z N Q J U
L K S S E N O E D L C F F C O
Q P A C J P B L D V K O Y H J
N R H L O E X G L Q Q R F D B
O M Q M D L I T J E V C E R J
P S R E C J I B J T C E M E E
P Y E O S U T V H B B T W S F
O N R S M T A X A U B O O S
L J F W A D V O C A T E A T H
I Q A S H E R I F F K U M I N
T L Q F A R D O W M V E X Z A
I J P Z K D S T A T E B Z D T
C D R Y E D U C A T I O N K O
S N A Q Q L R R I G H T S C R
```

Patrick Henry Reason

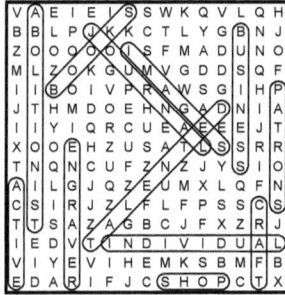

```
V A E I E I S S W K Q V L Q H
B B L P I K K C T L Y G B N J
Z O O O O I S F M A D U N O
M L Z O K G U M V Q S D S Q F
I I B O I V P R A W S G I H P
J T H M D O E H N G A D N I
I I Y I Q R C U E A E E J T
X O O E H Z U S A T L S S R R
T N Q N C U F Z N Z J Y S I O
A I L G J Q Z E U M A Y I N
C S I R J Z L F L F P S S C S
T T S A Z A G B C J F X Z R J
I E D V T I N D I V I D U A L
V I Y E H I V H E M K S B M F B
E D A R I F J C S H O P C T X
```

George Herriman

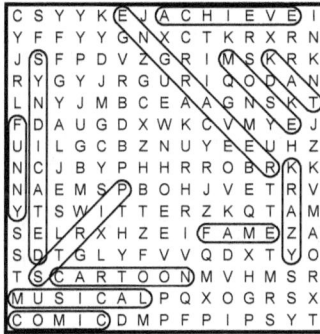

```
C S Y Y K E J A C H I E V E I
Y F F Y Y G N X C T K R X R N
J S F P D V Z G R I M S K R K
R Y G Y J R G U R I C O D A N
L N Y J M B C E A A G N S K T
F D A U G D X W K C V M Y E J
U I L G C B Z N U Y E E U H Z
N C J B Y P H H R R O R H R V
N A E M S P B O H J V E T R V
Y T S W I T T E R Z K Q T A M
S E L R X H Z E I F A M E Z A
S D T G L Y H U I Y G T X Y O
T S C A R T O O N M V H M S R
M U S I C A L P Q X O G R S X
C O M I C D M P F P I P S Y T
```

James Presley Ball

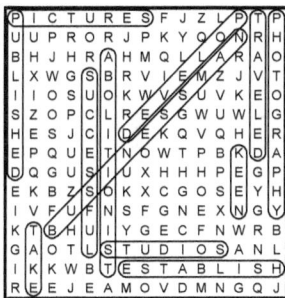

```
P I C T U R E S F J Z L P T P
U U P R O R J P K Y Q Q N R A
B H J H R A H M Q L L A R A O
L X W G S B R V I E M Z J V T
I I O S U O C L R E S G W U W L
S Z O P C L R E G W U W L G
H E S J C I D E K Q V Q H E R
E P Q U E T N O W T P B K D
D Q G U S I U X H H H P E G P
E K B Z S O K X C G O S E Y H
Q U I F N S F G E N E X N G Y
K T B H U I Y G E C F N W B
G A O T U S T U D I O S A N L
I K K W B T E S T A B L I S H
R E J E A M O V D M N G Q J
```

Henry O. Flipper

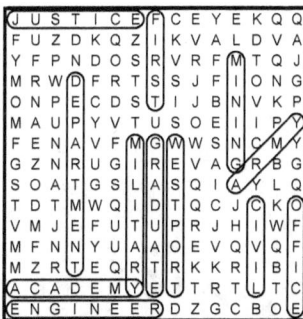

```
J U S T I C E F C E Y E K Q Q
F U Z D K Q Z I K V A L D V A
Y F P N D O S R V R F M T Q J
M R W D F R T S S J F I O N G
O N P E C D S T I J R V I N K P
M A U P Y V T U S O E I I P Y
F E N A V F M G W S M C M Y
G Z N R U G I R E V A G R B G
S O A T G I S L A S Q I A Y L Q
T D T M W Q I D I T Q C J C K O
V M J E F U T U P R J H I W F
M F N N Y U A A O E V Q V Q F
M Z R T E Q R T R K K R I B I
A C A D E M Y E T T R T U T C
E N G I N E E R D Z G C B O E
```

Robert M. Douglass, Jr.

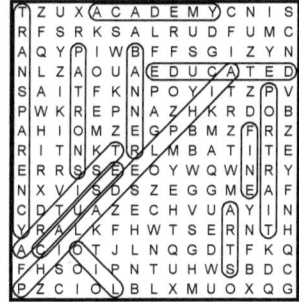

```
T Z U X A C A D E M Y C N I S
R F S R K S A L R U D F U M C
A Q Y P I W B F F S G I Z Y N
N L Z A O U A E D U C A T E D
S A I T F K N P O Y I T Z P V
P W K R E P N A Z H K R D O B
A H I O M Z E G P B M Z R T Z
R I T N K T R L M B A T I T E
E R R S S E D O Y W Q W N R Y
N X V I S D S Z E G G M E A F
Y R A L K F H W T S E R N T
A C I O T J L N Q G D T F K Q
F H S O I P N T U H W S B D C
P Z C I O L B L X M U O X Q G
```

Archibald J. Motley

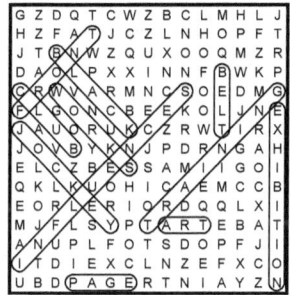

```
G Z D Q T C W Z B C L M H L J
H Z F A T J C Z L N H O P F T
J T B N W Z Q X X O O Q M Z R
D A O L P X X I N N F B W K P
C R M V A R M N C S O E D M G
F L G O N C B E E K O L J N E
J A U O R V E I Z C R W T I R X
J O V B Y K N J P D R N G A H
E L C Z B E S S A M I I G O I
Q K L K U O H I C A E C O S B
E O R L E R I O R D Q Q L X I
M J F L S Y P T A R T E B A T
A N U P L F O T S D O P F J I
I T D I E X C L N Z E F X C O
U B D P A G E R T N I A Y Z N
```

Henry O. Tanner

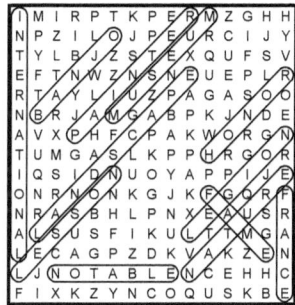

```
I M I R P T K P E R M Z G H H
N P Z I L O J P E U R C I J Y
T Y L B J Z S T E X Q U F S V
E F T N W Z N S N E U E P L R
R T A Y L L U Z P A G A S O O
N B R J A M G A B P K J N D E
A V X P H F C P A K W O R G N
T U M G A S L K P H R G O R
Q S I D N U O Y A P P I J E
O N R N O N K G J K F G O R F
N R A S B H L P N X E X U S R
A L S U S F I K U L T T M G A
E C A G P Z D K V A K Z E N
L J N O T A B L E N C E H H C
F I X K Z Y N C O Q U S K B E
```

Hazel W. Johnson

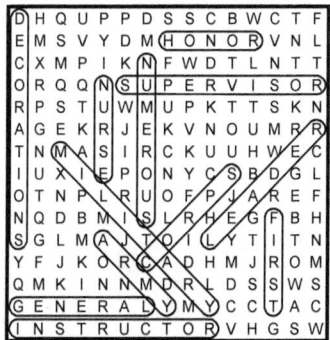

```
D H Q U P P D S S C B W C T F
E M S V Y D M H O N O R V N L
C X M P I K N F W D T L N T T
O R Q Q N S U P E R V I S O R
R P S T U W M U P K T T S K N
A G E K R J I E K V N O U M R
T N M A S I R C K U U H W E C
I U X I E P O N Y C S B D G L
O T N P L R U O F P J A R E F
N Q D B M I S L R H E G F B H
S G L M A J T O I L Y T I T N
Y F J K O R C A D H M J I R O M
Q M K I N N M D R L D S S W S
G E N E R A L Y M Y C C T A C
I N S T R U C T O R V H G S W
```

Mary Fields

Allen Allensworth

Shaka Zulu

Josephine Baker

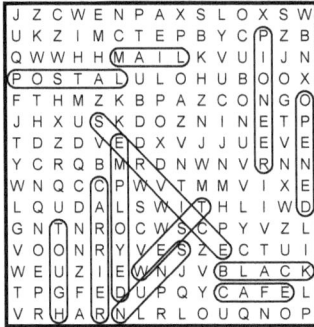

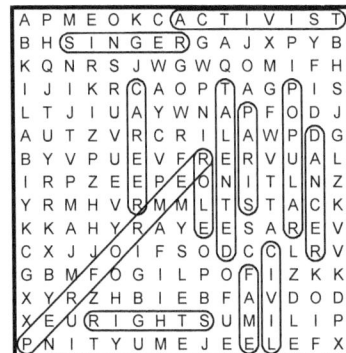

Martin Delany

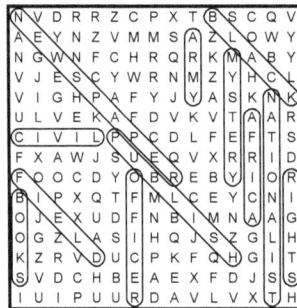

Saint Maurice

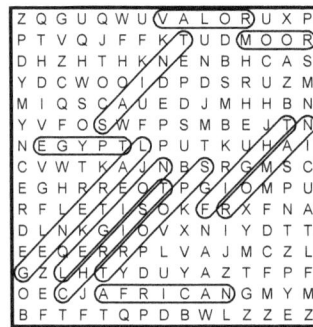

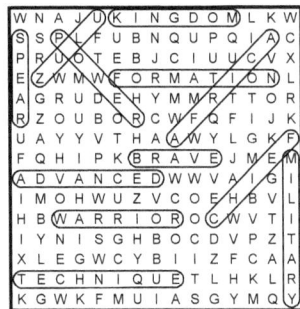

Hannibal Barca

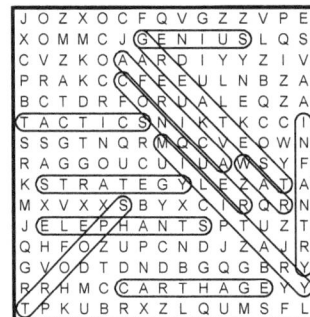

Florence Mills

Robert Smalls

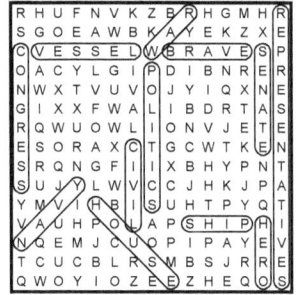

Abram Hannibal

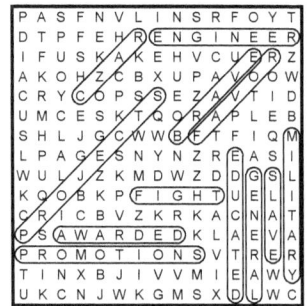

Willie L. Williams

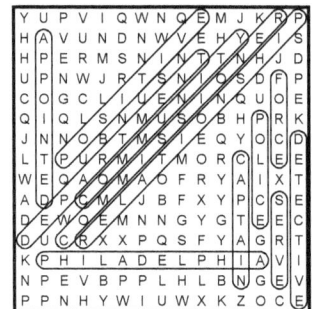

Sammy Davis, Jr.

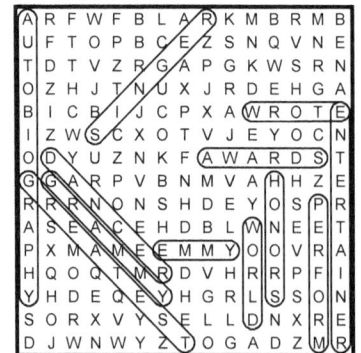

John Bubbles

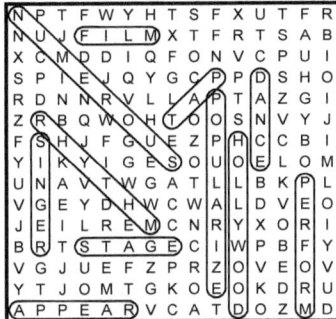

Charles Gilpin

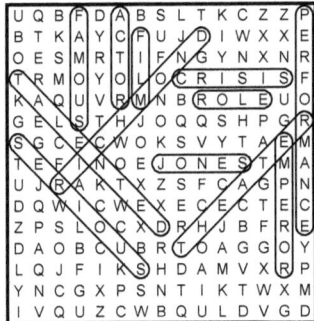

James Baskett

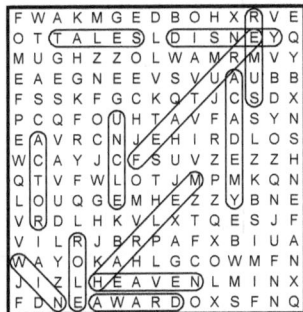

Pearl Primus

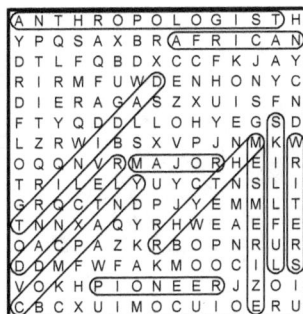

Katherine Dunham

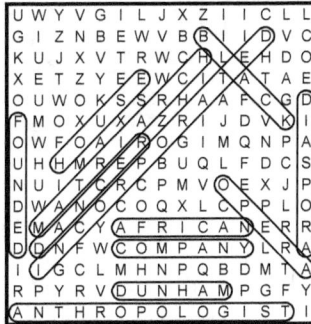

Ethel Waters

Ira Aldridge

Queen Yaa Asantewaa

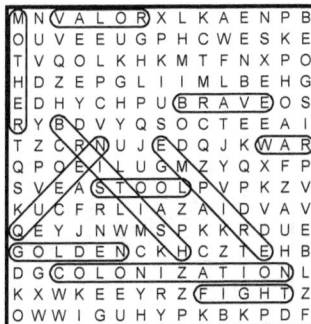

Dorothy Dandridge

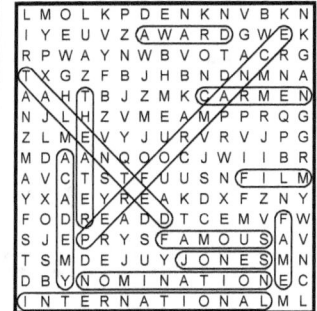

Jelly Roll Morton

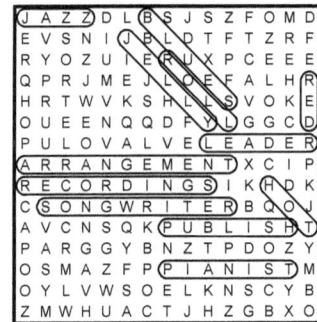

Richard Pryor

Queen Nefertiti

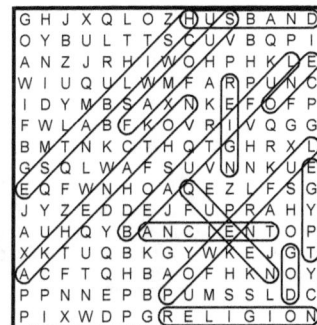

Ramses III

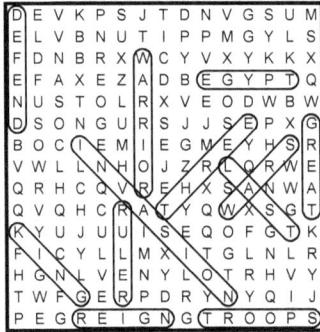

Queen Nzingha

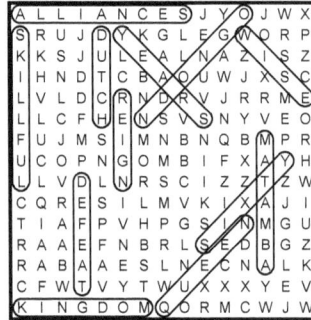

Queen Amina

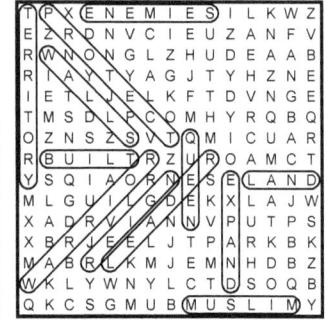

Queen Hatshepsut

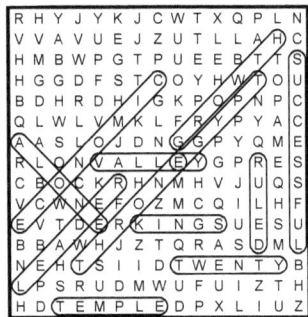

Mansa Musa

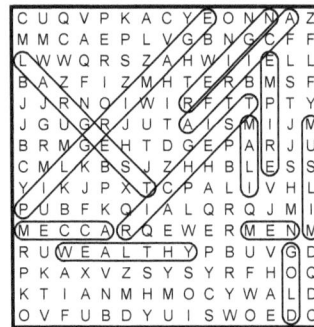

Queen Tiye

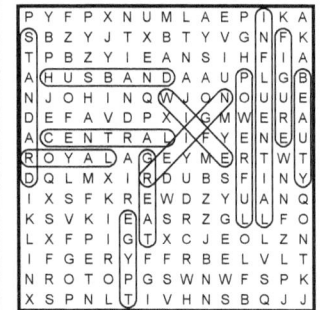

King Menes

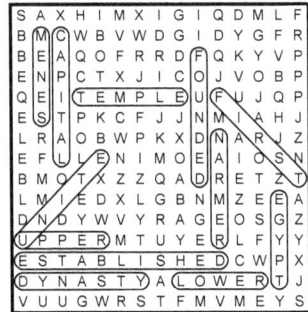

Oliver Lewis

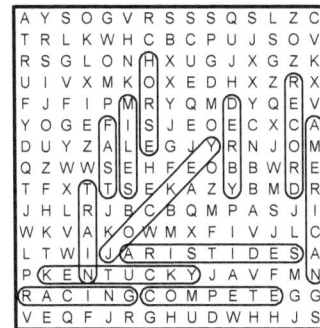

Moses Fleetwood Walker

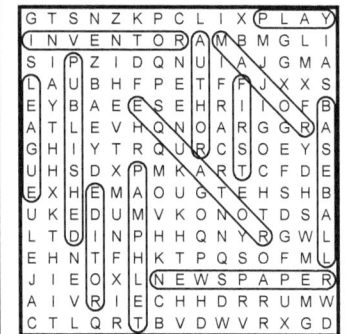

John Matthew Shippen, Jr.

Marshall Taylor

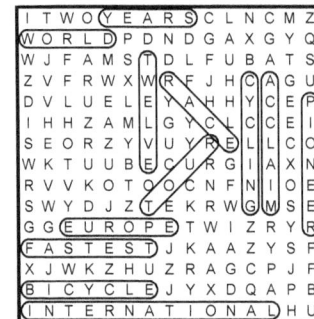

Lisa Leslie

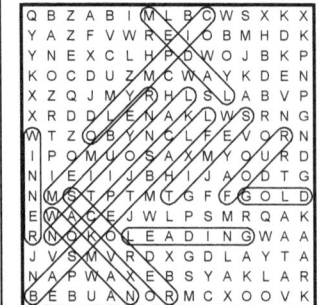

Bobo Brazil

```
M P M J V X N M V C C Z D V C
C A R B Z S N J D L F P M E M
L A T O Q F I S B M Y W H U T
Q V K C F G A N V O X N T H T
M M H J H E Z M C V C D G K P
J X S F X Z S F O E X I K Z Z
I L W Z Q V F S T U E W G A X
G F T H W C L E I W S N Q I K
D A P I D Z L A Y O I G D N D
N N U V T T L V X L N L I D O
A Q F Q S L A Q T L R A B U N
M W Z E A E E S L O Y N L C F
M U R H H J E B W F Z K N T A
Y W E H A R Y B U D G J W E M
F M F O W E K Z A Z P N A D E
```

Jack Johnson

```
H C H A M P I O N N G C F O A
E M L U O L H T U Y I I A N G
A R W A I Y K X D Z X Y A G D
V H K V D I X I I Y E W V N H
Y E Z G M N J L K V Y V R N T
W G R E A T E S T O H X E C R
E G R P P R V V C K O S T U T
I C A E I O N U N X V T N F W
G V D L C N P L R T B J X E T
H P H N V O F I G H T I K C E
T N X H X R E R B T X A S X Q O
R E I G N B S D C R I X J Q M
E Q U L T S E T V L I N E Z D
L A S T E D G L O G P N I V I
B O X E R L V Q T N V L G B F
```

Fritz Pollard

```
F S U C C E S S F U L H A A H
W N Y E T F C Z B J C R E W Z
L A Y G I C S C P F J I G A T
M T L E K W W M R S I U K D D
N I H Y M Y B P O Q R R W D L
P O X J W H U C F S K O S L O
E N R J F P S Y E E B E A T D
P A O A Y Z I Z S X U B W Q H
W U S X M R N X S R T R A E X
K E E N L Q E J I O G Q Z F C
L E A G U E S O M E W N T O
C F W Q P P S F N N G L Z J A
Q I B N O L M W A U L L L Q C
V G I J P A I L Z Q R D M H
W A C I W J N Q Y D V F A X A
```

Rajo Jack Desoto

```
S M E C H A N I C E S K D T H
Z N H R Z L X X H F A M E M D
K O P Y D U C C V A M E T Q L
I W Q Q U F W G W W R O X H A
N I V P L W X K W S X A K U G
U C B P W E R F X T A U C T P
Z L Y J K S W H T Y Q O S E I
H A L L R T H Z O D C A R K O
Y U Q L H J G V E G F G O Z N
J Y J D L C K T R E Y M J U E
Y X J O I Y C C G V Q O S R E
S T O C K U P J C X M W F I R
W Q J C D R R G Y X T V O V R
I T R N A U T O M O B I L E
N F I R S T B M B M V T P I M
```

Venus Williams

```
B K N Z X D T I R S Q C V Z S
K P M E D A L E I U B R I K N
R A L E S I K N A X O T O M U
C A C A I X N M S E Q O O Y S
X H N P Y E W N O P I Z T R R
Y O L M E N R T C Z U V G C O
H L L H P D V I Y P U D Z T I
D Y A I V I M S A R S T U G E
J M T M D U O I T D W F R L R
P W T K C S N I V M Y Y D W
F I R K M V G F O F H A A P O
L C U Y A C U O N I B Q W P R
N L O V M L I P L V P Y N M L
T Q N Q F M C G O D G G G F D
```

Serena Williams

```
G R A N D A D W C X L C C F G
S L A M F S G K C D E I Q X C
C M W G W S R Z T E J Z N W H
L Y N C K O L N I R H G E A
O E K K P C H O R H N V A H J
T E N N I S C J L A T J F F P
H O I U W A C G G M J U O B I
I E Q M M T C X E K J K V P O
N L B B U I Q E L J D H A F S
G C T E G O F F Q O B E D F S
D S K R M N J J J X W O M E N
Y Q A D I P F Y W J X I B B I
J N J Q A R P Y P W V W Z S C V
E N A T K P M N F X Y U W N Q
P L A Y E R A E F W X U F W V
```

Maurice Ashley

```
M S R A J R N W V H K M H P O
W Y B X T R W G C C T J D V I
V V M V S S A G L T U Y H J N
B C H A M P I O N R Z G G I T
G R M M R A E J V C J K G N E
L A V O L O S C F Q T S R V R
H Q F S U C C E S S C A E N
G N X Q Z A S K Y E D U N N A
P I I U Z X Z D A E M O T I L
Z Z L Y L X L C Z C I O M O I
V E W N W Z Z W O S R O A R N
B A Y J Z J Z K Y D A V C S A
C E G U A K Y D H L G C T K A
B V P I D F P D O A B H E W L
K V H U D V M F L Y P T R B A
```

Alice Coachman

```
I R T U F G M B L X T M G Y Y
N N V U B H I B O L U E M D U
Y P D B H U N D H O D B A D
A R Q U I I A V X A S A E T F
Z T U L C X N H Q I L U L I H
M C D L O T U G H L F Q G L I
B Z Z I I M E W S F X A D E E
O I T V S R M E F X Q O M T L
N A T X L R X K E T R G H E D
N B O T X S L D T A R T O R N
E X X T W H E V T B G G T U L
J Y N P E W I S J Z U G U D
Z Y N W C K W L O F M K I L Y
T R A C K G A B I M D Z A A A
X T T I T L E O L Y M P I U
```

Charlotte Hawkins Brown

```
U W T D T Q H R K Y K W L D Q
M B E S T R W L T X J E M F J
X J A X F U H P Z E A Q Q M Z
E G C M E M O R I A L V E W W
D M H M I B K H D F G P P P K
U H E F S I E C F X R N Z F K
C K R L K N S S Z F O A N F S
A P E N R O L L E D K T Z O T
T J A X I L K B L K J D C U
E D G L G U D Z M B B O A R D
T I S E M J D I M E O N X J E
I N F L U E N C E H A R U N
F O U N D E R I C B L U Z V T
U X S B O I N S T I T U T E S
C K N N J D T D A M N M E E S
```

Jackie Joyner-Kersee

```
X M T R A C K V G U Q Q N Q K
T W F Y B C B S P O L Q X T K
V D F I T K E C V Q L R P Y O
Z R N Z F T J M O V Z D E P L
B B E M E P S N Z N V V K A I
I X G L M T Q I O Q Z D U H
L S H O A I M O S T B Z O D H
K T P O L X H B T C N I E W U
A S Z Y E G Y G P O P T R B V
Y I T U F T Q K R M A H D R Z
N L X P R Q K B Y R C A A N F
G V F A C W C L O R J T S S I
N E D I P B O C B S S P O V E
W R L Y B L E W B K Z O G S L
J G A G M D M E D A L S K U D
```

Fannie M. Richards

```
F O U N D E R E D U C A T O R
S E G R E G A T I O N U R M H
Y Q Z T L C V M U Y D S P P W
B T E Y G O B R I T C R C R Z
J B T X X C K A R N G S I O K
R X X F L L T G E O Y C V K L
C H Y S O N G D N W P H A N S
J K L W E U A N U P O T A D
I X B M U T G A D E M O E X T
N I E L S V C H P E Z U P S L
V L B J A I O Z T L R C N C D
E T A F R I C A N V W I L S X
B G K E K L F G K V A J C D Y
R T M W K R T W G G F H A N D
C A Y I B V T E A C H E R Y G
```

Charlotte Forten-Grimke

```
X M R D I A R I E S D V A F E
S A V T J Q W L Y Z J L M X V
W L F Y N X O P A Q C C M Z Y
J F A D H K H G Q O N Q X N S
B W N V X D O P Y O R N K U U
V Y O M E D U C A T O R O Y H
D N N A R S I P P F O R M E R
I T E A C H O S O P C S S C C
O G K B F T N R E U C L U G U
S S G Y K O I Z T B G B Q P U
K F X B I M I V I L G C U L K
Q E M T L O Q J I I K I E E Y
P X I N W M S I I T H V I R A
W D J K J U J N U H T I A H A
E V T L R R L M Q T J J O S Z
```

Daniel A. Payne

Halle Quinn Brown

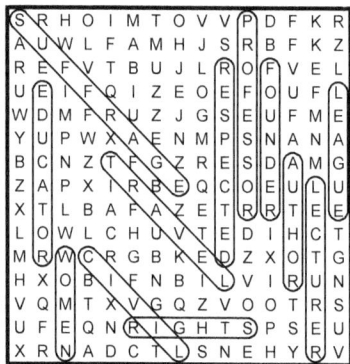

George Washington Bush

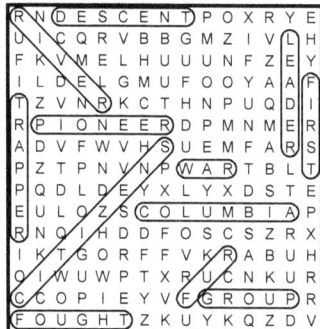

Bose Ikard

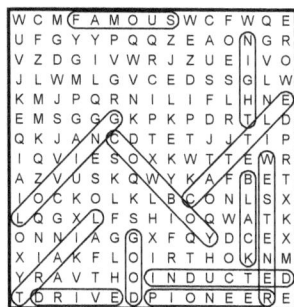

Dwight O. W. Holmes

Fannie M. Jackson- Coppin

James Beckwourth

Ambrosio Echmenda

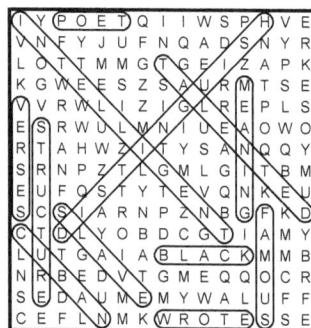

Sara G. Thompson- Garnet

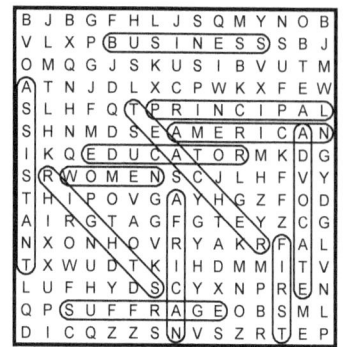

Estevanico

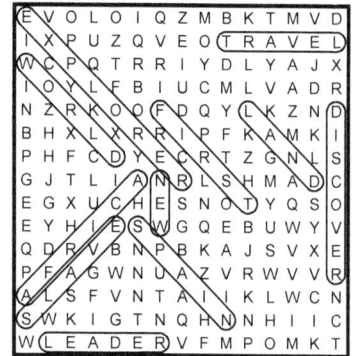

George Stiebel

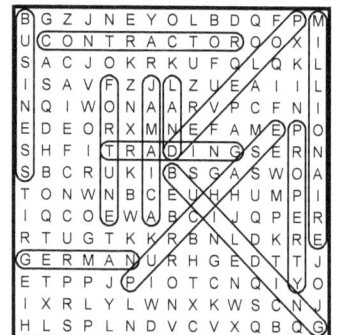

Octave Rey

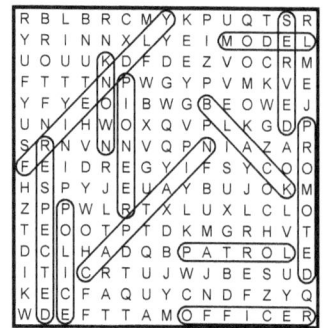

Samuel Lewis

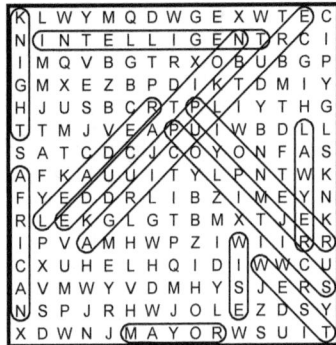

Ida B. Wells

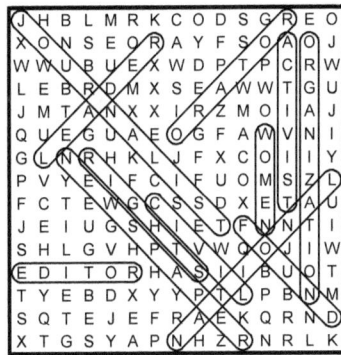

David Walker

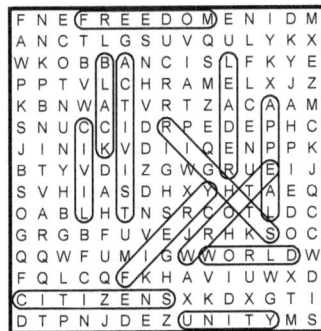

Denmark Vessey

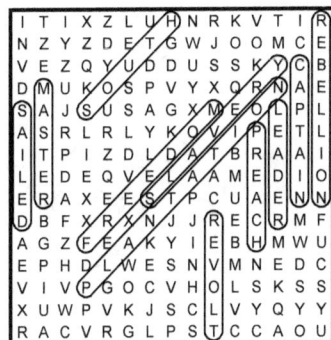

John Jones

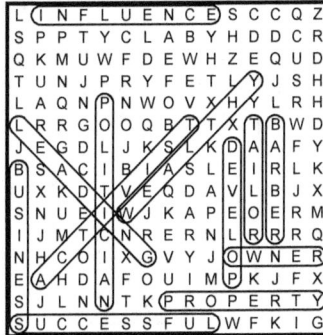

Mary Burnett Talbert

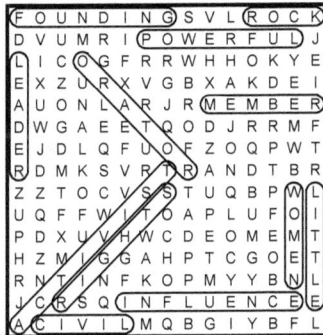

Anna Cooper

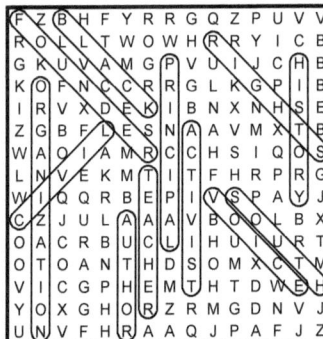

Asa Phillip Randolph

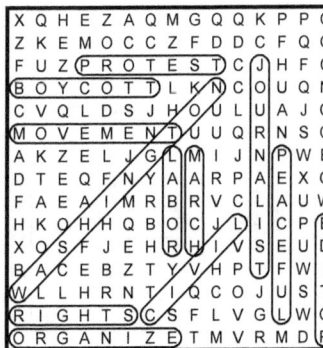

Pierre Cazenave

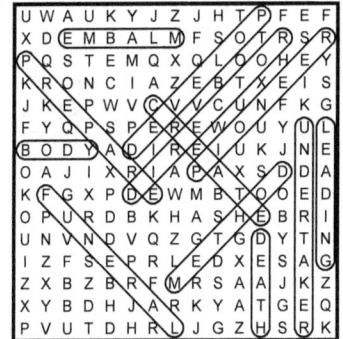

William Still

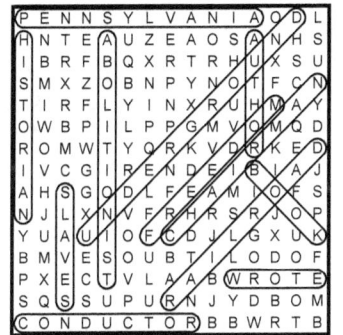

Fannie Lou Hammer

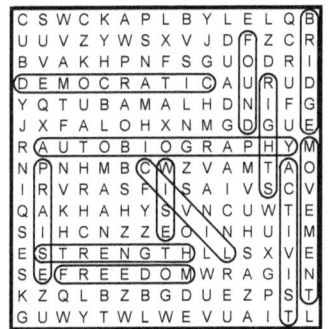

Lillie M. Carrol-Jackson

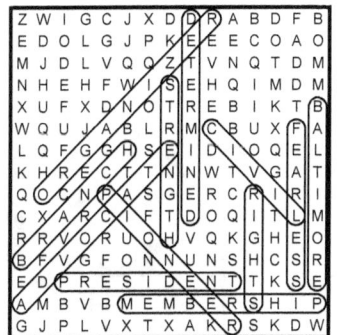

Benjamin Pelham

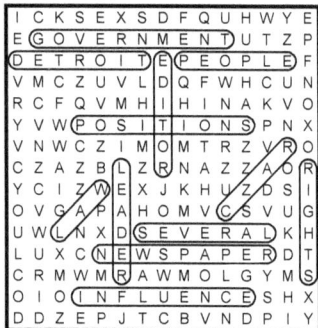

```
I C K S E X S D F Q U H W Y E
E G O V E R N M E N T U T Z P
D E T R O I T E P E O P L E F
V M C Z U V L D Q F W H C U N
R C F Q V M H I H I N A K V O
Y V W P O S I T I O N S P N X
V N W C Z I M O M T R Z V R O
C Z A Z B L Z R N A Z Z A O R
Y C I Z W E X J K H U Z D S I
O V G A P A H O M V C S V U G
U W L N X D S E V E R A L K H
L U X C N E W S P A P E R D T
C R M W M R A W M O L G Y M S
O I O I N F L U E N C E S H X
D D Z E P J T C B V N D P I Y
```

Andre Reboucas

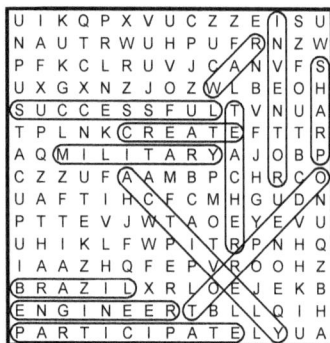

```
U I K Q P X V U C Z Z E I S U
N A U T R W U H P U F R N Z W
P F K C L R U V J C A N V F S
U X G X N Z J O Z W L B E O H
S U C C E S S F U L T F T T R
T P L N K C R E A T E F T T R
A Q M I L I T A R Y A J O B P
C Z Z U F A A M B P C H R C O
U A F T I H C F C M H G U D N
P T T E V J W T A O E Y E V U
U H I K L F W P T R P N H Q Z
I A A Z H Q F E P V R O O H Z
B R A Z I L X R L O E J E K B
E N G I N E E R T B L L Q I H
P A R T I C I P A T E L Y U A
```

Kelly Miller

```
T S T U D E N T H O P K I N S
C E L J K M O C R Q P E I P N
Z M A H Y Y S N W M X J H F Q
Z X T C U Z J Y Q J O H N S O
S A V R H L A F L X F M G Z K
E U N I V E R S I T Y I V Q Y
V L A C T U R T G N D D C B S
R Q X S W O S M T Q R A B C V
R N R Y A I B L N I M X X T C
F I K W Y Y Y O W O H G B Y Q
F Y D A U B H O T H K A U X Q
V H S H Z M H O X J F V E L Q
G S X F F T P D E G R E E S E
E A D V A N C E D B A R D V X
N E W S P A P E R I A R L I P
```

Charles W. Chappelle

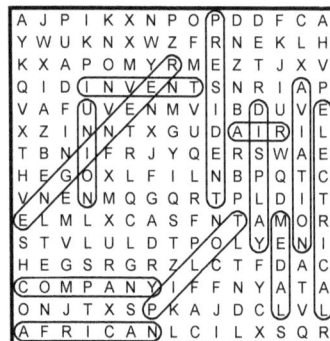

```
A J P I K X N P O P D D F C A
Y W U K N X W Z F R N E K L H
K X A P O M Y R M E Z T J X V
Q I D I N V E N T S N R I A P
V A F U V E N M V I B D L P J
X Z I N T X G U D A I R I L E
T B N I F R J Y Q E R S W A C
H E G O X L F I L N B P Q T C
V N E N M Q G G R T P L D I T
E L M L X C A S F N T A M O R
S T V L U L D T P O L Y E N I
H E G S R G R Z L C T F D A C
C O M P A N Y I F F N Y A T A
O N J T X S P K A J D C L U L
A F R I C A N L C I L X S Q R
```

John Russwurm

```
Q M P P W F B Z T T K P M R V
O K S U Q X U X E O C O W T N
A B D I B F Z D T O I S L I B
E G M B E L D J A M A I C A F
U F A P H Q I U C E J T V X O
X I R B Y E W S U O S I Z S U
H U C E Y C H K H N Q O F X N
G N Y T E G O P B E N J I D
R U N I T D K H S W D J E Z E
C T E W B P O I D S H O D T E
E D U C A T E M L P V U I H S
X H U O R F L K M A R R T G U
L I B E R I A F G P W N V V D
J M P R E S E N T E I A R T X
C C Q K H M T Q P R O L P B W
```

David Crosthwait, Jr.

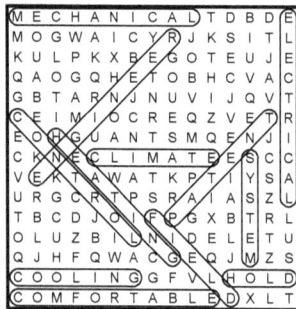

```
M E C H A N I C A L T D B D E
M O G W A I C Y R J K S I T L
K U L P K X B E G O T E U J E
Q A O G Q H E T O B H C V A C
G B T A R N J N U V I J Q V T
C E I M I O C R E Q Z V E T R
E O H G U A N T S M Q E N J I
C K N E C L I M A T E S C C
V E K A W A T K P T Y S A
U R G C R T P S R A A S Z L
T B C D J O I P G X B T R L
O L U Z B L N D E L E T U
Q J H F Q W A C G E Q J M Z S
C O O L I N G G F V L H O L D
C O M F O R T A B L E D X L T
```

Paul R. Williams

```
G O V E R N M E N T M V F S Q
M Z C M V R P N C L I E N T S
W E F N J B N E U M B G F R P
B D R U I L T H O M E S S G E
Q Y P O W I S A O S E F F H D
C S O K H E Z M N L U R M U Q
I D G C N Y A A T S A J O Q F
W T R M R D L L U X Y K P U N
B A Z G A P D E T A I L E D S
H F V O O X Z K J H L K T G Z
F N G N V O Q S F U Y S O W F
U V Z S W I P G U S E R V E D
B U I L D I N G S D E S I G N
H O L L Y W O O D O L Y L L G
I W G F C W O J O T F W M F M
```

Eugene Bullard

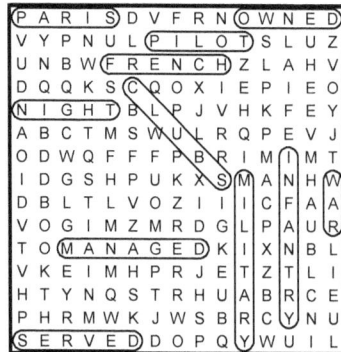

```
P A R I S D V F R N O W N E D
V Y P N U L P I L O T S L U Z
U N B W F R E N C H Z L A H V
D Q Q K S C O O X I E P I E O
N I G H T B L P J V H K F E Y
A B C T M S W U L R Q P E V J
O D W Q F F F P B R I M I M T
I D G S H P U K X S M A N H W
D B L T L V O Z I I I C F A A
V O G I M Z M R D G L P A U R
T O M A N A G E D K I X N B L
V K E I M H P R J E T Z T L I
H T Y N Q S T R H U A B R C E
P H R M W K J W S B R C Y N U
S E R V E D D O P Q Y W U I L
```

Claude Barnett

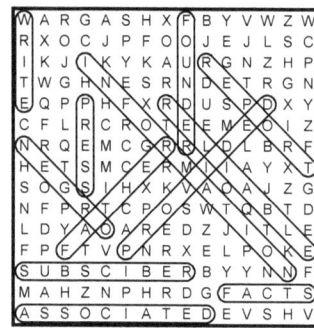

```
W A R G A S H X F B Y V W Z W
R X O C J P F O O J E J L S C
I K J T K Y K A U R G N Z H P
T W G H N E S R N D E T R G N
E Q P P H F X R D U S P D X Y
C F L R C R O T E E M E O I Z
N R Q E M C G R B L D L B R F
H E T S M C E R M I A Y X T
S O G S J H X K V A O A J Z G
N F P R T C P O S W T Q B T D
L D Y A O A R E D Z J I T L E
F P F T V P N R X E L P O K E
S U B S C R I B E R B Y Y N N F
M A H Z N P H R D G F A C T S
A S S O C I A T E D E V S H V
```

Mark Dean

```
K L P E R S O N A L H Z H R X
Y D T N X K M K J G N V O E A
M P E G J Q M R I M R Q R X R
H F C I I Q M B U W O R K E D
W K H N U E N P O F W A J V P A E T
P G N E P O F W A J V P A E T
Y B O E Q C H O I M J T T N P
Z C L R R I B R S F A K O G
F O O I X E B X T M E E L N I
Y M G S O D M N J R A E Q D N
U P Y S V I E B C N V T A T U
Q U I C D T V Z K E Z P I G U
I I T U G A E A A D H R O M E
M E S P S D C K X N K Z B E N
I R S C I E N T I S T L E Q G
```

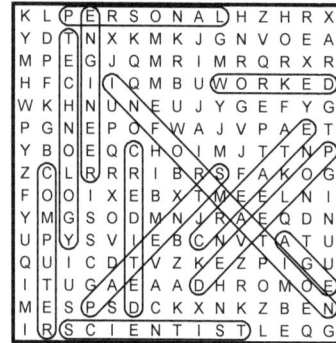

Frederick D. Gregory

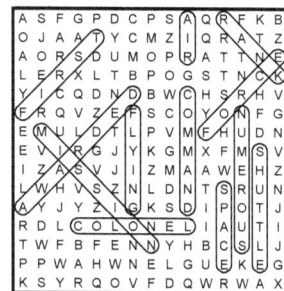

```
A S F G P D C P S A Q R F K B
O J A A T Y C M Z I Q R A T Z
A O R S D U M O P R A T T N E
L E R X L T B P O G S T N C K
Y I C Q D N D B W C H S R H V
F R Q V Z F S C O Y O N F G
E M U L D T L P Y M E H U D N
E V I R G J J Y K G M X F M S
I Z A S V J I Z M A A W E H Z
L W H V S Z N L J J Q I K T G J
A Y J Y Z I G K S D I P O T J
R D L C O L O N E L I A U T
T W F B F E N Y N G E C S L J
P P W A H W N E L G U E K E G
K S Y R Q O V F D Q W R W A X
```

Thomas Wyatt Turner

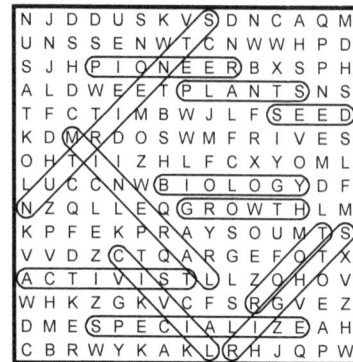

```
N J D D U S K V S D N C A Q M
U N S S E N W T C N W W H P D
S J H P I O N E E R B X S P H
A L D W E E T P L A N T S N S
T F C T I M B W J L F S E E D
K D M R D O S W M F R I V E S
O H T I I Z H L F C X Y O M L
L U C C N W B I O L O G Y D F
N Z Q L L E Q G R O W T H L M
K P F E K P R A Y S O U M T S
V V D Z C T Q A R G E F O T X
A C T I V I S T L L Z O H O V
W H K Z G K V C F S R G V E Z
D M E S P E C I A L I Z E A H
C B R W Y K A K L R H J Q P W
```

Lucas Santomee

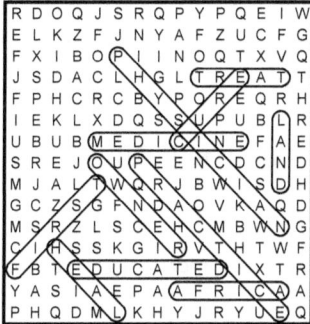

Marie Theresa dite Coincoin

Mary Prince

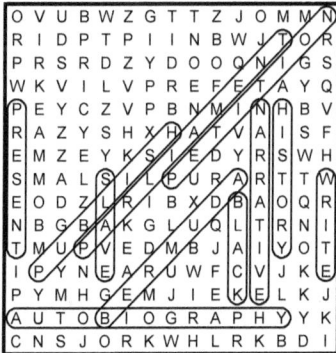

Abdurrrahman Es-Sadi

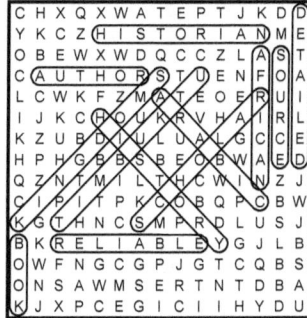

Thomas L. Jennings

Lewis Temple

Cato Howe

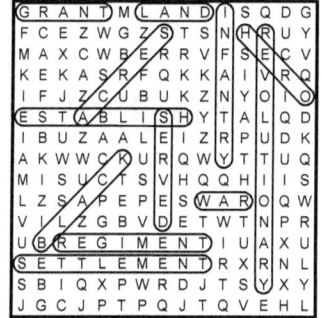

Josiah Henson

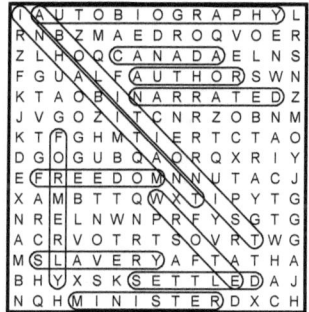

Mme. Gabriel Couvent

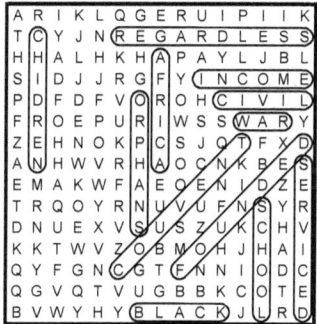

Photographs:

All photographs contained in this book are in public domain or are royalty free.

Selected Bibliography:

Adams, Russell. *Great Negros Past and Present: Volume 2*: Chicago: Afro-Am Publishing Company, Inc. 1972.

Appiah, Kwame & Gates, Henry Louis. *Africana: The Encyclopedia of the African American Experience.* New York: Basic Civitias, 1999.

Beckner, Chrisanne. *100 African Americans who Shaped American History*. Carolina Beach, NC. Blueworld Books, 1995.

Christian, Charles. *Black Saga: The African American Experience.* Boston, MA: Houghton Mifflin Company, 1995.

Cothrane, John. *A Search of African American Life, Achievement, and Culture*. Carrolton, Texas: Stardate Publishing Company, 2006.

Cowan, Tom & McQuire, Jack. *A Timeline of African American History-500 years of Black Achievement.* New York, NY: A Roundtable Press, 1994.

Fahey, William & Richardson, Ben. *Great Black Americans, 2nd Revised Edition*, New York: Harper Collins Publishers, 1976.

Fitts, Leticia. *African American Sheroes & Heroes*, 2nd Edition, Sankofa Educational Experience, LLC., 2014.

Hyman, Mark. *Blacks before America,* Trenton, New Jersey: Africa World Press, 1994.

Lehman, Jeffery. *The African American Almanac, 9th Edition*. Farmington Hills, MI: Gale Publishers, 2003.

Potter, Joan. *African American Firsts: Famous Little Known and Unsung Triumphs of Blacks in America*. New York, NY: Kensington Publishing Company, 2014.

Roger, J.A. *From the Beginning of Time to the Present: Your History*, Baltimore, MD: Black Classic Press, 1983.

Salzman, Jack. *McMillian Information: Now Encyclopedia: The African American Experience.* New York: Charles Scribner's Sons, Inc., 1993.

Smith, Jessie. Black First– *4,000 Ground Breaking and Pioneering Historical Events, 3rd Edition*, Canton, MI: Visible Ink Press, 2013.

Smith, Jessie. *Encyclopedia of African American Business, Volume 1*. Westport, CT: Greenwood
    Publishing, 2006.

Websites:

www.biography.com

www.aaregistry.org

www.blackpast.org

www.biography.com

www.pbs.org

Index of Puzzles

www.ingramcontent.com/pod-product-compliance
Lightning Source LLC
LaVergne TN
LVHW081315060426
835509LV00015B/1518